U0347215

稳健投资

年化10%收益率的基金组合

认真的天马 / 著

机械工业出版社

CHINA MACHINE PRESS

《稳健投资》是一本关于基金投资和资产配置的工具书。

市场环境风云诡谲，存在许多不确定性。如何实现财富的保值增值，是每个投资者关注的焦点。本书围绕"稳健投资"的定位，以基金投资为工具，系统梳理了如何建立理性的投资观、投资亏钱与赚钱的原因，以及短期、中期和长期资金的资产配置指南。作者通过投资实践，详细分析和归纳了宽基指数、行业基金指数、聪明贝塔指数基金与主动基金的投资逻辑和策略，以及投资常见问题和保险产品的保底投资。本书力求用简单、科学、实用的方法，客观展示"家庭理财"的全貌，达到年化10%收益率的投资目标，实现稳定的盈利。

图书在版编目（CIP）数据

稳健投资：年化10%收益率的基金组合/认真的天马著. —北京：机械工业出版社，2022.10

ISBN 978-7-111-71765-2

Ⅰ. ①稳… Ⅱ. ①认… Ⅲ. ①基金—投资 Ⅳ. ①F830.59

中国版本图书馆CIP数据核字（2022）第186429号

机械工业出版社（北京市百万庄大街22号 邮政编码 100037）

策划编辑：李 浩 责任编辑：李 浩 廖 岩
责任校对：史静怡 李 婷 责任印制：李 昂

北京联兴盛业印刷股份有限公司印刷

2023年2月第1版第1次印刷

145mm×210mm · 10.5印张 · 3插页 · 234千字

标准书号：ISBN 978-7-111-71765-2

定价：88.00元

电话服务　　　　　　　　　网络服务

客服电话：010-88361066　机 工 官 网：www.cmpbook.com
　　　　　010-88379833　机 工 官 博：weibo.com/cmp1952
　　　　　010-68326294　金 书 网：www.golden-book.com
封底无防伪标均为盗版　机工教育服务网：www.cmpedu.com

前言

    一年前，我正在电脑前面奋笔疾书，写本书的提纲。我家"领导"走过来问我："市面上有那么多本理财书，你这本与那些有什么不同啊？"我顶了顶眼镜，说："你发现没，现在市面上理财书中的观点多少都有点极端，要么一上来就告诉你得财务自由，上班赚钱没出路；要么告诉你投资就得要高收益，十年十倍很容易。都是语不惊人死不休。书是卖得很火，但是读者被打了鸡血之后，往往就掉坑里了。这本我想写点实在的。希望大家读完之后能明白：投资理财这事和过日子一样，安安稳稳才靠谱，一夜暴富那都是瞎扯淡。"

    写这本书的目的，就是想客观地给大家展示一下"家庭理财"这件事的全貌，不添油不加醋。也就是："我是一个普通人，我该如何通过理财让自己的生活变得更好！"

    这书里没有什么暴富秘籍，都是一些实用的投资科普知识。原计划三个月就写完的一本书，没承想，写了一整年。内容是想了又想，改了又改。

    虽说本书达不到字斟句酌的高度，但也绝对算是我的诚意之作了。无论大家是理财新手还是投资老兵，看完这本书之后，相信都会有一些收获。至少，能让大家在投资这条路上少踩一些坑。

另外，欢迎大家关注我的微信公众号：认真的天马，这本书里提到的"估值表"会在公众号上每天更新，大家在看这本书时会同步用到。

准备就绪，那我们就开始吧。

扫码关注公众号：认真的天马

第一章

投资就像找对象

我曾经问过我妈一个问题:"妈,你觉得这世界上哪位男性最帅?"

"濮存昕最帅。"

"那你为啥嫁给我爸呢?"

"因为你爸和我更合适啊。"

一抬头,发现我爸正在厨房,面无表情地瞥了我们一眼。

后来我开始写公众号,有不少同学也问过我类似的问题:"天马,哪只基金最好啊?"

我只能回答:"有位哲学家曾经说过,这世界上没有最好的基金,只有最适合你的基金。"

"哪位哲学家啊?"

"我妈啊。"

第一节　合适的才是最好的

很多投资者做投资收益不佳，并不是因为他买的基金不好，而是因为他买的投资品种和他"八字不合"。那要如何判断一个投资品种和自己是不是合适呢？我们要先把钱分类。

根据使用期限和作用的不同，我们的钱可以分为"3+1"种。分别是：短期资金、中期资金、长期资金和保险资金。这"3+1"种钱，由于时限不同、用途不同，所以在做资产配置的时候，处理方法也不太一样。

名词解释：资产配置就是把现金买成各种各样的资产，比如股票类资产、债券类资产、大宗商品、房产等。"投资"这个词里面的"资"字，指的就是资产。

我们先来看家庭资产配置模型（见图 1-1）。

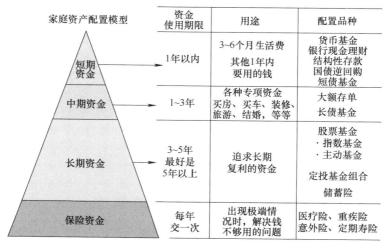

图 1-1　家庭资产配置模型

一、短期资金

短期资金的使用期限是 1 年，也就是 1 年内就要花的钱。其中每个人都要预留的，是 3～6 个月的生活费。相信有了本次新冠肺炎疫情的经历，大家都可以理解为什么要保留 3～6 个月的生活费。

这个世界是不确定的，说不准哪天就出现什么意想不到的事情，到时候我们很可能突然失去工作，没有了收入。3～6 个月的生活费，可以买成货币基金（余额宝这类产品）或者银行现金理财。

配置这部分钱，考虑的重点是流动性，也就是随时可以提现，这个最为重要。我们不要太在意收益率，2%和 2.5%差不了多少，要用钱时拿不出来才麻烦。一般来说，我们都是将短期资金直接放在银行账户或者支付宝账户里面，怎么用着方便怎么来。但对于股民来说，有的时候钱是放在股票软件里面的，这时候可以买国债逆回购。

这几个品种都是短期品种，特点是低波动，低收益。

二、中期资金

中期资金的使用期限是 1～3 年，主要是各种专项资金。比如，我打算过两年买房，从现在开始就得存钱了。或者两年后我想买辆车，也是从现在开始就得做准备。专项资金的金额都不小，动不动就是几十万元或上百万元。

用钱的时间很确定，金额也比较确定。这种情况下，我们要做相对保守的资产配置，比如大额存单、债券基金。

中期资金的年化收益率在 3%～5%。大额存单是存款，是不会有亏损的，但是预期收益率也会稍低一点；而债券基金收益率相对高一些，但持有过程中几乎一定会遇到波动，倒霉的时候跌个 3%～5%是很有可能的，有的时候要一年多才能从坑里爬出来。不能拿中期资金去做长期投资，切记。

三、长期资金

长期资金是指 3～5 年不会用的钱，最好是 5 年以上不会用的钱。这部分钱，是钱生钱的主力部队，是用来做复利增值的钱。只有长期投资才可能获得年化 10%左右，甚至年化 10%以上的收益率。

想要获得这么高的收益，就得配置股票类资产了。比如，股票类基金，包括指数基金或者主动基金。

股票类基金的波动非常大，运气不好时，几个月就可能下跌超过 50%。并不是所有人都能受得了这么大的波动。所以要买股票类基金时，我们必须要先对自己做个评估，问问自己："如果这只基金在未来几个月真的下跌 50%，我会不会受不了？"如果我们觉得自己肯定受不了，那就不能买股票类基金。如果对自己的抗波动能力非常自信，觉得跌 50%也无所谓，那才可以买股票类基金。

如果我们觉得买单只股票类基金波动太大，还可以搭建一个基金组合，在组合中加一些债券基金，以降低整个组合的波动，这就是基金组合。具体如何构建这个组合，我们后面章节会详细讲解。

四、保险资金

保险资金是用来应对突发状况的。比如突然得重疾，这些都是相对小概率的事件。但是一旦撞上这种倒霉事，对家庭来说就是毁灭性打击。未雨绸缪，用年收入 5%以内（最高不要超过 10%）的资金配置一些消费型保险，真要是遇到倒霉事可以用来救命。

用来做保障的四个险种主要是：医疗险、重疾险、意外险和定期寿险。

以上就是我们日常生活中常见的"3+1"种钱，以及每类钱对应的投资品种。我们在投资的时候，一定要先把钱分好类，然后找到对应的品种再投，才能保证获得想要的投资结果。一旦错配，后果会很严重。

第二节　基金就是包子

我们刚才提到了很多投资品种，如货币基金、债券基金、股票基金。可能有新同学会问："到底啥是基金啊？"基金这个词在新闻上天天说，很多同学可能已经买了不少，但是绝大部分同学并不知晓它的真正含义。本着打破砂锅问到底的态度，我决定，先把什么是基金给大家说清楚。

一、什么是基金

大家记住了，基金就是包子。对，就是我们平时吃的那个包子……

很久很久以前，这个世界是没有包子的，有的是牛肉、蘑菇、萝卜这些原材料。牛肉、蘑菇、萝卜可不可以单独吃呢？当然可以，红烧牛肉、炒蘑菇、煮萝卜，都挺好吃的。但是后来大家觉得，单独烹饪过于复杂，本来工作就忙，哪有时间自己红烧牛肉、炒蘑菇、煮萝卜啊。

于是就有人想到，我把牛肉、蘑菇、萝卜都剁成馅，一个个包起来。想吃的时候，直接买一个走，多简单。牛肉、蘑菇、萝卜这三样，对应到投资行业，就是股票、债券、货币市场工具。

牛肉、蘑菇、萝卜，在餐饮界被称为"馅"；股票、债券、货币市场工具，在投资界被称为"底层资产"。把牛肉、蘑菇、萝卜这些馅打包的东西，在餐饮界叫"包子"；而把股票、债券、货币市场工具这些底层资产打包的东西，在投资界就叫"基金"（见图1-2）。

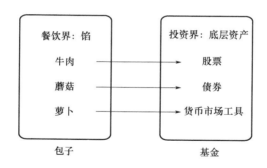

图1-2　包子与基金

大家有没有这种感觉：投资的灵感都源于生活。

二、底层资产

我们再介绍一下股票、债券、货币市场工具这三种底层资产。

1. 股票

股票就是一家公司所有权的证书。比如一家包子铺，一共有100股股票，你有1股，那你就是这家包子铺1%的股东了。包子铺虽然由店老板来管理，但你是该铺的所有者之一。假如这个包子铺值100万元，那你手里的股票就值1万元。

买股票，买的其实就是公司的一部分。只不过买股票难度很大，很多人最开始都是自己跑去买股票的，后来发现总亏钱。亏着亏着就亏怕了，不敢自己买股票了，改为让更专业的人来帮忙买股票，这就是股票类的基金啦。所以，有人说："基金比股票风险低！"这话显然是不对的。

股票类的基金，里面底层资产买的都是股票，它的风险等级和股票是一样的才对。

2. 债券

债券就是一张标准化的借条，我们先看看什么是借条。比如，你的表哥找你借了10万元，然后写了个借条。借条上写，张三从李四那借了10万元，利息是一年7%，一年之后还钱。这是一张典型的民间借条，由于你和你表哥有信任关系，这个借条就有意义。但是，如果你还欠银行10万元，你想把这个借条转给银行，和银行说："你拿着这个借条去找我表哥要钱吧。"银行肯定不理你。因为银行和你表哥没有信任关系，这种民间借条就没有意义了。因此这种非标准化的借条，也就没办法流通。

债券要解决的就是这个问题。

债券是一种按照国家要求的标准格式，经过国家各种部门审批通过之后，才发行出来的标准化借条。债券上写着：谁借钱、谁出钱、债券什么时候到期、利率是多少、偿还方式是什么、违约了怎么办等信息。

债券的好处是：它是标准化的，所以可以流通、可以交易。如果你拿着一张国家开发银行发的 10 万元的债券去银行抵债，银行肯定会要。如果一只基金主要是买债券，也就是它的底层资产以债券为主，那这只基金就是债券基金。

如果有人说："债券基金的风险比股票低！"这话就有一定道理了。准确地说，应该是大部分债券基金的波动要比股票低。

3. 货币市场工具

货币市场工具通常是指到期日不足一年的短期投资品，比如现金，以及 1 年内就到期的银行存款、债券回购、中央银行票据、同业存单等。再比如，剩余期限在 397 天以内（含 397 天）的债券、非金融企业债务融资工具、资产支持证券等。

实在搞不懂这些名词，我们就把货币市场工具简单地理解为现金、短期的银行存款和债券就行了。货币市场工具里面的这些品种，通常不让个人投资者直接买，会更倾向于让机构来买卖。所以就有基金跑过来对你说："你自己买卖货币市场工具不方便，你把钱给我，我帮你去买。"这就是货币市场基金了。货币市场基金，简称货币基金。

讲到这，大家应该搞明白什么是基金了吧。知道了什么是基金，那这些基金该怎么投呢？我们在下节来说说。

第三节　门当户对，三个匹配

曾有位投资者给我讲过他的经历：2015 年年中的时候，他求婚成功，和女友确定要在年底买房结婚。本来是想买个三居室，也准备好了首付。钱准备好之后，他就琢磨，把这钱放在哪呢？放银行账户里扔着吧，好像有点亏。很不巧，他发现最近股市涨得比较猛，于是把买房款买了股票类基金，企图三居变四居。

没承想，后面的半年股市大跌。

可此时婚还得结、房子还得买，他总不能跟丈母娘说："什么时候基金回本了，再来娶您的女儿。"于是他硬着头皮，把基金割肉卖了。又找父母借了几十万元，才把之前的三居室买回来。

我们来分析一下这位同学的案例。

很明显，半年后就要用的这笔买房款是他的短期资金。既然是短期资金，就应该配置一些短期投资品种，比如货币基金。股票类基金是典型的长期投资品种，他用短期资金配置了长期品种，出现了期限错配。这就是典型的没有选对合适的投资品种造成的爱情悲剧。

其实他的故事还有后续。又过了两年，股市回暖，他当年割的那只基金已经比他买的时候涨了 20%，可惜这份美好已然与他无关。看着自己割掉的基金大涨，是不是比单纯亏钱还要更惨一些？

绝大多数投资者亏钱，都是犯了同样类型的错误：要么是对投资的预期过高，要么是投资期限不匹配，要么是波动承受能力不匹配。投资想要赚钱，就得解决这三个问题。

这个解决三个不匹配的方法，我给它起了个名字，就叫"三个匹配"。这名字是不是很直接？

一、预期收益率要匹配

说白了，就是明确自己做投资，每年想赚多少钱。为什么这件事很重要呢？凡事都得有个目标，投资和出门旅行一样，没目标就不知道最终会走到哪去了。比如，张三的目标是一年一倍，如果带着这样的目标进股市，基本就死定了。

因为股市根本提供不了这样的收益率，这不是在赚钱，这完全是在抢钱。带着这样不合理的目标进入股市，动作一定是变形的。肯定要琢磨各种热点，打探各路消息，期望能踩上每一年的热点板块、热门股。事实证明，这种神人根本不存在。市场上偶尔有几个谎称自己能实现这种神操作的人，最终也都被证明是骗子。

张三说："那我降低点目标，不追求一年一倍了，十年十倍总行了吧？"十年十倍，这个目标的年化收益率是27%，且连续10年。这个收益率也是惊人的，比巴菲特年轻的时候收益率还高。想实现这个收益率，必须有非常非常强的投资能力，能从几千只股票里面精准选到那么1~2只十年十倍股，并一直拿住。

试想一下，现在我们面前站着1000个幼儿园小孩，要从中选出10年后考试成绩最好的一个，想想有多难吧。

除了股票，通过指数基金等分散化的投资品种，是无法实现这样的目标的。如果我们把目标降到年化10%~15%，这就容易多了。通过指数基金、主动基金就可以实现这个目标。

如果我们的目标收益率再低一点，比如每年7%~8%，则更加好办。可以在基金组合里面，再加一些债券基金，不但可以稳稳实现这个目标，还可以减少中间的波动。所以先想清楚目标，对我们选择合适的投资品种，至关重要。

我总结了各类投资品种的合理收益预期，大家可以看下（见表1-1）。

表 1-1　各类投资品种的合理收益预期表

资金类型	投资品种	预期年化收益
短期资金	货币基金	2%～3%
	银行现金理财	2%～4%
	结构性存款	0～6%
	国债逆回购	2%～3%
	短债基金	2%～4%
中期资金	大额存单	2%～3.5%
	长债基金	4%～6%
长期资金	股票基金	10%～15%
	储蓄险	3%～3.5%

此时，我们会发现一个问题，表上所有品种的预期收益率好像都不太高。对，从大的资产类别的角度来看，这世上就没有什么暴富品种。过去 20 年，投资住宅的收益率会更高一些。但随着我国城镇化的逐步完成，未来投资住宅的收益率也会逐渐降低到常规水平了。再指望什么品种能达到年化百分之二三十的收益率，非但不现实，而且十分危险。

我妈说："降低预期，是幸福生活的开始。"我说："降低预期，是幸福投资的开始。"

二、投资期限要匹配

刚才我们说的各投资品种的预期收益率，只是个预期。并不是我们买了之后，自然就能拿到这个收益率，而是要拿满投资时长才行。

各投资品种的投资期限如表 1-2 所示。比如股票基金，它是长期投资品种，至少要留 3～5 年的时间，让它慢慢体现价值。

表 1-2　各投资品种的投资期限表

资金类型	投资品种	预期年化收益	投资期限
短期资金	货币基金	2%～3%	1 年以内
	银行现金理财	2%～4%	1 年以内
	结构性存款	0～6%	1 年以内
	国债逆回购	2%～3%	1 年以内
	短债基金	2%～4%	3 个月～1 年
中期资金	大额存单	2%～3.5%	1～3 年
	长债基金	4%～6%	1 年以上
长期资金	股票基金	10%～15%	3～5 年 最好 5 年以上
	储蓄险	3%～3.5%	10 年以上

　　前面说的那位半年后要结婚的同学，他的钱明明半年后就要用，却想短期从股市里赚一笔，这就是非常不理智的做法。再好的股票基金，在半年这种短期时长都不见得会涨。

　　像长债基金，就需要 1 年以上的钱来投资。买债券基金本来图的就是中等收益，没啥过高要求。但是当债券处于熊市的时候，一样会出现亏损。好在债券的熊市一般 1 年就过去了，持有 1 年以上，基本都能实现不亏。

　　短债基金，至少也要 3～6 个月的钱来投。

　　对于随时要用的钱，只能去投货币基金、国债逆回购这些短期理财产品。做好了期限的配套，才会获得不同投资品种真正的收益率。

三、波动承受能力要匹配

　　在各类投资品种中，有的保本，有的不保本。在不保本的品种中，有的波动大，有的波动小，都不太一样（见表 1-3）。

表 1-3　各类投资品种的预期风险表

资金类型	投资品种	预期年化收益	投资期限	波动范围
短期资金	货币基金	2%～3%	1 年以内	正常情况下，不会亏损本金
	银行现金理财	2%～4%	1 年以内	正常情况下，不会亏损本金
	结构性存款	0～6%	1 年以内	正常情况下，不会亏损本金
	国债逆回购	2%～3%	1 年以内	不会亏损本金
	短债基金	2%～4%	3 个月～1 年	优秀产品的波动范围在 0.5%以内
中期资金	大额存单	2%～3.5%	1～3 年	不会亏损本金
	长债基金	4%～6%	1 年以上	优秀产品的波动范围在 5%以内
长期资金	股票基金	10%～15%	3～5 年最好 10 年以上	常规波动范围 30%～50% 极端情况波动 50%以上
	储蓄险	3%～3.5%	10 年以上	不提前退保，不会亏损本金

所谓波动，就是涨着涨着又跌了，跌着跌着又涨了。跌到比成本价还低，就会亏损本金。比如股票基金，常规波动范围在 30%～50%，极端情况下能跌 50%以上。意思是：如果我们的运气不好，今天买只股票基金，可能过了两三个月它就只值一半了。

对于长债基金，优秀产品的波动范围在 5%以内；短债基金，优秀产品的波动范围在 0.5%以内；货币基金、银行现金理财、结构性存款，正常情况下都不会亏损本金；国债逆回购、大额存单，则完全不会亏损本金。

我们在做理财规划的时候，尽量还是悲观点。假想一下，如果我们买入了这个品种，第二天开始它就开始跌，且跌得很多，你还拿得住不。每个人对波动的承受能力不一样，就像有的人可以吃变态辣，有的人只能吃微微辣，没有好坏之分。

重要的是搞清楚自己在什么波动下会变得不理智。比如，有的人可以承受50%的波动，投100万元，浮亏50万元也不会割肉卖掉。那就可以投资股票基金这类品种，因为这类标的就是会有50%左右的波动。但是，如果有的人只可以承受10%的波动，投100万元，浮亏10万元就受不了了。那就不要买股票基金了，否则当市场突然下跌的时候，你会割肉割在最低点。

对波动的接受程度，有时候靠想是想不出来的，有时候想出来了也不准。可能需要在实践中慢慢体验，也就是真金白银下场试了才知道。投资第一年，要控制投入高波动品种的金额，千万不要冲动。当然，对投资基础知识的掌握越好，对所买的基金的脾气秉性越了解，对波动的承受能力也会越强。

基金和婚姻一样，相知才能相守。有一些新投资者，对各品种的波动没有任何准备。在完全不知道自己对波动的承受能力的情况下，就敢买股票基金。总是期望着从自己买入开始，股市就一直涨。最后，总是冷冷的冰雨往脸上胡乱地拍。

到这，投资必须要做到的"三个匹配"我们就讲完了。投资就像找对象，这个世界上没有最好的伴侣，只有最合适你的伴侣，合适最重要。做投资之前，先把你的钱按照3+1的分类方式分好类，然后给它们各自找到合适的投资品种，你的投资就成功了一半。

第四节　自己的钱该怎么投

曾有位同学给我留言："天马，你出一个家庭年收入与投资品种对照表吧。比如年收入 10 万元该投什么，年收入 20 万元该投什么。这样我就可以根据自己的收入情况照着投了。"

这位同学的要求既有合理的地方，又有不合理的地方。我们该投什么品种，确实与收入有关，但并不是完全由收入决定。比如巴菲特年轻的时候，虽然钱少，但一直都在买股票类的资产，承担着股票类资产的高波动，最终收益很不错。我还认识另外一位朋友，实业做得非常成功，家境殷实。但他只要买股票类的资产就亏钱，最后亏怕了，只得把钱全都存成了银行大额存单。

分析了无数案例，最后我得出个结论：我们该投什么投资品种，要分两步来确定。第一步，分析"有无闲钱"；第二步，分析你的"波动承受能力"。所谓"闲钱"，就是长期不花的钱。对应到家庭资产配置模型上，就是长期资金（见图 1-3）。

为什么我要引入"闲钱"这个词，而不是直接用年收入对应投资品种呢？这是因为大家所处的城市是不一样的，家庭情况也是不一样的。虽然赚同样多的钱，但最后能投资的品种却有很大不同。

比如，张三年薪为 20 万元，身处一线城市。一线城市房价高，每个月花销也大，他一年到头是没剩下什么钱的。李四年薪也是 20 万元，身处三线城市。三线城市房价便宜，生活成本也低。他的 20 万元到年底竟能剩下 10 万元。可见，同样是年薪 20 万元，张三处于没有闲钱的状态，不能投资股票基金；而李四有大把闲钱，可以考虑做长期投资了。

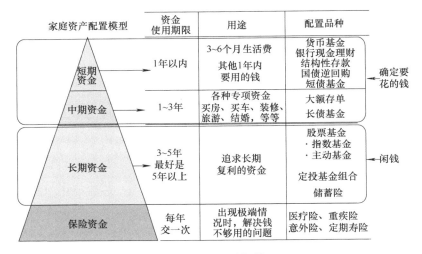

图1-3　哪些是闲钱

大家在进行自己投资计划的时候，先拿张纸，列一下自己的收入，再列一下自己的日常支出。把日常生活费和三年内确定要花的钱扣掉，剩下的钱就是你的闲钱。闲钱才可以用于投资长期品种。

具体能投什么品种呢？也要看我们对波动的承受能力才能确定。我们能投的，无非就是股票基金、债券基金这几个品种，股票基金有50%的波动，债券基金有5%的波动，这两个品种的波动差别太大。假设我能承受的最大波动是10%或者20%，那我该怎么投呢？岂不是股票基金不敢买，买债券基金又觉得杀鸡用了牛刀？

没关系，我们可以做个基金组合，通过配置组合里不同的股债比例来调节基金组合整体的波动范围。具体方案如表 1-4 所示。

表 1-4 不同股债比例的组合

组合名称	股票基金 最大占比	债券基金 最小占比	适合人群
全股组合	100%	0	适合能够承受 50%波动的人群
半股半债	50%	50%	适合能够承受 30%波动的人群
偏债组合	10%	90%	适合能够承受 10%波动的人群
全债组合	0	100%	适合能够承受 5%波动的人群

如果你预估自己能承受的最大波动是 10%，也就是买 10 万元基金，浮亏 1 万元以内时还不会影响睡眠，但浮亏超过 1 万元就会心神不定、夜不能寐，那你就适合买偏债组合。也就是你的基金组合里面，最大只有 10%的比例买股票基金，最少也要有 90%的比例买债券基金。

如果你预估自己能承受的最大波动是 30%，也就是买 10 万元基金，浮亏 3 万元时都还没什么事，那你就适合买半股半债组合。也就是你的基金组合里面，最多买一半股票基金，最少买一半债券基金。

我个人属于高波动承受能力人群，基金跌一半也不影响情绪的那种。所以我自己的闲钱，全都买了股票和股票类基金。对应表 1-4 的内容，就是全股组合。持有全股组合，日常波动确实很大。在我的投资生涯中，有多次账户跌掉 30%～50%的情况。虽然最终收益还不错，但是过程还是挺坎坷的。

到这，你可能要问了："我已经做好资金分类了，算出有多少闲钱了，我要如何判断自己的波动承受能力呢？"这是个特别好的问题，也是个很难回答的问题。经过多年的努力，我找到三个方法或许可以帮助你判断出自己对波动的承受能力。

方法一：闭眼想。这招主要面向没什么投资经验的同学，或许你之前从来没买过股票，也没买过基金。只有理论基础，没有实战经验。怎么办呢，先闭上眼睛，在脑海里想象，你面前放着一沓子钱。告诉自己，这沓钱就是你自己的钱，金额刚好是你一年的薪水。比如你年薪为 10 万元，那沓钱就是 10 万元。

然后，这 10 万元钱突然变了，变成了一串数字，每过一秒，这个数字就会变一下。先是从 100000 变成了 101000，又变成了 102000，又变成了 103000，每过一秒，数字就会加 1000。就这么一直加，数字加到了 110000，又到了 120000。

突然，数字由增变减，每秒减 1000。从 120000，减到 119000、118000，减到 110000、109000，一直减到了 100000。到了 100000，它并没有停息，而是继续一路减下去。99000、98000、97000、96000、95000，每一秒减 1000，不停地减，没有一丝要停的意思。这个时候，感受你自己的心跳，看减到什么时候，你的心跳开始加速，开始有些不安。

比如，减到 90000，你开始心跳加速，那说明你对波动的承受能力大概是 10%；如果减到 80000，你的心跳才开始加速，说明你对波动的承受能力大概是 20%；如果减到 50000 你才开始心跳加速，那你对波动的承受能力大概就是 50%。

不过，方法一只是靠想象的，每个人入戏程度不太一样。入戏深的或许能测出来，入戏浅的可能根本就测不出来。所以这个方法只对部分人有效。

方法二：主要对有投资经验的同学有效。它有个别名叫"交学费"，具体就是指真金白银买了股票、基金之后，在持有过程中真实体会自己的心态变化的过程。通常来说，在没有掌握基本投资知识的前提下，贸然冲进股市，最后都会以亏钱告终。所以，我们将亏的那部分钱，称为"学费"。

有的人是必须买到一定的总金额以上，才会开始展现心态变化。而有的人，哪怕只买了一点点，也只亏了一点点，就已经可以展现出心态变化。对于之前已经入市的同学，一定要仔细回忆自己在市场不同阶段的心理状态，找到适合自己的波动区间，然后专门挑自己能承受的波动区间的投资品种来买。

方法二得出来的结果是最准的，但它有个坏处，就是太费钱。你要是真投了 100 万元，得出自己的波动承受能力是 10%，那你的学费可是交了 10 万元啊。有没有比方法二更省钱，比方法一更真实的方法呢？有，那就是方法三。

方法三：对所有同学都有效，叫"模拟游戏"。我给大家准备了一个模拟游戏，你可以在游戏里面，用几分钟的时间，体验三五年的"真实"投资过程。所谓"真实"，是指这个游戏里面用的都是真实数据，是历史上真正发生了的市场行情。等你玩过这个游戏就会发现，真实的市场，比大片还魔幻。

在我的微信公众号"认真的天马"的对话框，回复"游戏"，即可获取模拟游戏的入口。

最后，估计有同学会问："我现在刚毕业，确实没有闲钱。难道我就一点股票基金都不能买吗？我稍微买点试试不行吗？"其实，稍微买点也是可以的。不过，对于没有闲钱的同学，大家心里一定要明白，此时买基金，不是为了一夜暴富，也不是为了什么财务自由，而是为了积累实战经验，为以后有闲钱做投资时做准备。对没闲钱的同学来说，最重要的是提升工作技能，增加工作收入。万不可把基金投资当成主业，切记。

第五节　不懂不碰

2020 年 4 月，某银行的原油宝事件刷了屏。买了这个理财产品的同学，不但本金亏光，还倒欠银行不少钱。很多平日里不怎么关注理财的同学，也纷纷转发各路文章。我估计，多数人只是看了个热闹。光看热闹也就算了，还真有位同学留言告诉我，他因为看了新闻，萌生了想去买点原油宝的想法。我听了之后，气得"吐血三升"。

对于真正要开始理财的同学来说，看热闹没有任何意义。我们要从这些事件里总结些经验，学到点东西，这对我们提升投资能力才有正向作用。说实话，到现在我都没太搞懂，如果买了 1 万元的原油宝，到底会亏多少钱。相信绝大多数同学到现在也没搞懂。

虽然我没有办法洋洋洒洒写出几千上万字的分析，来讲解原油宝的来龙去脉，但这并不妨碍我躲过这个坑。因为我有一个万能法宝，这个法宝就叫"不懂不碰"。想要做好投资，如果只能记住四个字，那这四个字一定就是"不懂不碰"。

巴菲特的老搭档查理·芒格说："我把公司分为三类：好公司，坏公司，太难懂的公司。我们投资成功的秘诀之一是，我们从不假装我们知道所有的事情，绝不愚弄自己。在我们的分类体系中，我总是把自己无法理解的，归纳到'太难'这个类别。我会不定期把问题堆在这个类别里，而当解决问题的方案出现时，我才会把它从'太难'的类别里挪出来。"

连投资大师都承认自己有搞不懂的东西，并且不去碰那些搞不懂的东西。我们作为普通投资者，有搞不懂的东西，太正常了。入市这些年，我搞懂的东西很少很少。A 股有 4000 多家公司，我只看懂两三家；股票基金几千只，我有把握的不超过 10 只；债券基金 3000 多只，我只敢买 2～3 只；股指期货、期权、黄金、白银、石油、海外债，等等，我也是一个都没搞懂。

因为这事，我还经常被不少同学笑话。这么多考试科目，我只搞懂那么一点点，照理说我应该是个坏学生，考试成绩应该很差才对。但这些年下来，我的投资是赚钱的，而且收益率还不错。各种大坑，比如 P2P、高溢价分级 B、暴雷债基、暴雷股票等，我也都躲开了，一个都没踩到。

我躲开这些雷，不是因为我多厉害，多么了解这个品种的实质，预测清楚了它会是大雷，然后选择躲开。而是因为，我根本就没搞懂这东西，说不出个所以然，所以选择不买。

投资比拼的是谁胆子小，谁更稳健，老老实实站在自己的能力圈里面，别胡乱往外迈。学明白一个品类，再把它加到你的能力圈里面，后面再考虑投资它。彻底学明白之前，不要碰它。

有同学问："要怎么判断××品类我搞懂没有呢？"答案是：如果能问出这个问题，基本说明没搞懂。此时，千万别着急投资，再学一段时间再说。"不懂不碰"这个方法适用于所有投资场景。如果自己想买什么拿不太准的东西，请默念两句；如果看到身边有人义无反顾往坑里跳的，请在他面前念两句。

投资，先从不亏钱开始学起。

第二章

亏钱与赚钱

巴菲特曾经说过，最好的学习方法，就是从别人的经验中学习。"学费"是别人交的，我们只负责学，这样成本最低。其实，众多亏钱的路数和赚钱的方法，前人都帮我们探明了。我们需要做的，就是在真金白银投资之前，先把前人的案例都好好看一下，总结下规律，记在脑子里。

在上一章我们讲到的各种投资品种里面，波动最大的就是股票类的资产了。由于波动最大，股市的吸引力也就最强。历史经验告诉我们，在股市里"七亏两平一赚"，90%的人不赚钱。在正式进入如此危险的一个地方之前，先看看别人是怎么亏的、怎么赚的，然后我们再开始投，这应该是比较安全的思路。但不幸的是，真正愿意这么做的人，少之又少。

这一章，我们就重点把股市里面的亏钱和赚钱的那些事都好好说一说。前人亏钱路数，我们以后尽量避免。前人赚钱方法，我们以后多多发扬。历史是面镜子，可以照亮现在，也能照亮未来。

第一节　股市的三个阶段

我总结了一下股市的三个阶段（见图 2-1），以及每个阶段入场选手的不同特点。

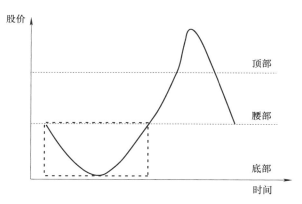

图 2-1　股市的三个阶段

一、底部区域

底部出现的时候，一般是熊市末期。熊市的出现一般有两个原因，一是上一轮牛市涨过了头，现在的大跌是在还之前的债；二是熊市时一定是遇到了某种困难，要么是宏观经济比较差，要么国际局势很动荡。在股市底部，坏消息频出，黑天鹅铺天盖地地飞过来。身处其中，甚至会产生"世界末日"快到了的幻觉。

虽然此时股价很便宜，但是由于场面实在过于吓人，真正敢此时买入的人却很少。需要注意的是，底部并非指股价最低的那一天，而是指一个非常宽阔的区域。有的熊市，底部很短，3～6

个月就走出了底部。有的熊市，底部区域长达三五年。

底部的坚定买入者，往往是超级投资者。比如社保基金、救市基金这种定海神针型的国家资金，上市公司也会回购自己公司的股票，经验丰富且现金充沛的个人投资者也会逐步加仓。股市一跌再跌，又漫漫无期，若没有源源不断的现金流，子弹会很快被打光，很难持久买入。

二、腰部区域

此时，股市走出底部，逐步稳定。宏观经济稍有转暖，国际局势也日趋平和。股市里面的资金终于从底部的净流出，变成了现在的稳定状态。属于熊末牛初时期。

众多机构投资者（比如公募基金）为了应对投资人的赎回，私募基金为了防止基金净值跌破清盘线，在底部往往是在卖股票，而非买入。反倒是市场稳定了，基金的申购赎回金额也稳定了，基金才开始逐步加仓。个人投资者中，日常对投资比较感兴趣的同学，此时可能也会入场了，但股市赚钱效应没有完全显现，所以此时入场的个人投资者人数较少。

三、顶部区域

此时是牛市的中后期。股市暴涨，创各种新高，交易量破万亿元，赚钱效应完全显现出来了。各大网络平台、各大媒体，都会争相报道股市大涨的好消息。炒股一周赚一个月工资的故事，也开始在身边流传。

平日里对股市完全不感兴趣的同学，在网络、电视、周围朋友同事的影响下，开始进入股市。这部分同学平日里对股市的了解几乎为零，对股市的波动也没什么概念，来股市的目的就是趁着牛市，大赚一笔。因此，基金行业开始出现各种不理性的现象，比如百亿元规模新基金单日秒光、ETF 出现高溢价，等等。

有同学问："股市到了第三阶段立刻就会跌吗？"那当然不是。在顶部区域非常典型的现象是经常出现先暴涨、再暴跌、又暴涨的情况。因为入场的都不是长期资金，都是想来赚快钱的，皆是打一枪就跑的思路。稍微有一点风吹草动，转身就跑，跑得比兔子还快。等跑出去一看，好像这个股市又反弹了，好像还能赚钱，又赶紧跑回去。

所以，这个阶段的股市波动特别大。就这么反复暴涨暴跌几个轮回之后，最终迎来那次没有反弹的终极暴跌，所有人都埋在里面。像 2007 年和 2015 年都是这样，都是反复暴跌暴涨好多次之后，最后才一泻千里。

你可能会问："那在第三阶段，要如何判断这是不是最后一次暴涨呢？"答案是：判断不了。牛市是疯狂的，不到它彻底结束，谁也不知道它到底会疯狂多久。对于聪明的投资者来说，最简单的解决方案，就是在股市疯狂时保持冷静，远离它即可。正如巴菲特所说："别人贪婪时，我恐惧。"

有了对股市三个阶段的初步认识后，我们可以对比一下此时的股市环境，看看最近的股市正处于什么阶段。

第二节 牛市会亏

有位读者曾给我留言，向我讲述了他在 2015 年的遭遇。

他原本是一名从不炒股的优秀青年。他的同事中有几位是老股民。老股民是一种很隐形的存在，毕竟总亏钱不是什么值得炫耀的事情。到了2015年3月，这几位老股民不再低调，经常在公司里有意无意聊到最近又赚了多少钱，昨天股市又涨了多少点。

他原本并不在意，但后来听到他的同事说，股市账户里1天的涨幅等于他们1个多月工资时，他心动了。他算了笔账：涨1天等于1个多月工资，涨10天就是1年工资，涨100天就是10年工资。炒半年股，少上10年班，划算啊。

于是他开始进入股市，刚开始时钱投得少，只投了一两万元，小试牛刀。

他分析了一下，前期涨太多的股票已经太贵了，下跌的风险太大。要买就买前期没怎么涨的，还比较有上涨空间。于是他精挑细选了1只股票，买入。从他买入第二天起，这只股票就开始涨，连涨3天，累计涨幅达20%。他把这只股票卖掉，获利了结。"把我悔得呀，我当时觉得，原来我是炒股的天才啊，这么多年被埋没了啊。"于是他加大投入，又重新找了1只之前没怎么涨的股票，并且根据他的分析，这只股票符合现在国家的政策方向，肯定会涨。

这次他加大金额买入，投入了10万元。股神依旧与他同在，就在他买完这只股票后半个月，这只股票涨了40%。"当时我就觉得，上班是没必要的。我有这个本事，还上什么班啊。赚到了钱，以后辞职也行啊。"4月末，他决定要么不干，要干就干场大的。

他把自己所有的积蓄50万元全部投入到了股市，买了一只他分析了很久的政策概念股。只不过这次没前两次那么顺利了。

在他买完之后没几天，股市开始暴跌。"把我都跌怕了。每天上班也没心思了，脑子里全是股票在跌的事。"好在暴跌终于止住了，5月初，股市开始止跌回升。

"等涨回来的时候，我还挺后悔。跌下去的时候再借钱加点仓就好了。当时我就想，如果下次有这种暴跌，我一定加仓。"到5月底，他的账户已经盈利了近30%。看着账户里面15万元的盈利，他很开心。没想到股市突然又暴跌，他想要的加仓机会来了。"但我还是没敢加，暴跌的时候我手会抖。"

又没过几天，股市触底反弹，创了新高。那天是6月12日，上证达到了5178点。"当时听股评，说这轮肯定能超过2007年的6000点，目标是10000点。毕竟都这么多年了，也该超过上一轮的高点的。我没那么贪心，我就不等10000点了，到8000点我就卖。"没想到股市非但没有涨到8000点，连6000点也没摸到，就开始调头向下了。

之后不到半个月的时间，他股票账户里面的盈利不但全部跌没，还亏损几万元。"我怕了，我赶紧把股票卖了一大半。"没想到卖了就开始涨。"股评说，千金难买牛回头。然后我开始犹豫，是不是该再次买入？幸好我犹豫的时间比较长，就在我犹豫的过程中，股市又开始跌了。"

这次跌得比上一轮还猛，他股票账户里面的亏损也越来越多。此时，他对牛市已经不抱有期望，只是想把亏的钱赚回来就行。"想着最好还是能回本嘛，所以剩下那一半股票就一直没卖。当时我就想，总有一天能涨回来嘛。没想到到今天都没再涨回来……"

这位同学是牛市入市的，最终的结果是亏损。这样的故事每轮牛市中都在重复上演。或许你会问："牛市入市会亏，那我熊市入市不就行了？"还真不一定，让我们来看看一位熊市入市的同学怎么说。

第三节　熊市也亏

有一位熊市入市的同学，给我讲述了他亏钱的故事。

他是在 2013 年入市的，2013 年是标准的熊市。他之所以入市，并不是因为他觉得熊市是买入股票的良机，而是因为他有一个同学在证券公司工作，每个月有开户任务。2013 年时行情不佳，开户任务实在是完不成，所以就拉他开户，凑个数。

"开了户之后，我觉得反正也开户了，不如顺便学学'炒股'吧。"于是他在网上搜"炒股"，买了几本销量最靠前的炒股入门书，开始"这线那线""金叉银叉"地学了起来。"看完这些书之后，我就开始尝试，按照书里面的理论买了几次股票，发现这玩意不靠谱。比如书上说这种信号出现，就该买了。我买了之后，股票跌到一塌糊涂。书上又说，这种图形出现就得赶紧卖了。我卖了之后，那股票又涨了一倍，而我只赚了一丁点。"

他尝试了几次，没赚到钱，还亏了一些。正好此时有人给他介绍，说网上有个"股神"，弄个了 QQ 群，每天免费带群友操作，功力了得。此人多年前就已财务自由，现在移居海外，每天带大家炒股是因为他财务自由之后，在大洋彼岸闲得慌。"我在他那个群一看，确实厉害。观察了他一个多月，他准确地抓到了两只股票的波段上涨。"于是，他开始跟着那位"海外股神"操作，股神说买，他就买；股神说卖，他就卖。

"但是后来我发现个问题，股神有时候说的话，很让人费解。比如，他会先说军工股这一波能冲很久，但是马上他又会再说一句：要随时小心回调。第二天军工股要是涨了，他会说他预测对了；如果第二天军工股跌了，他会说因为他很小心，所以他现在只上了 1 成仓位。"（名词解释：1 成仓位，就是只把 10%的现金买成了股票，其余 90%都还没动。）

"跟着他买卖了几个月，如果他判断正确，他会说自己这个波段赚了 30%～40%，而我自己的账户却只赚了 10%左右；如果他判断错误，股票跌了，他会说这次他亏了不到 5%，而我自己的账户却会亏 20%～30%。"

直到一年后的一天，股神说要弄个收费群，操作指令会先在收费群里发送，然后才在免费群里发送。"我觉得有点不对劲，没进那个收费群，免费群我也退了。退了之后，我算了算账户，开始投了 5 万元，现在还剩 4 万多元，亏了一点。"

一年多时间，亏了大几千元，这就是这位同学的经历。其实这位同学还算比较警觉了，新闻曾经报道过，被所谓的"股票大师"诈骗，被骗几十万元、上百万元的案件不胜枚举。

熊市入市，为什么最后还是亏钱呢？这个原因，其实与在牛市入市最后亏钱的原因是一样的，都因为他在"炒股"，而不是在"投资"。

炒股就是买了卖，卖了买，翻来覆去地倒腾，就像在锅里炒菜一样。炒股和另外一个民间娱乐节目非常像，就是打麻将，抓一张打一张，惊险刺激不枯燥。如果是在炒股，不管是在牛市、熊市，是自己炒还是听"专家"的炒，最终结果都一样，都会亏钱。

之所以会亏，是因为他根本就没把股票当资产，而是把股市当麻将馆，把买卖股票当赌博。既然是当赌博，那亏钱就很好理解了，谁见过赌博一直赢钱的吗？

正所谓：

牛市别炒股，牛市炒股亏为主。

熊市别炒股，熊市炒股白辛苦。

第四节　定投也亏

有位同学问我："天马，为啥我定投的上证 50 的指数基金都两年了，到现在都没怎么赚钱啊？是不是这只基金有问题啊？"我当时觉得很奇怪，因为上证 50 的指数基金在那两年的表现还是挺不错的，应该能赚钱才对。

于是我问他："你往期定投的金额是多少？"他说："2018年初的时候每期 800 元，后来降到 180 元。2019 年又慢慢恢复到800 元"。

问题找到了，大家请看图 2-2。

图 2-2　定投点位

这位同学在 2018 年初和 2019 年下半年，这两个点位比较高的时候买得多；在 2018 年底、2019 年初点位比较低的时候买得少。虽然定投了，但依旧没怎么赚钱。可见，定投没那么神，定投用错了也会亏钱的。

这位同学亏钱的原因是什么呢？总结起来有两条。

（1）牛市入场。

（2）倒金字塔加仓。

我们举个有代表性的例子吧。2015 年的创业板经历了一场超级大牛市，从 1500 点涨到了 4000 点，涨幅为 166%。虽然之后经历了暴跌，但年终依旧收在了 2800 点，涨幅 86%。照理说，一年涨这么多，不应该亏钱。但是我认识的人中，没一个在 2015 年的创业板赚到钱。

这是为什么呢？我们一起回顾一下一位常规散户的加仓历程（见图 2-3）。

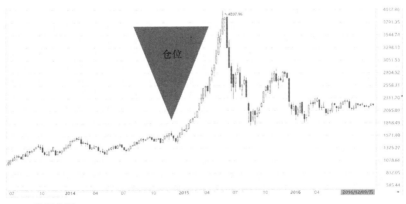

数据来源：choice。

图 2-3　加仓历程

2015 年初，创业板还没开始大涨，也就没有形成赚钱效应。

没有赚钱效应，大家也就不会去讨论这个话题，很少有人会在工作之余突然去看一看股市。因此，在2015年的最低点，散户基本都没买。

3月的时候，创业板一个月涨了20%。这个涨幅很惊人了，一下子成了头版头条。各大新闻、网站都开始播放创业板大涨的消息，银行的理财经理也开始推基金。散户此时知道，牛市来了，要不要试一下？于是在3月底、4月初的时候，少买了一点股票或者基金，可能一共买了一两万元，也没太把它当回事。

4月，创业板又涨了20%。这不得了，随手买的都能涨20%，这要是花点精力好好研究研究，岂不是可以赚更多。这事得重视起来了。4月底加仓，从一两万元加到10多万元，把手头的现金全买了股票。

买完之后，市场果然又给了个大红包，5月，创业板又涨20%。一个月不到，就又赚了一两万元，甚至有可能比工资还高。此时的心思已经完全不在工作上了。股市里能赚这么多钱，谁还苦哈哈地上这个破班啊。一波牛市，直接财务自由。然后，把亲戚、朋友的余钱全都借过来，在5月底加仓，这波加得最多，可能会加个几十万元。

6月，果不其然，指数继续上涨，并涨到了历史最高点4037点。之后就开始暴跌了，3个月不到，跌了50%。此时账户里面已经亏得一塌糊涂。于是在8～9月割肉卖出，结束了这轮牛市的旅程。

可以看到，散户常规的加仓途径，满足我们总结的两个特点。由于日常不关注股市，所以入市时肯定是牛市；又因为对股市不懂，只有大涨的时候才敢加仓，所以导致加仓一定是倒金字塔加仓。最大的仓位，都是在顶部买的。所以一旦牛市结束，立刻亏钱。

这个故事，每次牛市都会重演。如果你看本书时恰逢牛市，一定要尽量避免这类情况在自己身上发生，以免出现亏损。

第五节　消息也亏

比自己炒股亏钱更快的就是听消息炒股。

有一天中午吃饭的时候，我旁边有一个姑娘边吃饭边看手机。吃着吃着，突然大喊"不好"。然后拿起手机打电话，说："老公，刚看了新闻，××股票肯定要跌了，赶紧卖。"我当时就心想：你看新闻都能知道的消息，这已经是 18 手的消息了，这世界上还有什么人比你的消息面更晚吗？

这样买股票还想赚钱是不可能的。这位姑娘选了一条赛道，这条赛道比拼的是消息的速度，可她在消息传播链条中恰好处于最下游。处于如此不利的位置，这场竞争她必输啊。

别说看新闻炒股没戏，就连有内幕消息炒股都没戏。在投资圈就有一个说法："认识公司高管浮亏，认识董秘亏一半，认识董事长要亏光"。换句话说，如果我们仅仅从消息面来进行投资的判断的话，哪怕是认识这家公司里面很高层的人，也不见得能赚到钱。

其亏钱的原因是：消息面跟股价之间的这个关系，并不是一个严密的因果关系。有时候一个好消息放出来，都以为应该大涨，但是由于股市整体不好，该跌还跌。

本来消息就有滞后性，市场短期走势又基本没法预测，这游戏根本就没法玩，还要指望依靠它赚钱吗？做任何事情都讲究竞争上的优势，无论是商业还是投资都是一样的。

商业上，你可能把产品做得比别人的性价比更高，营销比别人做得更好，或者渠道比别人架设得更完整。这些都是竞争优势，可以使得你在商业竞争中获胜。在投资中也讲究一个竞争优势。大家可以思考一下，你在股市里一定能赚到钱的竞争优势是什么？如果是比消息，那这显然不是你的竞争优势。

还可以把什么当优势呢？比如，别人都很关注短期涨跌，但是我们不关注短期涨跌，我们看中长期（三年五年，甚至十年）。那短期的这些波动的风险在我们看来就不是个事，当我们把眼光放长远之后，这就变成了我们的优势。

再比如，别人只关心价格波动，但我们更关注价格和价值之间的差距。关注点不一样，这也是一种竞争优势。如果我们对目标收益率的设定更加合理，比如年化收益率在 10%左右，这也是我们的竞争优势。

因为想要实现一年翻几倍，像买指数基金和买伟大企业这种方法一定行不通，必须用些什么别的方法。而别的方法没有一样是靠谱的，其动作会变形；但我们由于目标设得低，动作没变形。这也是我们的优势。

再比如，别人不学习，我们学习。尽可能多去了解资本市场定价的规律，在投资过程中体会自己心态的变化，不断进步。这些也会成为我们的优势。

第六节　智斗也亏

有同学曾问我这样一个问题："天马，最近天气转冷，各地进入采暖季，是不是应该买入煤炭股啊？因为各地要开始烧煤了。"

这个问题很是典型，要单独讲一讲。

我们暂且不考虑煤炭股的主要利润来源到底是炼铁冶铁还是取暖，为了讨论这个的主题，我们把问题简化一下。

假设：煤炭股的主要客户都是火电厂。那么我们可以得出一个简单的初始结论：到了冬天，煤炭股会涨。

然后，问题出现了。

如果到了冬天煤炭股一定会涨，那么一定会有人想：我应该提前买入，在秋天就买入煤炭股，把钱提前赚走。等冬天人们来买的时候，我把股票卖给他们，他们就赚不到钱了。

第一层思考博弈出现了。紧接着，又一定会有聪明人在想：既然冬天煤炭股会涨，而有人会在秋天提前买入，那更聪明的我，应该在夏天就提前买入，这样钱就全都让我赚走了。

第二层思考博弈出现了。此时，又出现了一个更更聪明的家伙，他想：那我应该在春天就买入，比你们都早。

第三层思考博弈出现了。然后，又跑出来个哥们，他更狠。他觉得：我应该在前一年的冬天就提前买入，比你们都更早。

我们会发现这个怪圈永远无法停止。

到底是谁耍谁，很难判断。在这种全地球人都知道的利好消息面前，股价到底会怎么样，完全是个谜。因为我们无法判断其他几亿人是怎么想的，在我们之前是否有人已经提前把股价买起来了，等着我们接盘。

除了冬天来了这种超级公开的消息，还有些没那么公开的消息。比如，某某地要搞个大政策。新闻突然发了个报道，刚发的，很快啊。这时候股票会怎么样？也不见得会涨，因为总有人在这个消息上新闻之前，就提前知道了。

提前知道的人会提前买入，我们无法判断到底之前已经有多少人提前买入了，也就无法判断这玩意还会不会继续涨。所以，光看利好消息就买股票、买基金，是很不靠谱的事情，也是非常危险的事情。

尽量，多考虑估值，少考虑消息。多看基本面，少看消息面。因为散户在消息面上，毫无优势。

第七节　做难题也亏

再说说投资中一个很重要的逻辑。

我们都是从学生时代过来的。以我个人为例，我在学生时代，是以做难题为荣的。因为一张试卷之中，谁要是能把最难的一道题做对，往往会受到老师的当众表扬。那些总能做对难题的"好学生"，慢慢地也就形成了固定的思维方式：处理什么事情，都是先去选难题来解决。经过近20年的训练，这种思维方式已经在我潜意识里根深蒂固。

但是投资出的是一种奇特的试卷，这张试卷上有无数道题，满分100分。做对一道题就能获得80分，做对两道分数会稍微高一点，但也不会高很多。但做错一道题会扣80分。最神奇的是，不做的题不扣分。没有考试时间限制，这张考卷，巴菲特答了几十年，且目前还在继续答题。

这和我们从小做的试卷有明显的不同。面对这样一张试卷，我们该怎么做呢？如果还是按照之前的思路，先做难题。那恭喜你，大概率是要亏钱了。因为难题又没有额外加分，一不留神做错了还不少扣分。因此，做投资这张试卷，最简单有效的方法就是：只做会做的题。

比如，我一点投资知识都不懂，只知道买余额宝肯定不会亏，那我就先只做买余额宝这道题。暂时不要去碰什么 P2P、基金之类的。

如果我已经系统学习过有关指数基金的知识，了解了其背后的定价原理，那定投一些低估宽指，这就是一道我会做的题。如果某只基金我拿不准，搞不清楚它的定价、估值，那这道题我不做就是了。如果我对某一家公司的业务、财务、估值非常非常了解，那我可以只做这家公司的题。别的还没彻底研究明白的公司，不碰也就是了。

总体来说，做投资这张试卷的秘诀就是：只做会做的题，不会的不碰。

第八节 为什么亏

我总结了一下，我们在投资中亏损，主要有两个原因。

（1）不具备完整的知识体系。

（2）没有管好自己的手。

按照王阳明心学的逻辑体系，第一条就是"知"，第二条是"行"。知行合一，方能赚钱。

巴菲特也表达了同样的观点："要想在一生中获得投资的成功，并不需要顶级的智商、超凡的商业头脑或者秘密信息，而是需要一个稳妥的知识体系作为决策基础，并且有能力控制自己的情绪，让自己的情绪不会对自己的投资体系造成侵蚀。"

投资不需要多高的智商，也不需要多机密的消息，甚至连科班专业知识都不需要太多。完整的知识体系包含哪些内容呢？是指会计知识吗？是，但绝不仅仅是会计。我大学时的很多校友是会计学院的，还是 CPA（注册会计师），好多人一毕业就去四大会计师事务所做审计了。这样的专业知识算是相当足了吧，炒股照样亏钱。

这些投资者的专业知识足够专业，但是知识体系不够完整，他们常说的一句话是："财务报表都是可以调节的，所以我不信财务报表，还是看 K 线吧。"这就相当于是在说："天气预报不是百分之百准确的，我还是信占卜吧。"这就从一个极端走向了另一个极端。

投资知识体系中最主要的是两部分内容：一个是如何给股票（指数）估值，还有一个是如何看待市场波动。

学会了估值，就知道一只股票到底值多少钱，也就是它的价值是多少。我们在价格低于价值的时候买入，高于价值的时候卖出，就可以获利了。可能你会问："我要是估错了怎么办？"估值中的另外一个重要思想，就是安全边际。为了防止估错，我们把买入线和预估的价值中间留出一定空间。尽量做到：哪怕估错一点点，照样赚钱。我每天发的估值表，主要想解决的是这个估值的问题。

关于如何看待市场波动，这件事往往被大家忽视。从小的应试教育使得我们形成了思维定势，把书本上算数的部分学会，就可以考试答题了。但实际上，真实世界并不是这样运行的。比如我们学会了估值，买了一个低估的指数或股票。结果没承想，隔壁家那个我认为高估的指数，涨得比我买的快多了。

我们怎么看待这种被阶段性打脸的事件呢？

格雷厄姆在《聪明的投资者》第八章中关于市场先生的描述，可以完美地回答这个问题。如原文所说，市场先生是个神经病，短期内他给的报价完全是抽风的。我们不要去和一个神经病争吵，和他讲道理是没意义的。我们需要做的就是利用他，他出价极低时我们买入，他出价极高时我们卖出，其余时间把眼睛闭上耳朵堵上，任他怎么呼喊，就是不理他。

我们再说说第二条，如何才能管住自己的手呢？管住自己的手，要比学知识难得多。好多投资者向我哭诉："我原本想定投的，但是看最近涨得有点多，就又追了不少，结果都追在高点了。"不管是准备演一场定投连续剧的，还是原计划上演一场低买高卖短剧的，大多在不知不觉中，不知从何时，跑错了片场，参演了一场追涨杀跌的恐怖片。

"高买低卖"又名"追涨杀跌"，这是一种正常的人类心理现象。大家都知道，想要赚钱，要低买高卖。但是为什么很多人还会高买低卖呢？主要的原因是对股市的波动性了解不足。大家还记得开股票账户的时候，要做一大堆选择题吗？比如"你是用多久不用的钱来投资，能承受股市里面多少的损失？"这类的问题。

这个其实就是主管单位怕大家对股市的波动不了解，推出的提示系统。股市是有很大波动的，任何标的（包括茅台、腾讯这种基本面很好的公司），都有可能在未来 3 个月内跌 30% 以上，甚至腰斩（跌 50%）。这种波动性是股市与生俱来的，从股市出现那一天开始就有。也就是说，只要进入股市，就一定会遇到波动。

但是很多股民对这一点是没有认知的，贸然来到股市，就是奔着赚钱来的。结果遇到波动时，就开始恐惧了，乱了手脚。追涨和杀跌，都是对亏损的恐惧带来的具体行为。因为恐惧"再跌下去，就亏得太多了"，所以杀跌。因为恐惧"再不买，就少赚了"，所以追涨；亏损带来恐惧的有效范围是 15%，也就是说，在亏 15%以内的时候，那种恐惧感最为强烈。

所以如果股价跌破你成本价的 15%，我们就很有可能在这时候把股票或者基金卖掉；但是如果突破了这个临界点，股票或者基金跌破成本价 30%，甚至 50%，反倒是没什么感觉了。这也可以解释为什么 2008 年买中石油的人，好多到现在都还拿着中石油的股票。因为跌得太快，一下子就跌破了 15%的心理防线，没有痛苦感了。同样，如果我们刚卖了的股票突然涨了，在涨幅 15%以内的时候，是很有可能再买回来的。如果超过了 15%，也会觉得：算了不追了，没那个命。

人性中原本就含有贪婪和恐惧两种情绪，这是写在原始基因里的，每个人都有。

这两种情绪好不好呢？对原始人来说，肯定是好的。原始人看见老虎来了要赶紧跑，看见树上有水果要赶紧吃，这都是很好的情绪，自动运行就行了，不需要先理智判断一下的。先理智判断一下的人，要么被老虎吃了，要么水果被别人抢了。原始人不需要买股票，所以这两种情绪对他们真的没什么坏的影响。

但是现代人面临的是不一样的生存环境。没有老虎追我们了，吃的也不需要抢了。在我们前几十年的日常生活中，并没有什么场景可以触发这两种情绪展露出来，以至于我们甚至忽略了它们的存在。但是到了股票市场，这两种原始情绪就又被唤醒了。

当我们真金白银投入进去的时候，当股市一天赚的钱比一个月工资还多的时候，当股市一天跌掉一年奖金的时候，我们怎么可能不为所动呢？这部分是需要"意会"的部分。

　　光靠听别人的经验，是解决不了"管住自己手"的问题的。唯一的解决方案，是自己下场，在市场中去体验，体验贪婪和恐惧的感觉，然后慢慢学着管住自己。

　　所以我一直建议，第一年学投资的人，不要一上来就把身家都压到股市上。投资第一年，相当于刚拿驾照第一年，是实习期。这一年要控制仓位，不要太多（当然也不能太少，太少了一点感觉都没有）。

　　在这个过程中，仔细体会自己心态的变化，最好写写日记。你会发现：哦，原来我在这个时候，会不自主地这样做……慢慢地，对自己这部分基因有了了解，就可以想办法在后面的投资中管住它。比如不看大盘，一把梭哈之后就再不想它了，或者只买场外基金不看实时报价等。方法总比困难多嘛。

第九节　凭什么赢

　　大家有没有想过这个问题：我们绝大多数人，对投资都是不专业的。我们很多人大学不是学金融的，工作也与投资无关，没有相关知识积累，貌似从小也没显露出这方面的天赋。

　　我们进入股市后，竞争对手都是比我们更加专业的投资者，比如公募基金、私募基金等。散户与机构投资者竞争，赢面在哪里？

　　既然我们不专业，凭什么可以在资本市场里面赚到钱呢？这个事，我还真分析过。机构投资者与我们个人投资者相比，确实优势多一些。但是机构投资者有个巨大的劣势，那就是——钱不是他们自己的。钱不是自己的，就会出现以下两个问题。

（1）它们必须注重短期业绩，以求更多的人看了排行榜之后，买它们的基金。

（2）它们在市场底部很难持续买，因为市场跌到底部的时候，多数基金持有人会赎回。

虽然机构投资者拥有很强的专业知识，但是迫于生计，只能放弃长期收益，看重短期收益。这就是我们打败机构投资者的秘诀。由于我们用来投资的钱是属于自己的，所以我们可以不用太关心最近三个月自己的收益率在所有基金经理里面能排多少名。我们也不用担心，到市场底部的时候，会有人强行要求你把持仓卖掉，而不是加仓。

这就是我想到的散户打败机构投资者的方法——放弃短期，注重长期。其他人有更强的投研能力、有更灵通的消息、有更佳的天赋，都不要紧。我只要一直关注长期价值，就这一招就够用了。

正所谓：

他强由他强，清风拂山冈；

他横由他横，明月照大江。

他自狠来他自恶，我自一口真气足。

第十节　刚买就涨

每次大涨之后，都有同学问我同一个问题："我才刚开始学基金，刚买了一点点。现在突然涨这么多，要不要赶紧加重仓位多买点啊？会不会错过牛市啊？"

买太多暴跌，买太少暴涨，这是股市的两大千古难题，几乎所有投资者都会遇到。只要我们想学投资，就一定会遇到这些问题。既然是一定会遇到的事情，大家可以先不用苦恼。

有同学很懊恼说："我怎么没早点开始买基金，要是早点买，就不会仓位这么轻了。"为了解答这个问题，我们一起来做个实验，穿越回 2017 年，看看如果我们早点开始买基金，可能遇到的情况是什么。

假设，我们穿越回到了 2017 年 6 月。

经过 2～3 个月的学习，我们终于有了一定的理论基础，下定决心，在 8 月初买了第一只基金。这时候沪深 300 指数是 3700 点（见图 2-4）。

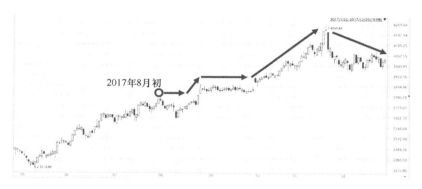

图 2-4 沪深 300 指数

可没承想，刚投了两次，8 月底股市开始涨，从 3700 点涨到了 3800 点。这时候就遇到了仓位太少但大涨的问题了。为了防止被牛市落下，我们决定加重仓位，多买。好在沪深 300 指数在 3800 点横盘了 1 个月，整个 9 月让我们有充足的时间继续买。紧接着，好消息来了，10 月指数又开始暴涨，这次涨幅更大，到 11 月底已经涨到 4200 点了。

账户里盈利颇丰，但是由于没有把所有家当都压在上面，还是觉得有些亏。要是 9 月再多买点该多好。没想到上天听到了我们的呼唤，出现回调了。到 12 月初，又回到了 3900 点左右（见图 2-5）。

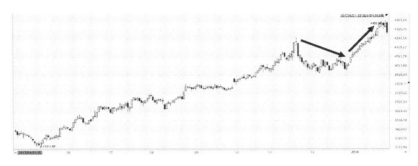

图 2-5　沪深 300 指数

这可是千载难逢的好机会，再也不能错过了。于是我们把家里所有的钱，银行里的定期存款、朋友刚还回来的借款、银行里面的理财，全都拿出来。苍天不负有心人，沪深 300 指数在 2018 年初果然继续大涨，1 月直接从 3900 点直接涨到 4400 点！

这时我们的内心独白是："一个月的涨幅，比我一年工资还多，我还上什么班啊？！"开心，自信，我们的决策是对的！可是，我们与股市的甜蜜期，也就到这了。虽然这个甜蜜期有点长，让我们高兴了大半年。

2018 年 2 月开始，各种想到的没想到的坏消息接踵而至。沪深 300 指数在不到 3 个月的时间里，从 4400 点跌回了 2017 年 8 月的 3700 点。我们之前觉得可能再也见不到的、要是再给我一次机会我一定往死里买的 3700 点，又回来了。

去年今日此门中，人面桃花相映红。还没来得及让我们和老友叙叙旧，沪深 300 指数就继续暴跌，从 4 月的 3700 点一通暴跌到 9 月的 3100 点（见图 2-6）。

图 2-6　沪深 300 指数

此时，3700 点已经是遥不可及的梦想了。3100 点比 3700 点显然更有投资价值。但这个时候你还敢买吗？无论这时候我们买没买，沪深 300 指数还是毫不留情地继续跌。到 2018 年底，又跌到了 2900 点（见图 2-7）。

图 2-7　沪深 300 指数

此时，距离我们第一次买入的 3700 点，已经过去了一年半，下跌 20%；距离我们重仓杀入的 3900 点，过去了一整年，下跌 26%。这时我们的内心独白可能就是那句我们一直不理解的："买基金还不如存银行啊。"

这是一次穿越，一次虚拟的投资历程。也许大家会说：我没有那么倒霉，或者我不会像你说的那样操作。但我还是要告诉大家，这是我们在股市里一定会遇到的市场波动。只要我们进入股市，就一定会面对这些涨跌。而短期的涨跌又是不可预测的，所以在仓位、短期得失上苦恼，都是徒增烦恼。

投资是一辈子的事，眼光放长远些。就算我们买得足够多了，也不见得就能真的赚到钱。到股市里，第一年就猛赚，往往会对自己形成错误的认识，会误认为自己是股神。我们定好计划，该到什么时间买，就买。该买多少，就买多少。

按照计划来，放弃预测涨跌。剩下的，交给命运吧。如果还不能释怀的话，退一万步，问自己一个问题：我在股市里的钱，明天直接翻一倍，我的人生就幸福了吗？

第十一节　卖了还涨

曾有位同学问过我一个问题："天马，我上周把股票卖了，卖完这周就涨了。我卖后悔了！我想下周买回来，你看可行吗？"这是牛市里特别共性的一个问题。

牛市里，因为啥都涨，短时间想亏钱是很难的。也就是说，你闭眼睛随便买一只股票或者基金，拿半个月，搞不好都是赚钱的。这就是牛市的特性。

什么是牛市啊？牛市就是：让所有炒股的人都觉得自己很牛，这就是牛市。但是问题随之而来，赚钱了之后，你卖不卖呢？卖是肯定的，可由于你不是"上帝"，所以没办法卖到最高点。这就决定了你卖出之后，后面一定还会上涨。

现在摆在你面前的有两条路。

（1）卖了就卖了，后面再涨与我无关，我就当没看见。

（2）不甘心股市又涨，还想再赚点，再次入市。

如果你能坚持住第一条路，那这场牛市对你来说还真是个加薪级别的好事。虽说赚不到多少钱，但至少是赚的。如果你没能坚持住，改走了第二条路，那我可以很确定地通知你：亏定了！

因为你进入了股市最标准的亏损剧本。这个剧本可以简单地总结为三步走：少买少赚—中买中赚—大买亏光。刚开始，买得很少，小小地赚了一笔，卖了；然后加大投入，赚了很可观的一笔，增强了信心，又卖了；最后把所有能投的钱全压上，一次性把之前赚的全还回去，还得把本搭上。

股市对于贪小便宜的人，一般都还比较宽容。但对贪得无厌的人，股市从来都是无比凶狠。"卖后悔了"，就是"贪"的具体表现。

赚了还不满意，还想赚更多，这不就是贪吗？大家可以审视一下自己，看自己是否是按这个剧本来的。股市里还有些其他亏损剧本，比如：你想通过这轮行情改变命运吗？你想通过投资快速实现财务自由吗？你想以后以炒股为生，辞职在家吗？

如果你有上述三个愿望中的一个，那恭喜你，你也危险了。99%的概率是，你实现不了愿望，还要交很大一笔学费。牛市中，目标越大，死得越惨。

我给大家的建议是：降低目标，不要太贪，就当牛市不存在。

第十二节　资产配置

又有位同学问了一个问题："天马，我的基金最多的时候赚了 30%，现在变成只赚 15%了。是不是应该把它卖了才算真的赚到钱啊？不然总感觉这钱不是自己的。"

这是个特别好的问题。关于钱，有两种思维方式摆在我们面前。

第一种思维方式：只有现金是钱，股票、基金都不是钱。任何资产，没变成现金就不算数。

第二种思维方式：无论是现金、黄金、股票、基金、房产，这些都是资产，它们的区别在于收益率不同。要把资产配置到预期收益率更高的类别上，无须最终变回现金。

大家看出这两种思维方式的区别了吗？

第一种是唯现金论，只有现金是真的，其他都是假的。

第二种是资产配置的思维方式，我有多少现金不是最重要的，最重要的是我有多少总资产。

因为我们生活中接触最多的资产就是现金，所以就自然而然把现金当成了资产的代名词。钱少的时候，唯现金论没什么问题。毕竟手里拿着现金，才能去买柴米油盐，才能吃饱饭。

当我们从"月光"变成了有一定的结余了，这个时候再用唯现金论就不合适了。要把思维方式逐渐改成资产配置。为什么呢？

因为这才是这个世界的原貌，这个世界本来就是由各类资产组成的。最早的时候，这个世界上只有其他各类资产，没有现金。那时候人们手里有工具、有房、有牛羊、有黄金，就是没有现金这种东西。后来为了交易方便，才创造出"钱"，也就是现金。

如果只有现金是真的钱，其他都不算数的话，那原始社会里面连现金都没有，怎么办？所以，只要我们开始学习理财了，就一定要开始培养自己以资产配置的思维方式来进行思考。

　　资产配置的核心，是对各种资产的预期收益率做评估。我们所处的世界，现金是在不断贬值的。每一年现金的实际购买力都会降低 3%～5%。也就是我们常说的物价涨了。

　　因此，现金是一种预期收益率为负 3%至负 5%的资产。从你拿到现金的那一刻，它就开始贬值。

　　其他资产的收益率：债券，长期看是一种收益率为 5%左右的资产；房产，长期看是一种收益率为 6%～8%左右的资产；股票，长期看是一种收益率为 10%左右的资产。

　　从大的逻辑上，我们应该尽量把现金配置成其他资产，以使得我们的资产总量变得更多。这就是资产配置的核心意义，啥东西收益率高，我就换成啥。既然股票和股票基金的预期收益率比现金高，那我为什么非要把它换成现金才算赚到钱呢？让股票和基金自己在那升值不就完了嘛。

　　大的逻辑讲完了，再说说小逻辑。是不是说股票和基金就一辈子不该卖呢？不是的。我刚才说的是这几种资产的长期收益率。但是在短期，由于资产的价格有波动，它的预期收益率会有很大变化。比如，本来沪深 300 指数基金的长期收益率是 10%，但是由于牛市里面涨太多了，一年翻了一倍，彻底透支了未来几年的收益。

　　这时候它在未来 3～5 年的预期收益率是-15%，比现金的-3%还差。这时候我们就要把这只基金换成现金，因为相比较而言，现金的预期收益率更高。从动作上，我们是卖出了基金，拿回了现金。但从逻辑上，我们是又进行了一次资产配置。

　　投资的胜利，是思维方式的胜利。祝各位都能转过这个弯，进入资产配置的思维方式。

第三章

短期资金投资方法

　　我曾遇到过一位投资者，说他正在学习巴菲特，进行长期投资。我问他长期投资多久了？他满脸自豪，边揉肚子边说："已经三个月了！"我看着他的大肚子，不知道该说啥好。

　　配置短期资金的要点就在于对"短"字的理解。对于传统股民来说，所谓"短期"，指的一般是一两天。"短炒"可能就是今天买，明天卖。但从资产配置的角度来说，一年以内，都算短期。

　　大家可能听说过"短期股市不可预测"这句话，这话是对的。从任何一天开始，未来一年的股市，都是不可预测的。既然不可预测，那在未来一年内，股市涨一半或者跌一半都是有可能的。因此短期资金只适合用来配置一些低风险品种，比如：货币基金、银行理财、结构性存款、国债逆回购或者短债基金。

　　这些品种都是什么呢？这章，我们就来说一说。

第一节　货币基金

估计大家之前也经常买货币基金，比如余额宝就是一款知名货币基金。余额宝这个名字并不是全名，它的全名叫"天弘余额宝货币市场基金"。

从余额宝的全名上，我们可以总结出基金的命名规律，一般都是：基金公司名+基金特点+基金类型（见图3-1）。"天弘"是基金公司名，其他的基金公司还有一大堆，比如"易方达""富国""南方"等。有点像包子铺都有自己的名字，张三包子铺、老王包子铺之类的。

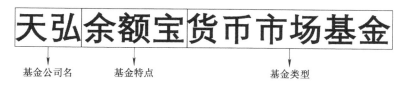

图 3-1　基金名称拆解

"余额宝"是这只基金的特点，或者是表明这只基金都会买什么标的。我们平时说起一只基金，都会拿这个部分作为简称。一家基金公司会有很多很多基金产品，就像一家包子铺会有很多包子品种一样，比如牛肉萝卜包、三鲜包。

"货币市场基金"是这只基金的类型，当然还有别的类型，比如买股票的基金会叫作"证券投资基金"。对应到包子领域，就有蒸包、煎包等类型（见图3-2）。

很多投资者第一次接触货币基金就是通过余额宝，但余额宝并不是我国最早的货币基金。我国最早的一只货币基金成立于

2003年，成立了之后这个品种一直不温不火。直到2013年，支付宝开通了余额宝业务，货币基金在我国才一下子有了井喷式的发展。可见，一个投资品种从上市到被大家认可，有时候甚至需要十多年的路要走。

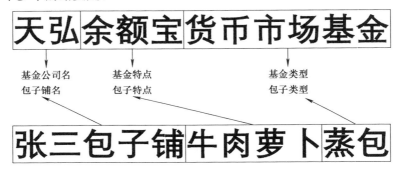

图3-2　基金名称与包子铺招牌

一、货币基金的三个匹配

由于货币基金的底层资产主要是配置现金、短期的银行存款和债券，它的预期收益率自然高不到哪去。随着国家整体利率的下降，货币基金的收益率也会下降。2013年的时候，余额宝的年化收益率还到过 6%呢，而现在的货币基金年化收益率基本都在2%左右了。

货币基金几乎是可以随时买卖的，用来配置短期资金非常合适。通常来讲，买货币基金是不会亏损的，也没什么波动。

我们可能会遇到这样的情况：一只货币基金持有了半年，它的年化收益率从 2.5%降到 1.8%，收益率虽然降了，但好歹还是赚钱的。但在极特殊的情况下，货币基金也有可能出现亏损。比如，货币基金不是可以配置短期债券吗？如果某只货币基金比较激进，配置短期债券比例很高，并且它运气极差，债券踩雷了，那就有可能导致货币基金亏钱。

二、7 日年化收益率和万份收益

　　货币基金的收益率会以两个数据来显示，分别是万份收益和 7 日年化收益率（见图 3-3）。

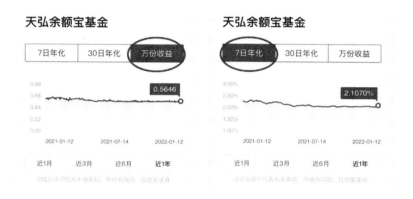

图 3-3　万份收益和 7 日年化收益率

　　"万份收益"的意思是：我们买 1 万份这只货币基金，今天能收到多少钱。因为货币基金每份单位净值为 1 元，所以这个"万份"也就是"万元"。比如图 3-3 左侧的图，其意思就是如果我们买 1 万元余额宝，在 2022 年 1 月 12 日这天的收益就是 0.5646 元。

　　"7 日年化收益率"的意思是：先看看最近 7 天这只货币基金的实际收益情况，然后用这 7 天的数折算一下，如果未来一年都是这个收益率，它的年化收益率是多少。

　　要注意的是，"万份收益"和"7 日年化收益率"都是过去的业绩，过去业绩不代表未来。有的产品7日年化收益率突然飙升，在众多货币基金产品里"鹤立鸡群"，很多人就会去抢购。结果刚抢到手没几天，7日年化收益率就掉下来了，泯然众人矣。

所以，我们在选货币基金的时候，没有必要在多只产品中间换来换去。选择一只成立时间长、规模大的产品来买，安心拿着就行了。规模越大，监管部门对该基金的要求越严格，基金经理的投资风格会越保守（因为怕亏钱）。虽然保守策略会稍稍牺牲一点收益率，但至少该产品暴雷的概率会低很多。

三、在哪买货币基金

货币基金主要在三种地方买，分别是支付宝和微信、券商股票软件、银行App。

1. 支付宝和微信

支付宝和微信都属于第三方支付平台。它们本身不生产货币基金，只是代销别的基金公司的货币基金产品。支付宝的购买入口在余额宝，目前的入口是：支付宝App点击"我的"—"余额宝"—"转入"，就可以买了。

注意，此时我们买入的并不一定是"天弘余额宝货币市场基金"这只基金，余额宝上同时在代销多款货币基金产品，可能会默认给你推荐一只。想要知道自己实际上买的是哪只基金，可以点击右上角的"…"—"基金详情"，就可以看到了。

通常情况下，我们买默认推荐的那一只就可以，余额宝上代销的货币基金规模都比较大，成立时间基本都已经超过了5年，规模大都超过了300亿元。

如果不放心，我们还可以点开基金档案查看一下。

在微信上的买入方法与在余额宝上的很类似。微信 App 点击"我"—"服务"—"钱包"—"零钱通"—"转入"，就可以买了。同样的，微信也代销多款货币基金产品，大家可以直接买默认推荐的那只，或者自己换一只。

在其他的第三方支付平台，或者第三方基金销售平台，也会有类似的产品。比如蛋卷基金 App 上面，就有一个现金宝。这个现金宝身后也是几只货币基金，和支付宝的余额宝、微信的零钱通都是一样的逻辑。

2. 券商股票软件

有的同学已经在券商开过户，用股票软件买卖过股票了。买卖股票剩下的钱放在账户里懒得拿出来，也可以买货币基金。

在券商股票软件里面常买的货币基金主要是两款：华宝添益（511990）和银华日利（511880）。就像买股票一样直接买就行，当要用钱的时候，在正常开盘时间像卖股票一样把它卖掉就变成现金了。对于不买股票的同学来说，这项技能就不用学了。我个人不太建议大家刚开始理财时就去买股票，买股票的难度太大，多数初学者都是亏钱的。

3. 各大银行 App

在各大银行的 App 里面，也有代销货币基金产品。以招商银行 App 为例，点击"财富"—"基金"—"业绩排行"—"货币"，就可以找到该银行在代销的货币基金。不过你会发现银行代销的货币基金貌似规模都不太大，而且入口很深，很难找。

这是为什么呢？这是因为，在短期理财这件事上，银行更想主推它自己生产的产品，这个产品就是大名鼎鼎的——"银行理财产品"。

第二节　银行理财产品

话说，基金公司开发了很多包子（基金），人气很旺，卖得很好。银行看见了不服气。"不就是包个包子吗，谁不会啊？我也包！"但是由于银行不是基金公司，包出来的包子就不能叫基金了，得换个名。银行想了想："要不，咱的包子就叫'银行理财产品'吧。"于是"银行理财产品"这个新的包子品种，就出现在了各大银行包子铺门口。

一、两个时代

银行理财产品大致可以分为两个时代：保本时代和不保本时代。

保本时代始于 2004 年，结束于 2021 年底。在这段时期里，典型的银行理财产品大都有个"预期收益"。比如，某银行的理财产品发布的时候会写"该理财产品持有期一年，到期收益率为4%"，一年之后，这个产品也真的就会给你4%的收益。收益比银行存款高，还保本，中间无波动，无敌了呀。此时的银行理财产品相当受欢迎。

在这十多年时间里，大家已经习惯了"理财产品上写多少收益率，最后就拿多少收益率"的生活。很少有人想知道银行理财产品的底层资产到底是什么，也很少有人想过银行理财产品哪天会暴雷、会亏钱。但银行理财产品，它毕竟也是个"包子"啊，是"包子"就得有馅啊。它的馅到底是什么？

它的底层资产，除了前面我们介绍的股票、标准化的债券、货币市场工具之外，还有不少非标准化的债。比如，有大量银行理财产品里面的钱，最后是借给房产商买地去了。但是在这个理财产品的说明书里面，它是不会告诉你它要把钱用到哪去的。这就是典型的底层资产不透明。

在地产行业很红火的年头里，地产商赚钱，它能把借的钱还给银行，银行也能连本带利把钱还给你。但是在地产不火的日子里，地产商不赚钱了怎么办？它没钱还银行了怎么办？银行只能自己咬着牙给理财产品的持有人还钱。一次两次还可以，如果地产商还不上钱的次数激增，银行自己兜不住了怎么办？岂不是会造成非常巨大的金融危机？

因此，监管部门未雨绸缪，及时调整，在 2018 年发布了《关于规范金融机构资产管理业务的指导意见》。指导意见内容很多，其中很重要的一条就是不允许银行再做之前那种保本理财产品了。以后要改做底层资产清晰的净值型产品，净值型理财产品是可以亏损的。监管部门给老的保本理财产品定了个时限，2021 年底必须全部切换成净值型产品。

从此，银行理财产品进入了不保本的时代。

二、净值

这里要解释一下"净值"这个词。无论是买基金还是买理财产品，都是买"包子"，更准确地讲，买的是"包子馅"，包子皮是免费的。

比如，张三去买一个牛肉萝卜包，要花多少钱呢？店老板说："我这个包子里有 0.5 元的牛肉和 0.5 元的萝卜，加起来 1 元钱。"

好，这个 1 元，就是包子的净值。张三花了 1 元钱，买了一个包子走。没想到，第二天牛肉涨价了。0.5 元的牛肉，涨到 1 元了。那张三手里包子的价值，就变成了 1 元的牛肉+0.5 元的萝卜=1.5元。包子的净值涨到了 1.5 元，恭喜张三，买包子赚了。又没想到，第三天牛肉降价了。昨天值 1 元的牛肉，跌到 0.2 元了。此时张三手里包子的价值，就变成了 0.2 元的牛肉+0.5 元的萝卜=0.7 元。包子净值跌到了 0.7 元，张三买包子亏了。

对于基金和银行理财产品来说，所谓的净值都是一回事，都是一份基金或银行理财产品里面，包含的底层资产的总价值。

基金从出生那天起就全都是净值型的，每一份基金的净值是多少，每天都算得很清楚。底层资产涨了，那净值就涨了。底层资产跌了，那净值就跌了。但是保本时代的银行理财是没有净值的，你也搞不清楚它的底层资产是什么。反正无论底层资产涨了还是跌了，最后银行都会把承诺的收益发给你，这个行为还有个专业名字叫"刚性兑付"。

到了不保本时代，每一个理财产品的底层资产都要单独核算，每天的净值都要计算出来，公布给持有人。底层资产涨了就赚钱，跌了就亏钱。你可能会问："银行理财怎么听起来和基金那么像啊？"确实是很像，虽说不完全一样，但银行理财确实在逐渐向基金方向进化。

三、银行理财产品线

不保本时代的银行理财，主要有下面几类产品：现金类理财、纯固收理财、"固收+"理财、全股理财。光看名字可能搞不懂它们有什么区别，我来画张图（见图 3-4）。银行理财和基金的产品线，是不是很相似？

图 3-4　银行理财和基金的产品线

1. 现金类理财，和基金公司的货币基金很像

大概可以理解为，银行自己重新做了个自己的"货币基金"。在收益率上，现金类理财和货币基金也差不多，目前的年化收益率在 2%～3%，波动极小，几乎不会亏钱（注意，在极端情况下，还是有可能亏钱的）。

还记得前面说过，银行 App 里面找货币基金很费劲吗？也许是因为银行 App 更倾向于推荐它自己的现金类理财。在银行 App 里面买银行自家的现金类理财，买起来很方便，同时还有很多附加功能。比如，我个人用的是招商银行的储蓄卡，招商银行主推的现金类理财产品叫"朝朝宝"。钱放到朝朝宝里，除了能享受年化 2%～3%收益率的增值，还可以用于转账、网络支付、还信用卡等。俨然就是加强版现金。

基本上，如果你用的是 A 银行的银行卡，那么你放在 A 银行卡里面的零用钱，最优的配置品种就是该银行的主推现金类理财产品。顺手就买了，省事。

2．纯固收理财，类似于基金公司的债券基金

纯固收理财的底层资产主要是存款、债券等债权类资产，且比例不低于 80%。虽然名字叫"固收"，但是它净值可不是"固定"往上"收"。由于底层资产里有债券，比例还挺高，它和债券基金一样会有波动、会下跌。运气不好的时候，跌 3%～5%都是有可能的。

2021 年，某银行的纯固收理财净值下跌了 0.4%，遭到大量用户的投诉，还上了新闻。可以看出，目前银行并没有把此类产品可能会下跌这件事给持有人通知到位。大家还都误以为纯固收理财是不会下跌的。

3．"固收+"理财，类似于基金公司的混合基金

"固收+"理财里面既可以买存款、债券等债权类资产，也可以买股票，每个产品的比例还都不太一样。

如果一个"固收+"理财产品配置存款、债券的比例比较高（如75%），且配置股票的比例较低（如 25%）。那它的波动情况就会比纯固收理财高，但也不会高太多。但如果一个"固收+"理财产品要是配置 75%股票，25%存款和债券，那这个产品的波动会很大。运气不好的时候跌 20%～30%都是很正常的。

我们选择"固收+"理财时要尤其小心，买之前要仔细看它的产品说明书，确定它到底会买多少比例的股、多少比例的债。

4．全股理财，类似于基金公司的股票基金

全股理财的底层资产 80%以上都会买股票，这个波动就更大了。股市行情好的时候几个月就能涨 30%～50%，行情不好的时

候几个月也能跌 30%~50%，这都是非常正常的现象。全股理财，已经和保本时代的老理财产品差十万八千里了。

四、银行理财和基金的区别

说完了银行理财和基金的相似之处，我们再说说它俩之间的区别。比较大的区别有三点。

1. 银行理财对底层资产要求更加宽松

银行理财可以投的底层资产，种类要比基金多，限制要比基金少。银行理财可以买非标债，也就是不标准的债权类资产，这个是基金不能买的品种。这样或许会让银行理财比对应的基金产品收益高一点，但同时也增加了银行理财的风险。

2. 有些银行理财产品有超额提成

银行理财一般都有个业绩比较标准。比如，某银行的纯固收理财产品的业绩比较基准收益率是一年 4.3%。如果一年后业绩超过了 4.3%，对于超出部分该银行要收走 20%。我还见过一款银行理财产品，超出业绩比较基准的收益，100%由银行收走。对于这样的产品设计，我个人表示很难接受。银行理财放宽了底层资产的限制范围，增加了产品的整体风险，貌似提升了一点收益率，却要把超额收益中的一部分甚至全部分给银行。

凭什么风险由持有人来承受，超额收益归银行享有？风险和收益关系不对等啊。理财持有人都已经给银行交了管理费、销售服务费了，银行再收超额提成，很不合理。

反观基金的投资限制更为严格，且即便有超额业绩，多赚的钱都是归基金持有人所有，基金公司只赚管理费和销售服务费。

这就合理得多。

3. 银行理财产品没有明确的基金经理

每只基金产品都会有一位基金经理，由他来负责这只基金的底层资产买卖决策。基金经理要是能力强，基金的业绩做得好，大家会认准此人，专买他发的基金。他要是能力差，基金业绩不好，那大家也会认准此人，以后躲着他的基金走。

我们在选基金产品之前，都是要先看该产品的基金经理是谁，历史业绩怎么样，然后再判断这只基金值不值得买。而银行理财产品，没有类似基金经理这样一个岗位的人存在。一个银行理财产品发出来，你不知道它背后的负责人是谁，也无从分析该产品掌舵人的能力，更无法评估未来这个产品能否维持同样的投资水平。

银行理财没有明确的负责人，这件事对于现金类理财来说可能影响小一些，毕竟现金类理财的目标收益率比较低、几乎没有波动。只要不乱来，想亏钱是很难的。但对于纯固收理财、"固收+"理财、全股理财，影响则比较大。这些品种波动大、持有时间长，如果不能分析银行理财产品负责人的投资能力，那要投资人靠什么来做投资决策呢？

因此，在银行理财产品的四个品种里面，我个人比较喜欢的是现金类理财，会考虑用它来配置我的短期资金。但我的中期资金、长期资金都不会选择配置银行理财产品，而是会去配置基金产品。至少在现阶段，基金产品的管理更严格，体系更健全。

五、特别风险提示

还有一个常见的"坑"大家要注意。在保本时代，理财产品在卖的时候，旁边会标一个它的"预期收益率"。等到期了，也真的会按这个预期收益来给你发钱（见图 3-5）。

4.5% ×××理财产品
预期收益率

图 3-5　理财产品的预期收益率

　　到了不保本时代，很多理财产品在卖的时候也在旁边放个数字。但是不保本理财产品，没有"预期收益"了，银行在这个地方放什么数字呢？

　　如果是现金类理财产品，会在这个地方放个 7 天年化收益率，这是合理的。其他几个品类的理财产品，有的银行会放过去业绩的年化收益率，比如近 3 个月年化收益率、成立以来年化收益率。如果是刚发行的理财产品，没有过去业绩可展示，就直接放业绩基准收益率（见图 3-6）。

图 3-6　业绩基准收益率

近 3 个月年化收益率、成立以来年化收益率，这是过往业绩的总结，不代表未来也能达到这个收益率。而业绩基准收益率就更没有指导意义了，所谓业绩基准，是指这只理财产品的业绩目标是这个数。有目标是好的，但是它最终能不能实现这个目标，谁也不知道。

无论你看到的理财产品名字旁边放的是哪个数字，唯一可以确定的就是该数字不一定是你未来将拿到的收益率。但有的银行会把那个收益率数字写得大大的，颜色搞得红红的。把"近3个月年化""成立以来年化""业绩基准"这些字写得小小的，颜色搞成灰灰的，如果不仔细看都看不见，这就极容易对用户造成误导了。

很多用户会误以为那个红彤彤的大数字，就是未来他能拿到的收益率。在不保本时代选银行理财，大家绝对不能轻易地以"近3个月年化""成立以来年化""业绩基准"这些数据来做决策。否则，很有可能会掉进坑里。

第三节 结构性存款

先讲个段子。问："我有 100 元，要如何投资才能既保证本金安全，又能挑战高收益呢？"答："可以把 98 元存银行，剩下的 2 元钱买张双色球彩票。"

这虽然是个段子，但是这个思路是可以借鉴的。按这个思路制作而成的投资品还真的存在，它的名字就叫：结构性存款。那什么是"结构性存款"呢？还是老方法，拆词法。把这个名字拆分一下，可以分为"结构性"和"存款"这两个词。

首先，它是个银行存款。其次，这个存款是"结构性"的，存款中大部分是传统存款，小部分是高风险投资。

如果运气好，高风险投资那部分赚钱了，那结构性存款的整体收益就会比传统存款高；如果运气不好，高风险投资那部分亏光了，也没关系。因为存款那部分产生的利息可以覆盖这部分损失，整个结构性存款也依旧不亏钱。因此，目前市面上的结构性存款是与传统银行存款一样的，都是保本型投资品。

结构性存款也有很多品种，区别在于高风险投资部分具体买了啥。一般来说，结构性存款的高风险部分买的都是金融衍生品，以期权为主。

简单的理解，买期权类似于猜涨跌。我们要是猜对了，那张期权的价格会涨很多，甚至能翻好几倍。但要是猜错了呢，那张期权就像没中奖的彩票，一分钱不值。

如果一个结构性存款买的是黄金的期权，且猜黄金在未来 1 个月会涨到 X 元以上。那么这个结构性存款的收益可能是这样的（见图 3-7）：

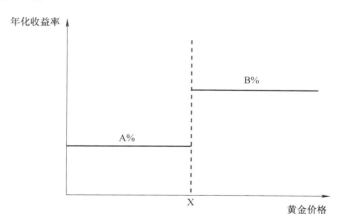

图 3-7　挂钩黄金价格的结构性存款的收益率

如果一个月后，黄金的价格没有超过 X 元，那期权这部分就猜错了，亏光了。整个结构性存款只剩下了存款那部分的收益，也就是 A%。如果一个月后，黄金的价格超过了 X 元，期权这部分猜对了，赚钱了。再加上存款那部分的收益，整个结构性存款的收益就是 B%。目前，A%大概是在 0.3%～1.5%，B%大概在 3.5%～5%。

其规律是：A%的值越高，B%的值越低；A%的值越低，B%的值越高。

这个很好理解，A%的值越高，说明结构性存款拿去买传统存款的比例高，拿去买期权的比例低。A%如果是1.5%，那B%大概就是3.5%左右。而如果一个结构性存款设计得比较激进，买传统存款的比例低，而买期权的比例高，此时A%可能是0.3%，B%可能是5%左右。

很多产品的B%很高，大家会误以为这样的产品更好，其实不是的。比较高的B%是以极低的A%为代价的。我们举例的这个结构性存款只有A%和B%两个预期收益，通常被称为"二层"结构性存款，算是个基础款。

后来，人们在期权部分做了些变化，买好几种期权，猜不同价格的涨跌，这就让结构性存款出现了一些创新款。

还以挂钩黄金为例：一个挂钩黄金价格的结构性存款，产品期限为一个月。如果一个月后黄金的价格低于 X 元，那收益率就是 A%；金价超过 X 元，但低于 Y 元，收益率就是 B%；金价超过 Y 元，收益率就是 C%。由于预期收益率有三个，所以这种创新款又叫"看涨三层"。既然有看涨三层，也会有"看跌三层"。

如果把中间那层的收益率做到最高或者最低，就叫"区间累积"。如果把中间那层收益率做成一条斜线，就叫鲨鱼鳍（很形象，见图 3-8）。

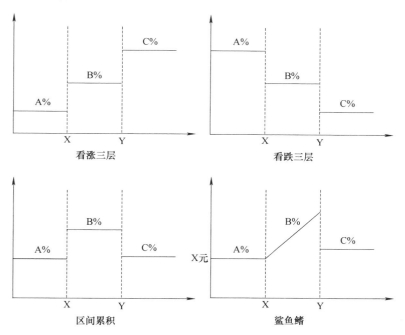

图 3-8　各种收益率

不管是三层的、区间累积的，还是鲨鱼鳍形式的，其原理都和二层结构性存款的原理一样，并没有本质区别。

除了可以挂钩黄金的价格，结构性存款还可以挂钩沪深 300 指数、中证 500 指数，还可以挂钩外汇价格等。产品期限从 7 天、14 天，到 1 个月、2 个月、3 个月、6 个月、1 年，都有。

看到这，肯定有同学要问了：结构性存款有这么多计算收益率的方式，有这么多挂钩的品种，到底怎么选收益才能最高呢？我的答案是：没有任何方法可以确保赚到高收益。

无论是黄金的价格，还是股价，抑或是外汇的价格，它们短期的涨跌都是无法预判的。无论我们是猜涨还是猜跌，猜对了都只是因为你运气好，猜错了也非常正常。

试想，如果我们具有猜对短期涨跌的能力，那我们干嘛要去买结构性存款，直接全买期权不就完了，岂不是赚得更多？买了结构性存款，就已经承认了自己不具备预期短期涨跌的能力，想买个保本的投资品，以求本金安全。

因此，对于结构性存款的选择，注意点产品期限就行了，如果没到产品到期日，钱是拿不出来的。具体选择什么收益形式、挂钩什么品种的期权，都区别不大。反正都是蒙，随便选一个即可。

另外，结构性存款不要买产品期限太短的，比如 7 天的、14 天的、1 个月的。因为结构性存款不是买了之后立刻起息，而是要等几天才起息。比如，某期限为 7 天的产品是某月 8 日开始起息，1～6 日是认购期。你在 1 日买了结构性存款，但 8 日才开始起息，14 日产品到期。（你想在 8 日当天买？对不起，人家不卖。）看似你买了个 7 天的产品，实则资金占用是 14 天，年化收益率直接得除以 2 了。

有关结构性存款的保本特性，我还要再强调一下：目前各银行市面上在售的结构性存款，都被设计成了保本型。但是，结构性存款这个产品，理论上银行是可以设计成不保本形态的。只要在高风险部分多买些期权，低风险部分产生的利息就没办法彻底填上高风险部分的损失了。但现在各银行都在用结构性存款来替代老的保本理财，所以都把它做成了保本形态。未来会不会有银行突发奇想，做成不保本的，也说不准。

所以，大家在买之前还是要仔细看一下产品说明书，是不是保本产品，上面会写得很清楚。

总结一下：目前的结构性存款虽然保本，但资金灵活性比较差，平均收益比货币基金和现金类理财也高不了多少。因此，我个人不会用结构性存款来配置我自己的短期资金。

第四节　国债逆回购

有同学问我："天马，我股票账户里面有些资金，暂时不想买股票，又不想拿出来。有没有什么在股票账户里面买的短期投资品种呀？"还真有。

股票交易软件里面的现金管理有两种方式：一种是场内货币基金，另外一种是国债逆回购。场内基金我们在本章第二节说过了，本节我们说说国债逆回购。

一、什么是国债逆回购

"逆回购"这个名字起得很吓人。"回购"就已经不懂了，还要"逆"？别害怕，其实它的原理很简单。"国债逆回购"就是指有人用国债作为抵押，找你借钱。由于是用国债作抵押品，这钱借得是相当安全，我们不用担心会跑路。所以，国债逆回购（俗称：别人用国债找你借钱）是非常非常安全的投资项目。

我国 A 股有两个交易所，上交所和深交所，各有各的逆回购产品。两个交易所的国债逆回购代码不一样（见表 3-1）。

表 3-1　沪深两市国债逆回购产品名称及代码

期限	上海逆回购		深圳逆回购	
	代码	名称	代码	名称
1 天期逆回购	204001	GC001	131810	R-001
2 天期逆回购	204002	GC002	131811	R-002
3 天期逆回购	204003	GC003	131800	R-003
4 天期逆回购	204004	GC004	131809	R-004
7 天期逆回购	204007	GC007	131801	R-007
14 天期逆回购	204014	GC014	131802	R-014
28 天期逆回购	204028	GC028	131803	R-028
91 天期逆回购	204091	GC091	131805	R-091
182 天期逆回购	204182	GC182	131806	R-182

别看有这么多逆回购产品，其实常用的只有最上面的两个 1 天期的逆回购（用框圈起来的）。上海 1 天期逆回购（GC001）是 10 万元起借，只能往外借 10 万的整数倍的钱出去，比如 10 万元、20 万元、30 万元。深圳 1 天期逆回购（R-001）是 1000 元起借，你只能往外借 1000 元的整数倍的钱出去，比如 1000 元、2000 元、1.1 万元。如果我们账户里有 1200 元，其中 1000 元可以参与深圳 1 天期逆回购（R-001），剩下的 200 元不能参与。R-001 门槛最低，也最为常用。

二、具体怎么往外借

现在股票交易软件通常都有国债逆回购的专区，比如下面这个（见图3-9）：我们进入国债逆回购专区，然后选择 1 天期的 R-001，修改一下参与金额，点击"下单"就行了。

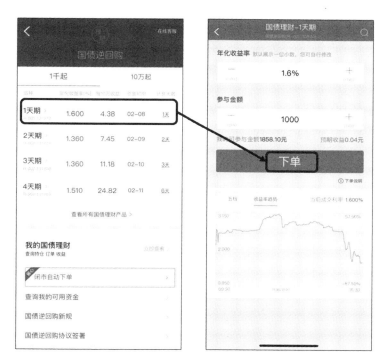

图 3-9　国债逆回购的下单页面

　　如果我们是在周一借出，那么资金和利息会在周二开盘就还给我们，周二可以用这个钱买股票或者再借一轮国债逆回购。但是在周二时资金只是"可用"，不可以从银行卡中提现。我们想要银行卡提现，必须要让这个钱在股票账户里面什么也不干，趴一晚上才行（周末不能提现）。如果我们是在周五借出，那资金和利息要到下周一开盘时才还给我们了。

　　遇到大型节假日怎么办？这就要感谢高科技了，现在股票软件做得都比较智能，一般来说，App 会帮大家算好，如果我们今天借出，哪天会把钱还给我们，下单之前看一眼即可（见图 3-10）。

现在国债逆回购的收益率通常在 2%左右，年底、季度末的时候会稍微高一点，能到4%～5%年化收益率（但仅限那几天）。所以国债逆回购就是一个类似于余额宝的现金管理工具，指望这东西发大财是不太可能的。

股市的交易时间是交易日的 9 点半到 15 点，而国债逆回购的交易时间是交易日的 9 点半到 15 点半。也就是说，股市收盘后的半小时，国债逆回购也可以借出去。做国债逆回购时，券商会收十万分之一的手续费，收费不高。

总结一下：用国债逆回购进

图 3-10　国债逆回购的闭市下单

行股票账户中的现金管理，好处是可以每天收盘之后再借出，不影响开盘时间内使用资金。国债逆回购也是保本品种，我们不用担心亏钱。在节假日前几天，收益率可能会比平时的收益率略高。

到这，短期资金可以投的几个投资品种（除了短债基金），我都讲完了。

短债基金我不打算放在本章来讲，因为它和长债基金放在一起讲会更容易理解，所以我会把它放在中期资金这部分讲。大家要注意，虽然短债基金被放在了下一章来讲，但它是短期投资品种。

第四章
中期资金投资方法

有位同学曾问我一个问题。

他说："我两年后要买房，现在股市跌得很多，能否拿买房款先抄个底？"

我问他："贵州茅台现在的股价大约在 2000 元左右。你觉得，2012 年 8 月底 220 元左右的茅台，应该抄底不？"

他说："当然应该抄底，到现在涨了快十倍呢"。

我说："如果你真的在那时候抄底了，你面临的将是一个悲伤的故事。"

2012 年 8 月底，在经历了一轮近 20%的下跌之后，贵州茅台的股价到达了 220 元。用十年后（2022 年）贵州茅台 2000 元的股价来对比，220 元的价格真的是很便宜。

如果他在那个时间抄底了茅台，在两年之后的 2014 年的 8 月底，他会赚多少钱呢？对不起，他没赚钱，两年后的贵州茅台股价是 160 元左右。220 元的成本，160 元的现价，此时他亏了将近 30%。

更不幸的是，他没法继续持有此股票，因为他要买房。他只能在此时"割肉"，卖掉股票，去买一套小了 30%面积的房子。然后，在未来的八年，他会眼睁睁看着茅台的股价从 160 元涨到 2000 元。

人生最大的苦事，也莫过于此了吧。

中期资金是非常尴尬的资金。1～3 年这个时间，说长不长，说短不短。

很多同学会觉得，明后年才要花的钱，还早着呢，买股票可以的，到时候肯定涨起来了。但真实情况是，哪怕是持有像贵州茅台这样的优质股票类资产，在 1～3 年的时间里，都很有可能是亏钱的。

中期资金往往是有明确用途的钱，如买房、结婚、买车、小孩上学，到时间就要花，等不起。

无论在用钱时，我们的股票是赚的还是亏的，都会被迫卖掉变现，这是非常被动的局面。所以，如果我们未来 1～3 年有一笔比较明确的钱要花，这笔钱是不能配置股票类资产的，只能配置大额存单或者债券基金。

大额存单和债券基金各有什么特点呢？下面我详细说说。

第一节　大额存单

大额存单就是银行定期存款，只不过起存线比普通银行定期存款要高。银行定期存款通常是 50 元起存，而大额存单是 20 万元起存。由于一次性存的钱比较多，所以利息也会比普通定存高一些。由于一次性存的钱比较大额，所以它叫"大额存单"，多么直白的名字。

站在 2022 年初这个时间点，国有银行（如工商银行、农业银行、中国银行、建设银行、交通银行、邮储银行）1 年期普通定存的利率大概在 2% 左右，3 年期普通定存利率大概在 3.25% 左右。大型股份制银行（如招商银行、兴业银行、浦发银行、中信银行等）的 1 年期、3 年期普通定存的利率通常会比国有银行的高 0.25% 左右。当然，银行定期存款的利率会跟随国家政策变化，没准你看到本书的时候，利率又变了。

每家银行都有大额存单业务，各行的大额存单，通常都会比该行的普通定期存款利率高 0.1% 左右。比如，如果某银行的 3 年期定存利率是 3.25%，那该行的大额存单利率大概就是 3.35%。

这里顺便讲一下什么是单利、什么是复利。单利，就是算利息的时候，只考虑最开始的本金。

你如果拿 100 万元买了上面我们说的这个 3 年期、利率 3.35% 的大额存单，那你每年的利息将会是：

第一年：100 万元 × 3.35% = 3.35 万元。

第二年：100 万元 × 3.35% = 3.35 万元。

第三年：100 万元 × 3.35% = 3.35 万元。

在第三年到期时,银行会把连本带利100万元＋3.35万元＋3.35万元＋3.35万元＝110.05万元一次性还给你。

大家要注意，银行存款和大额存单这两个品种所说的利率，全都默认是单利。但是我们在银行贷款的时候，或者谈论某只基金的过往收益率的时候，说的收益率默认都是指复利。

所谓复利，就是在计算下一年利息的时候要把前一年的利息也当作本金一起算上，也就是"利滚利"。

如果我们用100万元买了一个复利年化收益率为3.35%的基金，你每年的收益将会是：

第一年：100万元×3.35%＝3.35万元。

第二年：（100万元＋3.35万元）×3.35%＝3.462225万元，约等于3.46万元。

第三年：（100万元＋3.35万元＋3.46万元）×3.35%＝3.578135万元，约等于3.58万元。

在第三年到期时,连本带利你的总资产将会是100万元＋3.35万元＋3.46万元＋3.58万元＝110.39万元。

复利3.35%比单利3.35%，3年多了110.39万元－110.05万元＝0.34万元的收益。

本书的描述方法与国际惯例相同，在讲银行存款和大额存单时所提到的利率、收益率，默认是指单利；在其他部分所提到的收益率，默认都是指复利。

讲完了单利和复利，我们再说回大额存单。

大家看完上面的介绍，肯定会有人有疑问：这大额存单和普通定存相比，利率也没高多少啊。专门拿一节来讲大额存单，是因为它比普通定存有什么优势吗？是的。如果我们是从头拿到尾，大额存单和普通定存确实差不太多。但是如果中途需要提前取钱出来，大额存单就有优势了。

比如，张三在银行存了 100 万元三年期的普通定存，存款利率是 3.25%。存满了一年，到了第二年初他突然要用钱，要把钱全都取出来。此时银行要如何给他结息呢？普通定存提前取出，只能按照活期利息来结息，大概在 0.3%左右。此时，张三就只能拿到 100 万元 × 0.3% = 3000 元利息。

存了一整年，0.3%的利息，是不是非常惨？但是如果张三存的是一个三年期的大额存单，中途要提前取钱出来时，他可以选择转让这张大额存单，而不是憋憋屈屈地接受活期存款利率。

大额存单转让流程大致如下。

张三持有一份 100 万元 3 年期 3.55%利率的大额存单，持有一年后要出手转让。他打开银行 App 大额存单转让功能，银行系统根据第一年的利息 3.55 万元自动划定了一个转让费的区间，比如说是 3 万至 4 万元。张三想尽快转让出这笔大额存单，所以把转让费设定为最低线 3 万元。

李四在该银行 App 大额存单转让专区发现了张三正在转让的这笔存单，发现转让费只要 3 万元，很划算，于是李四就打算买这份存单。李四给张三支付 100 万元本金 + 3 万元转让费，共 103 万元。此时李四账户显示本金为 100 万元，不是 103 万元，等李四持有这个大额存单两年到期之后，会收到 100 万元本金和 3.55 万元/年 × 3 年 = 10.65 万元的利息。

在这个案例中，张三持有大额存单一年，提前转让给了别人，张三获得了 3 万元的收益，相当于 3%的利率。这就比普通定存提前支取 0.3%的利率高多了。

当然，我们的大额存单想提前转让，得有人买才行。在现实生活中，100万元这么高金额的大额存单转让起来还是挺难的，毕竟一下子能拿出 100 万元来买这个存单的人比较少。如果我真有100万元要买大额存单，最好拆成 5 个 20 万元的来存，后期转让的时候更方便。

如果我们的中期资金打算投大额存单，那投法非常简单，挑一个你用钱日子前到期的存单，买了就行了。这中间无任何波动，也完全不可能会亏损。持有到期之后取出即可。

大额存单哪都好，唯一的问题就是收益率有点低。想要收益率高点怎么办？可以看看下一个品种：债券基金。

第二节　债券基金

债券基金长久以来都没怎么进入我们的视野，原因主要有两个。

第一个是因为它的预期收益率不高，只有 4%～6%左右。很多同学买基金都是冲着高收益去的，都跑去买股票类的基金了。

第二个是因为债券基金有波动，持有三五个月都有可能是亏钱的。所以图安心的同学之前也不会选债券基金，而是去买银行保本理财了。

但是在 2018 年的时候，国家发布了大资产新规，保本理财时代结束了。大家从保本理财里退出来的钱没地方去，这才有了债券基金的用武之地。

一、债券的分类

债券，就是一张标准化的借条。根据不同的分类维度，可以把债券分成多种类型。就像是幼儿园里的一群小朋友，可以根据性别分为男生和女生，也可以根据年龄分为大班、中班、小班，也可以根据兴趣爱好分为足球班、篮球班、舞蹈班。其实都是同一群小朋友。

我来介绍两种比较有用的分类方式。

第一种，根据债券的违约风险来分，可以分为利率债和信用债。

利率债，就是这个债券像存银行一样，基本不会违约，是用国家的信用做担保的。比如，国债（财政部发的）、政策性银行债（国家开发银行、中国进出口银行、农业发展银行发的），央行票据（中央银行发的）等。如果是地方政府发的，可以算是准利率债。利率债，由于风险低，所以收益率肯定也会低一些。

信用债，就是企业发的债券了。债券会不会违约，就看企业的财务状况了，因此信用债的风险等级之间的差别也很大。信用债风险要大一些，因此收益率也会高一些。

第二种，根据交易市场来分，可以分为交易所市场债券和银行间市场债券。

交易所市场是指我们买股票的上交所和深交所，都是1990年成立的。那时候，商业银行买卖债券，也是在交易所市场来买卖。但是后来发现，商业银行的钱进了交易所就不是只买债券了，还经常趁机炒股。

炒股风险太大了，管又管不住，不管又不行，于是在1997年弄了一个银行间市场，商业银行只允许在这个市场买卖债券。银行间市场是没有股票的，所以不用担心钱跑去炒股。后来银行间市场的规模越来越大，不光是银行，保险公司、证券公司、基金公司都在这买卖债券，其交易的债券数量、规模，远远超过交易所市场了。所以，银行间市场才是债券市场的主流市场，交易所市场上卖的债券反倒是很少。

还有一类交易市场，叫柜台债市场，就是指银行网点面向大爷大妈卖国债的那种，这就太小众了，不多说了。

说到这要插一句，之前有同学问：为啥要去买债券基金，而不是我们自己去买债券呢？就是因为：大部分债券都在银行间市场交易，我们个人根本买不到。就算是交易所市场的债券，不少债券也要合格投资者才能买，要求个人拥有金融资产500万元。所以，对于个人投资者来说，要买债券还是买债券基金，至少不要500万元的门槛。

二、债券市场的牛熊

债券市场的牛熊和股市的展示方法不太一样。股市是搞一个指数，比如我们常念叨的上证指数。上证指数一直涨，就是牛市；上证指数一直跌，就是熊市。而债券市场却不用指数来展示，而是看十年期国债收益率。十年期国债收益率就是：还有十年就到期的国债的年化收益率。

什么是国债的年化收益率呢？我来举个例子。

比如，一个债券面值100元，利息是3元，还有一年到期。我们用100元把它买了，一年之后还给我们103元。我们买它的时候，它的到期收益率是3%。如果这个债券跌了，跌到99元，利息还是3元，我们花99元买了这个债券，过一年会还我们103元。我们买它的时候，它的到期收益率是（103-99）/99=4.04%。

大家看到了吧，债券的价格跌了，会导致它的到期收益率变高。反过来说，到期收益率变高，也就是意味着债券跌了。跌得多了，就跌成熊市了。

我们一起看看十年期国债的到期收益率历史图，看这张图的时候要注意，收益率涨了是债券熊市，收益率跌了是债券牛市（见图 4-1）。

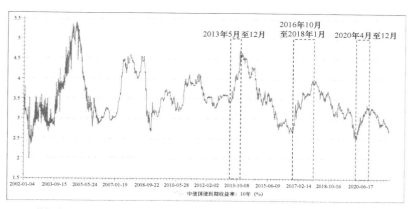

数据来源：choice。

图 4-1　十年期国债的到期收益率历史图

我们可以看到，债市的熊市时间通常比较短，熊个半年到一年也就见底了。一到两年的时间，十年期国债收益率基本都会回到最初的位置。如图 4-1 中标示，最近的三轮债券熊市是：2013 年 5 月至 12 月、2016 年 10 月至 2018 年 1 月、2020 年 4 月至 12 月。

如果是比较优秀的债券基金，它的净值想恢复到熊市起点时的位置，很有可能需要一年左右的时间。这就是为什么我们把债券基金放到中期资金的投资品种里面，因为短期资金（一年以内）时长太短，没准我们的运气差，今天刚买完债券基金，明天就开始熊市，等我们要用钱的时候基金净值还没涨回来呢，我们又不得不把它卖掉，这就造成永久性亏损了。

有的同学可能会问："这个十年期国债的到期收益率为啥会有涨跌呢？"国债收益率涨跌受多方面因素影响，其长期因素主要是一个国家 GDP 增速的变化。

比如，一个国家的经济正快速增长，每年的 GDP 增速有 10%。这说明该国家有大量创业和投资的机会，很多人都会去借钱做生意。只要借钱的利息低于 GDP 增速，比如 7%，最终算下来也就还有得赚。

当该国家的 GDP 增速逐渐降下来了，比如降到了 3%，这说明该国创业投资的机会已经比较少了，很少有人愿意去借钱做生意了。即便借钱，也需要借钱的利息低于 GDP 增速，比如 1% 的利息，最终算下来才有钱赚。

目前，十年期国债的收益率大概是以 2.9% 为中值上下波动的。前些年是围绕 3.5% 波动，最近这些年降了，降到 2.9% 了。根据发达国家的经验，随着 GDP 增速的逐渐降低，十年期国债收益率也会慢慢降低。

国债收益率变化的中期原因是国家的货币政策变化。央行会根据近期的经济情况，选择是加息还是降息。若最近加息了，老百姓发现把钱存银行更划算，就会卖国债，转而去把钱存银行。因为卖国债的人多了，国债的价格就降下来了，国债的到期收益率就涨上去了。以后大家如果买了债券基金，一听说央行加息了，就应该知道：最近债基可能要跌一点。同理，如果央行降息了，那债基最近有可能会涨一点。

国债收益率变化的短期因素则是债券市场的正常波动了。即便什么都没有发生，债券市场的价格也不会一成不变。就像我们每天去菜市场买菜，白菜土豆每天的价格也都不太一样，有涨有跌。

三、什么是债券基金

大家看完前面这些内容，再介绍债券基金就比较简单了。

债券基金，就是合同上写明了 80%以上资产买债券的基金。再详细可以分为以下两类。

（1）纯债基金，只买债券，不买股票，也不买可转债。纯债基金里面也可以再细分为短债基金和长债基金。

短债基金，主要是买到期时间只剩下 1 年（短期）或者还有 1～3 年到期（中期）的债券。因为这些债券到期时间比较近了，所以受利率变化的影响较小，它们价格的波动也就比较小。当然，凡事都有利有弊，波动小了，收益率也低了。一般来说，优秀的短债基金，其年化收益率能达到 3%～4%左右。

长债基金，主要是买 3 年以上到期的债券，甚至 10 年以上到期的债券。这种债券受利率变化的影响很大，因此收益率也会高一些。此类型中优秀产品的年化收益率在 4%～6%。

（2）混合债券基金，又买债券，又买股票，又买可转债。

根据基金里对买股票的要求不同，行业里习惯将混合债券基金分为一级债基和二级债基。一级债基，只打新股，不会到股市上直接买股票。二级债基，可以打新股，也可以直接在股市上买卖股票，股票仓位一般不超过 20%。但是在 2012 年，主管单位叫停了债券基金的打新，一级债基和二级债基都不能打新股了。

除了有关打新股的区别不再适用，各家基金公司对一级债基、二级债基里面能买多少可转债，定义也不太一样。可转债虽然也是债券，但债券持有人可以选择把它转换成股票。因为有这个特殊功能，可转债的价格波动非常之大，有时候比股票涨得还快，有时候比股票跌得还多。

有的基金公司把可转债当成债券，有的公司会把可转债单独列出来，与股票并成一类。这就使得现在市场上一级债基、二级债基的分类方法不是很明晰。比如有的一级债基，合同上写了"不能买股票"，但它配置了大量可转债，整个基金波动巨大。有的二级债基，合同上虽然写的是"既可以买股票，又可以买可转债"，但该基金经理比较谨慎，这两个品种虽然都买了，比例却都很低，整个基金波动也不大。

关于混合债券基金，我们要换一个分类方法。我们要把混合债基里面股票与可转债的比例加起来，来计算这只基金的股票类资产比例。

如果一只混合债基里面，股票+可转债的比例大于 0 且小于等于 10%，我们称这种混合债基为保守型混合债基。由于在纯债基的基础之上增加了 10%以内的股票和可转债，所以这种类型的债券基金中的优秀产品，能做到年化收益率在 6%～7%。

如果一只混合债基里面，股票+可转债的比例大于 10%，我们称这种混合债基为积极型混合债基。由于股票和可转债的比例大幅提升了，所以积极型混合债基的收益就可上可下了。做得好的产品，年化 15%的收益率都有可能做到；做得差的，年化收益率最后搞成负的也很常见。积极型混合债基收益率高低，主要看股票和可转债选得好不好。

积极型混合债基里有一类特殊品种，叫可转债基金。它主要的投资对象就是可转债。可以想象，可转债基金的波动自然也就像可转债一样，非常之大。因此，我们不能把可转债基金当成传统意义上的债券基金，而是要把它当成股票基金来看待。本书对可转债基金就不做过多分析了，波动承受能力不高的同学，是不能配置可转债基金的。

四、怎么选债券基金

别看债券基金平时我们了解得少，它的数量可不少，全市场的债券基金有几千只。想从这么老多债券基金里选出优秀的，确实是个让人头疼的事。既然可供选择的基金很多，我们的标准就可以定得严格一些。

对于长债基金（短债基金下一节说）、混合债基，我有五大标准。

（1）基金要在 2016 年 10 月 1 日前成立，因为这个时间是上上轮债券熊市的起始日。完整经历两轮牛熊，才好评判基金成绩的好坏。

（2）基金经理也要在 2016 年 10 月 1 日前就开始管理这只基金了。只有这样，基金的业绩才能算成这个基金经理的业绩。

（3）基金规模大于 5 亿元，规模太小的基金容易清盘。

（4）基金收益在同类产品中名列前茅。基金最好得过大奖（比如晨星奖），基金公司会比较重视得过大奖的基金，会投入比较多的投研资源。

（5）基金公司规模大，风控体系完整，以防基金经理乱来。

根据这五条标准，我从 2000 多只债券基金中选出来一些不错的基金，分别是以下几只。

纯债基金（长债基金）：富国信用债债券 A/B、易方达信用债债券 A。

保守型混合债基：招商产业债券 A、鹏华产业债债券。

积极型混合债基：易方达稳健收益债券 A、易方达裕丰回报债券。

五、基金的基本情况

1. 纯债基金（长债基金）

（1）富国信用债债券 A/B（基金代码：000191）。

现任基金经理黄纪亮，他是富国基金固定收益策略研究部总经理兼固定收益投资部总经理。该基金于 2013 年 6 月成立，黄纪亮于 2014 年 6 月 21 日开始任基金经理。自他开始管理基金到 2022 年 4 月 1 日，基金年化收益率为 5.2%，这个成绩是很不错的。该基金在 2020 年获得了纯债型基金的晨星奖。

我们在看债券基金的成绩时，不能只看收益率，还要看期间的波动情况。该基金历史上有三次比较大的回撤（回撤就是涨着涨着又跌了，也是波动这个词的又一种表达方式）。第一次从 2014 年 11 月底到 2015 年 1 月底，历时两个月，最大回撤为 3%。第二次从 2016 年 11 月初到 2018 年 2 月底，历时一年零四个月，最大回撤为 2.72%。第三次从 2020 年 4 月底到 2021 年 1 月初，历时八个月，最大回撤为 1.84%。其余 1% 以内的回撤有多次，我就不列举了。

该基金自 2014 年 6 月 21 日到 2022 年 4 月 1 日的净值变化如图 4-2 所示。

该基金自 2014 年起历年的收益率如表 4-1 所示。

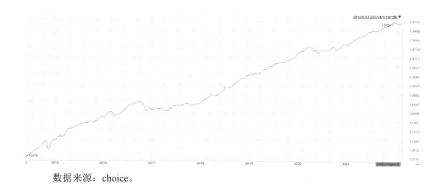

数据来源：choice。

图 4-2　富国信用债债券 A/B 的净值变化

表 4-1　2014 年起富国信用债债券 A/B 历年的收益率

基金代码	000191.OF
基金简称	富国信用债债券 A/B
基金全称	富国信用债债券型证券投资基金
2022 年截至 4 月 1 日	0.6%
2021 年	5.6%
2020 年	3.1%
2019 年	5.7%
2018 年	7.7%
2017 年	1.7%
2016 年	2.7%
2015 年	8.7%
2014 年	11.7%

数据来源：choice。

（2）易方达信用债债券 A（基金代码：000032）。

现任基金经理是胡剑，他是易方达的副总经理兼固定收益投资业务总部总经理。该基金于 2013 年 4 月 24 日成立，胡剑从一开始就是这只基金的基金经理。截至 2022 年 4 月 1 日，该基金年化收益率为 4.7%。该基金在 2019 年获得了纯债型基金的晨星奖。

该基金历史上有四次比较大的回撤。第一次从 2013 年 7 月初到 2014 年 6 月初，历时近一年，最大回撤为 5%。第二次从 2014 年 11 月初到 2015 年 4 月底，历时六个月，最大回撤为 3.3%。第三次从 2016 年 11 月初到 2017 年 7 月中旬，历时八个半月，最大回撤为 2.34%。第四次从 2020 年 4 月底到 2021 年 4 月底，历时一年，最大回撤为 2.4%。其余 1%以内的回撤有多次。

该基金自成立到 2022 年 4 月 1 日的净值变化如图 4-3 所示。

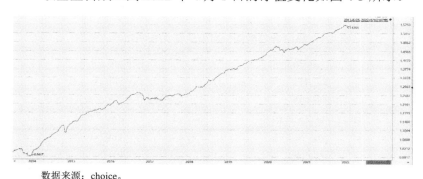

数据来源：choice。

图 4-3　易方达信用债债券 A 的净值变化

该基金自成立起历年的收益率如表 4-2 所示。

表 4-2　易方达信用债债券 A 的历年收益率

基金代码	000032.OF
基金简称	易方达信用债债券 A
基金全称	易方达信用债债券型证券投资基金
2022 年截至 4 月 1 日	0.6%
2021 年	4.9%
2020 年	2.6%

（续）

2019 年	4.7%
2018 年	8.4%
2017 年	1.0%
2016 年	3.0%
2015 年	12.7%
2014 年	9.7%
2013 年	−4.2%

数据来源：choice。

2．保守型混合债基

（1）招商产业债券 A（基金代码：217022）。

现任基金经理马龙，是招商基金固定收益投资部副总监。这只基金是他 2015 年 4 月 1 日接手的。自他接手到 2022 年 4 月 1 日，基金年化收益率达到 6%。这个成绩相当亮眼，该基金在 2019 年获得了普通债券型基金的晨星奖。

这只基金作为一只保守型的混合债基，是可以买一些可转债以追求高收益的。但从历史的持仓情况来看，它的可转债比例一直非常低。以 2022 年 4 月 1 日这个时间点为例，基金不持有股票，而可转债仅占基金资产净值的 0.35%，几乎等于没有。

另外，就是历史回撤数据。自马龙接手之后，该基金最大一次回撤出现在 2016 年 11 月初到 2017 年 3 月底，历时五个月，最大回撤只有 1.54%，比前面说的两只纯债基金的回撤还要小。其余还有五次小于 1.5% 的回撤，短则三个月，长则半年，基本就走出回撤，重新开始增长了。这个控制回撤的成绩，确实令人敬佩。

该基金自 2015 年 4 月 1 日到 2022 年 4 月 1 日的净值变化如图 4-4 所示。

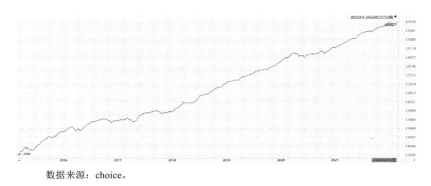

数据来源：choice。

图 4-4　招商产业债券 A 的净值变化

该基金自 2015 年起历年的收益率如表 4-3 所示。

表 4-3　招商产业债券 A 的历年收益率

基金代码	217022.OF
基金简称	招商产业债券 A
基金全称	招商产业债券型证券投资基金
2022 年截至 4 月 1 日	0.8%
2021 年	6.5%
2020 年	4.2%
2019 年	6.7%
2018 年	8.6%
2017 年	3.0%
2016 年	4.2%
2015 年	11.9%

数据来源：choice。

这只基金优点很多，但有两个问题需要面对。第一是这个产品有限购，之前是单日限购 5000 元，后来逐渐缩小到单日限购 2000 元，以后没准还会进一步限制。第二是赎回费较高，持有一年到一年半，赎回费为 1%；持有一年半到两年，赎回费为 0.5%；

持有两年以上才免赎回费。

（2）鹏华产业债债券（基金代码：206018）。

现任基金经理祝松，是鹏华基金公募债券投资部副总经理。该基金成立于 2013 年 2 月 6 日，祝松是从 2014 年 3 月 14 日开始接手的。自他接手以来到 2022 年 4 月 1 日，该基金年化收益率达到 8%，这个成绩比刚刚提到的招商产业债券 A 还要高。该基金在2020 年获得了普通债券型基金的晨星奖。

该基金在可转债的配置上，也要比招商产业债券 A 多一些。在 2022 年 4 月 1 日这个时间点，该基金不持有股票，但持有可转债占比为 9.8%。因此，这只基金的波动也会大一些。该基金最大一次回撤是从 2016 年 10 月底到 2017 年 11 月底，为期一年零一个月，最大回撤为 4.75%。2014 年 12 月也出现过一次为期一个月的回撤，回撤为 4.15%。其余介于 1.5%～2% 的回撤有多次。

该基金自 2014 年 3 月 14 日到 2022 年 4 月 1 日的净值变化如图 4-5 所示。

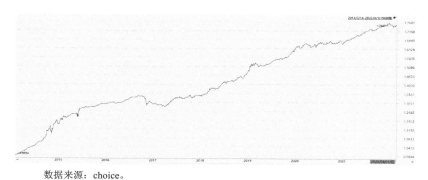

数据来源：choice。

图 4-5　鹏华产业债债券的净值变化

该基金自 2014 年起历年的收益率如表 4-4 所示。

表4-4　鹏华产业债债券历年收益率

基金代码	206018.OF
基金简称	鹏华产业债债券
基金全称	鹏华产业债债券型证券投资基金
2022 年截至 4 月 1 日	0.2%
2021 年	6.1%
2020 年	4.3%
2019 年	9.8%
2018 年	7.8%
2017 年	3.0%
2016 年	0.8%
2015 年	10.3%
2014 年	18.7%

数据来源：choice。

这只基金也有限购的问题，单日限购 5000 元，买起来会麻烦一些。它的赎回费用要比招商产业债债券 A 稍低，持有大于等于 7天，小于 1 年，赎回费为 0.5%；持有大于等于 1 年，小于 2 年，赎回费为 0.25%；持有大于等于 2 年，免赎回费。

3. 积极型混合债基

（1）易方达稳健收益债券 A　（基金代码：110007）。

现任基金经理胡剑，就是前面说的易方达信用债债券 A 的基金经理。该基金成立于 2005 年 9 月 19 日，胡剑于 2012 年 2 月 29日接手。自他接手到 2022 年 4 月 1 日，基金年化收益率达到 9.2%。作为一只积极型混合债基，该基金的 "股票+可转债" 比例并不算很高。在 2022 年 4 月 1 日这个时间点，"股票+可转债"比例为 16%。

自胡剑接手产品之后，最大一次回撤出现在 2013 年 5 月底到

2014 年 6 月中旬，历时一年零一个月，最大回撤为 6.6%。其余时间里，4%左右的回撤出现过 7 次，2%左右的回撤出现过 12 次。可见，即便只有两成左右的"股票+可转债"，其波动也要比纯债基金大得多。

　　该基金自 2012 年 2 月 29 日到 2022 年 4 月 1 日的净值变化如图 4-6 所示。

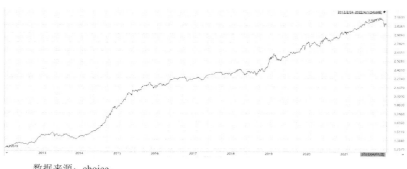

数据来源：choice。

图 4-6　易方达稳健收益债券 A 的净值变化

该基金自 2012 年起历年的收益率如表 4-5 所示。

表 4-5　易方达稳健收益债券 A 的历年收益率

基金代码	110007.OF
基金简称	易方达稳健收益债券 A
基金全称	易方达稳健收益债券型证券投资基金
2022 年截至 4 月 1 日	−2.0%
2021 年	8.7%
2020 年	6.1%
2019 年	15.0%
2018 年	1.3%
2017 年	4.5%

（续）

2016 年	1.8%
2015 年	20.6%
2014 年	30.0%
2013 年	0.4%
2012 年	13.6%

数据来源：choice。

（2）易方达裕丰回报债券（基金代码：000171）。

现任基金经理是张清华和张雅君。张清华是易方达的副总经理，兼任多资产投资业务总部总经理，张雅君是易方达多资产公募投资部总经理。在这只基金中，张清华主要负责股票和可转债部分，张雅君负责债券部分。

该基金成立于 2013 年 8 月 23 日，张清华于 2014 年 1 月 9 日接手，张雅君于 2017 年 7 月 28 日加入，一同管理。自 2014 年 1 月 9 日到 2022 年 4 月 1 日，该基金年化收益率达到 9.9%。该基金在 2021 年获得了积极债券型基金的晨星奖。

在 2022 年 4 月 1 日这个时间点，易方达裕丰回报债券的"股票+可转债"比例为 25.4%，这个数据比起易方达稳健收益债券 A 要稍微高一些。自 2014 年 1 月 9 日以来，该基金最大一次回撤出现在 2015 年 6 月中旬到 2015 年底，历时半年，最大回撤为 8.75%。还有六次小于 5%的回撤，时长在三个月到半年之间。其余小于 2.5%的回撤有多次，该基金每次回撤的幅度确实也比易方达稳健收益债券 A 大一些。追求年化收益率高一些的基金，确实是有代价的。

该基金自 2014 年 1 月 9 日到 2022 年 4 月 1 日的净值变化如图 4-7 所示。

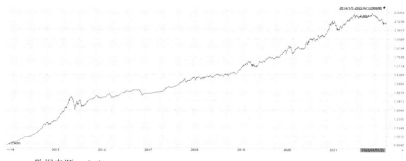

数据来源：choice。

图 4-7　易方达裕丰回报债券的净值变化

该基金自 2014 年起历年的收益率如表 4-6 所示。

表 4-6　易方达裕丰回报债券的历年收益率

基金代码	000171.OF
基金简称	易方达裕丰回报债券
基金全称	易方达裕丰回报债券型证券投资基金
2022 年截至 4 月 1 日	−3.5%
2021 年	6.2%
2020 年	12.5%
2019 年	11.8%
2018 年	4.3%
2017 年	8.6%
2016 年	1.0%
2015 年	22.2%
2014 年	21.3%

数据来源：choice。

六、如何投债券基金

看了上面这些例子大家可能就明白了，虽然同样被称为"债券基金"，但不同产品之间的区别还是挺大的。曾经就有同学想要买低波动的产品，于是挑了款债基。没承想，那只债基里面"股票+可转债"的比例达到了90%以上。这只基金的波动非常大，这位同学的持有过程是相当难受。因此我们在选择债券基金的时候，不能光看基金的名字，必须得看一下它的合同条款和实际持仓才行。绝对不能听别人说"这是债基"，就误以为它波动很低。

对于债券基金的投法，可以分为两种。

（1）如果我们的钱是存量资金，也就是存款，那可以选择一次性买入法。对于纯债基金和保守型混合债基来说，最大波动周期也就是一年（或者一年零一两个月）。哪怕我们运气极差，刚好买在最高点，过一年也差不多该解套了。

（2）如果我们担心自己运气极差，可以把存量资金分成几份，比如分成十份，每个月买一份。这样分批买入，就可以防止自己刚好套在最高点了。

对于增量基金，也就是每个月的工资、年底的奖金、日常的流水收入，这部分钱可以采用定投的投资方式。所谓定投，就是定一个时间，定一个金额，就以这个时间和金额投。

有同学会质疑："债券基金波动这么小，用得着定投吗？"大家要明白，之所以选择定投，并不是因为债券基金波动是大还是小，而是因为这部分钱是一个月一个月赚的。哪怕我们再看好一只基金，也不能跟老板说："老板，你把今年的工资全都一次性发我吧，我要买基金。"因此，对于增量资金来说，定投是最科学的方法，也是最无奈的方法。工资发下来了就投，省心省力。

第三节　短债基金

短债基金主要是买到期时间只剩下 1 年（短期）或者还有 1～3 年到期（中期）的债券。如果详细分类，主要买 1 年内到期债券的基金，叫超短债基；主要买 1～3 年到期债券的基金，称为中短债基。为了叫起来方便一点，我们就统称它们为短债基金。

由于短债基金里面的债券到期时间很短，所以它的波动会比较小，预期收益率也会低一些。一般来说，短债基金的预期年化收益率在 3%～4%。短债基金的波动会小到什么程度呢？我以我国目前历史最为悠久的短债基金，2006 年就已成立的嘉实超短债债券 C 为例，大家可以看看它的净值走势（见图 4-8）。

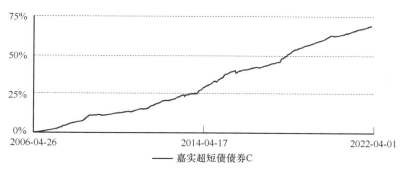

数据来源：choice。

图 4-8　嘉实超短债债券 C 的净值走势

该基金的净值走势基本上是直奔着右上角去的，比较优秀的短债基金就应该是这样的表现。但是，图上也有一些像小锯齿一样的地方，那些位置就是波动，再好的短债基金也会有波动。

一、如何选短债基金

目前，市场上的短债基金有几百只，看似繁多，其实多数是刚刚成立没多久的新基金。各家基金公司都是看准了银行理财产品净值化这一重大转折点，纷纷推出各自的短债基金产品。如此多的产品，我们该怎么选呢？

还是先做定量的选择，我的选法如下。

（1）选择 2020 年 4 月前成立的基金，这是最近一次的债券熊市，对短债基金的要求可以比长债基金稍微低一点，但依旧要经历过一轮牛熊才能看出所以然。

（2）基金经理也要在 2020 年 4 月前就开始管理这只基金了。只有这样，基金的业绩才能算成这个基金经理的业绩。

（3）基金规模大于 5 亿元，规模太小的基金容易清盘。

（4）基金的年化收益率在 3% 左右就可以，无须太高。但是对基金的历史回撤要求要严格一些，2020 年 4 月至 11 月底的这轮债券熊市中，基金最大回撤不能超过 0.55%。

（5）基金公司规模大，风控体系完整，以防基金经理乱来。

对于第四条，我要特别说明一下。由于现在新的短债基金比较多，各家公司为了让自家的产品脱颖而出，不惜牺牲短债基金的稳定性，以追求高收益。但是，这势必会增加基金的波动。我选短债基金时，一般的用途是短期持有，持有三个月到一年，要重点考虑短债基金的稳定性。

我们把这五条标准应用到几百只短债基金上，最后选出以下三只短债基金：嘉实超短债债券 C、中欧短债债券 A、易方达安悦超短债 A。

二、基金的基本情况

（1）嘉实超短债债券 C（基金代码：070009）。

现任基金经理李金灿，任职于嘉实基金固定收益业务体系短端 alpha 策略组。该基金于 2006 年 4 月成立，我很佩服嘉实基金能在十几年前布局短债基金产品。李金灿于 2015 年 6 月 9 日开始任基金经理。自他开始管理该基金到 2022 年 4 月 1 日，年化收益率为 3%。

该基金在 2020 年债券熊市中，最大回撤为 0.31%，持续了五个月。这个回撤控制得还算不错，但这并非是天生的谨慎，而是经过市场摔打之后的经验使然。在李金灿接手后不久的 2015 年 11 月，该基金曾出现过 1.06% 的回撤，这对一只短债基金来说，波动算非常大了。估计经过此事，这位基金经理的投资经验得以提升，对后面业绩的稳定起了很大作用。

该基金自 2015 年 6 月 9 日到 2022 年 4 月 1 日的净值变化如图 4-9 所示。

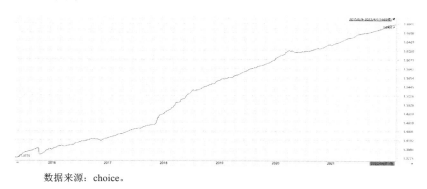

数据来源：choice。

图 4-9　嘉实超短债债券 C 的净值变化

该基金自 2015 年起的历年收益率如表 4-7 所示。

表 4-7　嘉实超短债债券 C 的历年收益率

基金代码	070009.OF
基金简称	嘉实超短债债券 C
基金全称	嘉实超短债证券投资基金
2022 年截至 4 月 1 日	0.6%
2021 年	2.4%
2020 年	2.3%
2019 年	3.2%
2018 年	5.2%
2017 年	3.9%
2016 年	1.8%
2015 年	4.8%

数据来源：choice。

（2）中欧短债债券 A（基金代码：002920）。

现任基金经理王慧杰。该基金于 2017 年 2 月成立，王慧杰于 2018 年 8 月 13 日开始任基金经理。自他开始管理该基金到 2022 年 4 月 1 日，年化收益率为 3.29%。

该基金在 2020 年债券熊市中，最大回撤为 0.37%，持续了四个半月。在 2018 年王慧杰刚刚接手基金时，该基金也有一次类似幅度的回撤。0.15%左右的回撤有两次，每次时长为一个月。其余小于 0.1%的回撤有多次。总体来说，该基金的波动是很小的，符合我们对短债基金的要求。

该基金自 2018 年 8 月 13 日到 2022 年 4 月 1 日的净值变化如图 4-10 所示。

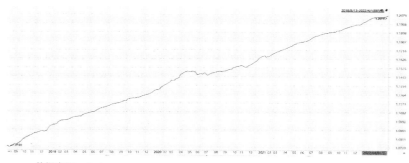

数据来源：choice。

图 4-10　中欧短债债券 A 的净值变化

该基金自 2018 年起的历年收益率如表 4-8 所示。

表 4-8　中欧短债债券 A 的历年收益率

基金代码	002920.OF
基金简称	中欧短债债券 A
基金全称	中欧短债债券型证券投资基金
2022 年截至 4 月 1 日	0.7%
2021 年	3.3%
2020 年	2.9%
2019 年	3.5%
2018 年	5.9%

数据来源：choice。

（3）易方达安悦超短债债券 A（基金代码：006662）。

现任基金经理梁莹。该基金于 2018 年 12 月 5 日成立，梁莹从基金成立时就担任基金经理。自基金成立到 2022 年 4 月 1 日，该基金的年化收益率为 3%。

该基金在 2020 年债券熊市中，最大回撤为 0.27%，持续了三个半月。在 2021 年 1 月底，该基金有过一次 0.17%的回撤，时长为一个月。其余都是一些低于 0.1%的回撤，且次数较少。就目前的成绩来看，该基金的波动控制算是本节列举的三个产品中做得最好的。但该基金也是三只基金中成立时间最晚的，因此它后续的成绩还有待时间的检验。

该基金自 2018 年 12 月 5 日到 2022 年 4 月 1 日的净值变化如图 4-11 所示。

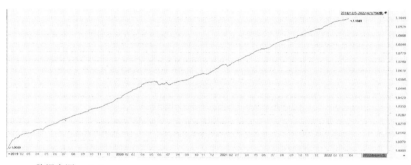

数据来源：choice。

图 4-11　易方达安悦超短债债券 A 的净值变化

该基金自 2018 年起的历年收益率如表 4-9 所示。

表 4-9　易方达安悦超短债债券 A 的历年收益率

基金代码	006662.OF
基金简称	易方达安悦超短债债券 A
基金全称	易方达安悦超短债债券型证券投资基金
2022 年截至 4 月 1 日	0.6%
2021 年	3.0%
2020 年	2.5%
2019 年	3.6%
2018 年	0.3%

数据来源：choice。

三、如何买短债基金

短债基金是短期投资品种，主要作用是短期资金的打理，持有时间要三个月以上才行。三个月内就要用的钱是不能配置短债基金的。短债基金的具体买法也比较简单，在前面列举的三只基金里，选两只出来，各买一半就行了。由于短债基金波动极小，无论是定投买入还是分批买入，都是可以的。年化收益率目标放到 3% 左右比较合理，预计最大波动在 0.5% 左右即可。

▼

第五章

长期资金投资方法

　　看完了前面几章，大家可能会发现一个问题，讲了这么多投资品种，其收益率为什么都这么低？确实，由于短期资金、中期资金都是很快就要用的钱，所以没办法投高收益的品种。高收益品种的波动普遍很大，到我们用钱的时候，它跌得正欢，那怎么办？

　　但是长期资金不一样，长期资金三五年不用，甚至十年、二十年不用，这么长的时间可以应对波动了，因此也就可以投高收益的投资品种了。已经快要看书看到睡着的同学，快醒一醒，本书最重要的一章来了。让我们一起挑战一下年化 10%以上的收益率吧！

第一节　10%的年化收益率是怎么来的

想达到年化 10%的收益率，光靠货币和债券市场工具这些底层资产是不行的。我们可以指望的，也就是股票了。长期看，股票类资产的年化收益率是可以达到 10%的。估计有同学此时会举手表示反对："我爸炒股 20 年，不但没赚到那个 10%，反倒是亏了不少，这又是怎么回事？"

这里要明确一点，"炒股"和配置股票类资产是两码事。炒股就是把股票当菜炒。上网刷刷新闻就敢买入，没拿两天就卖了，翻过来调过去地折腾。炒股，本质上是在把股票当赌具。

炒股的人都希望自己买了一只股票，第二天股价就开始涨；希望自己卖了一只股票，第二天股价就开始跌。凭什么运气这么好？这显然是不现实的期望，最终都是以亏钱结束。

而配置股票类资产，是把股票和股票类基金，当成像房子一样的资产来长期持有。买入之前要进行详细的研究，彻底搞懂了才买。一旦买入，要持有很多年，不理会中间的涨跌。

买股票和股票类基金的两个人，他们的买入理由、持有时长、最终结果，可能是有极大区别的。

那要怎么看一个股市涨了多少呢？这需要使用一个工具了——指数。

一、什么是指数

我们一起玩一个游戏。

我们要给家里"领导"汇报股市今天是涨是跌。如果股市里只有一只股票，想知道整个股市在这一天的涨跌情况是很容易的，只要看这只股票的涨跌就行了。但显然，股市里面不会只有一只股票。假设股市里有两只股票，这时候想描述股市涨跌，就没那么容易了。比如，A股票涨了10%，B股票跌了5%，我们说今天整个股市算是涨了还是跌了？总得有个评价标准吧。

这个时候就出现了指数这个东西，用来指示整个股市的涨跌情况。指数的"指"字，是"指示"的意思。

我们一起做一个指数出来，大家就彻底理解了。

还是刚才说的那个有两只股票的股市，我们假设A股票市值为40亿元，B股票市值为60亿元。（市值，就是指这家公司的股票总数乘以每股股价。）

A和B两只股票的市值加起来是40+60=100（亿元）。这时候我们假设建立一个指数，就叫"天马指数"吧。

我们规定，100亿元对应的指数点位是3000点。这个3000点是随便设的，设成什么都行。

第二天，A股票涨了10%，它的市值变成了40亿×（1+10%）=44（亿元）；B股票跌了5%，市值变成了60亿×（1-5%）=57（亿元）。A和B两只股票的市值相加等于44+57=101（亿元）。

用第二天101亿元的总市值除以第一天的100亿元等于1.01。再用1.01乘以初始点数3000点，就得出了"天马指数"在第二天的点位为3030点。

这个时候我们就可以去向家里"领导"汇报了："亲爱的，股市涨了，从3000点涨到了3030点，涨了1%。"

可见，指数就是先做一个股票的清单，里面有每只股票的占比（专有名词叫权重）。然后按照清单里股票的股价变动计算一个数出来，这就是指数了。

二、10%的收益率是怎么来的

前面我们说股市长期年化收益率在 10%左右，这个数据是怎么算出来的呢？其实就是根据指数算出来的。

一个股市的指数有很多，目前 A 股最具有代表性的指数是沪深 300 指数（A 股，包括上海证券交易所和深圳证券交易所这两个交易所里面的所有股票）。换句话说，沪深 300 指数是从沪深两市中，选取出市值最高的 300 只股票，以展示这 300 只股票的涨跌情况。

沪深 300 指数是从 2004 年 12 月 31 日开始计算的，起始点位是 1000 点。到 2022 年 4 月 1 日收盘时，指数点位是 4276.16 点，历经 17.25 年（见图 5-1）。计算下来，这 17.25 年，它的年化收益率是 8.8%。这个收益率还没有算分红，沪深 300 指数差不多每年有 2%左右的分红，累计的年化收益率已经超过 10%了。

这十几年来，股市有涨有跌，历经多轮牛熊。虽说很多人大喊股市不赚钱，但我们看数据后会发现，A 股其实是赚钱的，而且赚得还不少。不赚钱的人，往往是股市大涨之后才入市，大跌之后就割肉离场了。这样的操作方式，确实很难在股市里赚到钱。

顺便说一句，我们平时在新闻里听到的"大盘 3000 点"，这里的大盘指的是上证指数。上证指数反映的是上海证券交易所的股票涨跌情况，该指数历史非常悠久，因而被频繁提起，甚至有时就把上证指数的涨跌等同于整个股市的涨跌了。但上证指数确实无法完全代表沪深两市，而且其编制方法也有些不足之处，我们在下一章会详细介绍这个指数。

数据来源：choice。

图 5-1　沪深 300 指数走势图

三、股市长期上涨的逻辑

除了我国 A 股，美股也是同样的情况，长期都是上涨的。美股最具有代表性的指数是标普 500 指数，这个指数历史更悠久，能追溯到 1941 年。标普 500 指数从 1992 年 4 月 1 日的 403 点到 2022 年 4 月 1 日的 4545 点，这 30 年的年化收益率是 8.4%，再加上 1%～2% 的股息率，也差不多是 10% 的年化收益率。

为何我国沪深 300 指数和美国标普 500 指数（见图 5-2）的长期收益率都是年化 10% 左右呢？其背后的逻辑是什么呢？

在一个股市里，最具有代表性的那个指数，其成分股通常是股市里面规模最大的那几百家公司。整体而言，这几百家公司的成长速度会高于一般上市公司。而上市公司作为一个整体，其成长速度也会高于一个国家 GDP 的增速。如果一个国家长期的年化 GDP 增速在 4%～6%，那上市公司的成长速度大概会在 8%左右，龙头上市公司的成长速度差不多会到 10%。

数据来源：choice。

图 5-2　标普 500 指数走势图

这就是为什么，中、美股市的代表性指数，长期年化收益率都在 10%左右了。主要是因为中、美两大经济体的 GDP 一直在增长。市场上有句话，叫"买指数就是买国运"，如果我们相信一个国家的国运昌隆，GDP 会持续增长，那就照着这个国家股市代表性指数的清单买股票，长期看一定是个很好的投资选择。

四、指数基金

指数的清单长什么样呢？在沪深 300 指数的清单上，写了 300 只股票的名字和权重。300 只股票的清单实在太长了，看起来太费劲。我们举个简化点的例子吧，把 300 只股票简化成三只股票。比如，某个清单上会写着：贵州茅台，占比 50%；招商银行，占比 30%；格力电器，占比 20%。

指数只是写个清单，不会真的跑出去按这个清单买股票的。

如果大家还是理解不了，我们可以把它看成一个购物清单。比如，我们拿了 100 元去超市购物，去之前列了个单子，上面写：50 元，买鸡蛋；30 元，买白面；20 元，买白菜。我们只是把这些东西写在了纸上，还没去买呢。

这就是指数，它只是个清单。显然，我们做投资不是来搞研究的，我们是来赚钱的，光给一个清单有什么用？这个时候，基金公司跑出来了，拿着刚才的股票清单说："你把钱给我，我去帮你把这个清单上的股票买回来，而且是按清单上的比例买。"

这就是指数基金了。我们拿钱买基金，基金公司用我们给它的钱，按照清单上的比例去买股票。指数基金公司就是个买手。我们要是看好沪深 300 指数，那就买沪深 300 指数基金；我们要是看好标普 500 指数，那就买标普 500 指数基金。同一个指数，各家基金公司都可以照那个清单做只指数基金出来。哪只收费低，我们就选哪只。

就上面这么一说，好像投资很简单。既然沪深 300 指数长期年化收益率有 10%，那我现在就去买只沪深 300 指数基金不就完了，但现实情况好像又并非这么美好。估计踩过坑的同学会说："我买过沪深 300 指数基金啊，都买了两三年了。持有时间也不短了，到现在都还是亏的，这是怎么回事？"

这就要引出买基金的又一个重要概念了——估值。

第二节　悲微曲线

所谓估值，就是我们在买东西之前，得先估算一下其价格，看看值不值。

　　比如，我们去菜市场买大白菜，一颗新鲜的大白菜（1千克）卖6元钱，这就挺合理。同样是这颗大白菜，只卖3元钱，这就明显被低估了，买了很划算。但如果这颗白菜卖到60元钱，那就明显被高估了，谁买谁是冤大头。

　　有同学问："有时候市场就是抽风，这几天大白菜真的卖到60元一颗了，怎么办？"那就先不买大白菜，先吃别的菜。

　　股票和股票基金也是同样的道理，不是随时都可以买的，也要看它卖得是便宜还是贵。我们在估值便宜或者估值正常的时候买，长期持有，是可以赚到年化10%左右的。但如果估值很贵的时候买入，即便长期持有，也不见得赚钱。

　　股票毕竟不是大白菜，不能用3元钱一斤这种方式来计算。那要怎么衡量呢？这就要用到一些估值指标来做判断了。投资界最常用的估值指标是市盈率。

一、什么是市盈率

　　市盈率（PE）的计算方法，是公司的总市值（P）除以公司的利润（E），公式是：PE=P/E。

　　如果一家公司总市值为10亿元，今年利润为1亿元，那么它的市盈率就是10亿/1亿=10倍。市盈率想表达的是，如果我们要把这家公司买了，为1元钱的利润，要付出10元钱成本。换句话说，如果这家公司每年都赚1亿元，我们花10亿元把它买了，那么我们要10年才能把成本收回来。

　　市盈率的全称应该叫市盈率倍数。所以，它是个"倍数"，而不是个"率"。如果有人告诉你，这只股票的市盈率是20，意思是这只股票的市盈率倍数是20倍，而不是20%。

这种简略的命名方式在投资界里经常出现，估计是因为说的时候图方便，就只说"市盈率"这三个字。业内人士都知道这三个字代表什么，但初学者则会听晕了。

市盈率的倒数，也就是用公司的利润除以市值，得出来的叫"盈利收益率"，公式是：

$$盈利收益率 = E/P$$

这个盈利收益率真的是个"率"。还是刚才那个例子，如果一家公司总市值为 10 亿元，今年利润为 1 亿元，那么它的盈利收益率就是 1 亿/10 亿=10%。

照理说，盈利收益率是更好理解的，为什么投资界用市盈率用得最多呢？主要原因是市盈率用来体现差别会更明显。

比如有两家公司，A 公司盈利收益率是 2%，B 公司盈利收益率是 3%，乍一看没差多少。如果换算成市盈率的话就变成 A 公司市盈率为 50 倍，B 公司市盈率为 33.3 倍，这差得就比较多了，一眼定胖瘦。

因此，"市盈率"就成了投资界的头号网红。

二、悲微曲线

有了市盈率这个工具，我们就可以判断指数的估值了。以沪深 300 指数为例（见图 5-3），通常来说，当指数市盈率小于 12 倍时，我们认为指数处于低估状态；指数市盈率高于 18 倍，此时指数处于高估状态；当指数市盈率处于 12 倍到 18 倍之间，指数处于估值合理状态。12 倍和 18 倍的中间值刚好是 15 倍，我们就认为 15 倍市盈率是这个指数的合理中值。

由于股价在每个交易日都上蹿下跳，所以指数的估值也是一直处于大幅波动状态。

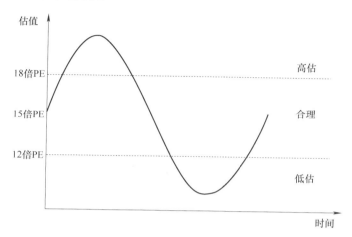

图 5-3　沪深 300 指数估值区间

　　比如，一季度的时候股市牛气冲天，从合理区域涨到了高估区域，涨到 20 多倍市盈率。到二季度，遇到点什么事，牛市结束，股市大跌，从高估区域跌回了合理区域，为 15 倍市盈率。到三季度，又接连传来了更多坏消息，股市跌得更厉害了，从合理区域干脆跌到了低估区域，跌到了 10 倍市盈率。四季度，就在所有人都认为股市无望的时候，它竟然又悄悄涨回了合理区域，回到 15 倍市盈率。

　　一年的时间，沪深 300 指数还是那个指数，其成分股里面的 300 家公司还是那 300 家公司，其盈利都没有什么大变化。但股市给的估值，竟能从最高的 20 多倍市盈率，跌到最低的 10 倍市盈率。如果假设盈利不变，那股价就是跌了 50%。

　　虽然每次牛熊并非严格按照这个例子里面说的四个季度来运行，但剧本和这个也大差不差。股市总是在乐观的时候更乐观，高估了更高估；在悲观时更悲观，低估了更低估。来回波动，无休无止。

估计大家也都听说过"微笑曲线"（见图5-4），这个词在很多地方出现过，意思是说，股市跌了不要怕，你只要越跌越投，一直投，等股价涨回来的时候，你就赚钱了。

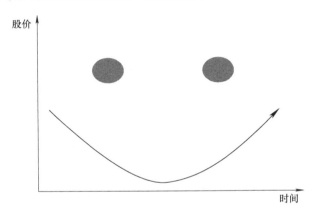

图 5-4　微笑曲线 1

很多同学听信了这番理论，并开始实践。股市狂涨之后，刚开始跌，他就开始投，企图投出一条"微笑曲线"。越投越发觉不对劲，这股市怎么跌起来没完没了。投了两年多，也没见股市微笑起来。这是为什么呢？

原因是，"微笑曲线"这套理论，通常是想让我们从他那买基金的人说的。为了能让我们赶紧买，他们并没有告知我们股市的全貌。从估值的角度，股市绝对不是一条"微笑曲线"那么简单。

股市的估值是由一条"悲伤曲线"和一条"微笑曲线"共同组成的，可以简化成一条"悲微曲线"。

牛市中后期，股市由合理区涨到高估区。牛市结束，股市由高估区跌回合理区，这个过程是在消化牛市里疯长形成的泡沫。从图形上看，这段时光像一张悲伤的小脸，因此叫"悲伤曲线"（见图 5-5）。在悲伤曲线里，我们是不能去定投的。谁此时定投，就是在帮牛市里形成的泡沫接盘。当了高位接盘侠，自然是好几年都无法盈利的。

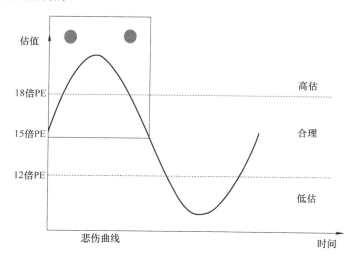

图 5-5　悲伤曲线

在熊市中后期，股市从合理区继续跌，跌到低估区。熊末牛初，股市由低估区涨回合理区。这个过程是在捡熊市里逃命士兵丢下的粮草辎重，是在捡便宜。从图形上看，这段时光像一张微笑的脸，因此叫"微笑曲线"（见图 5-6）。

还记得前面说的那位买了两三年沪深 300 指数基金，且不赚钱的同学吗？几乎可以断定，之所以出现这样的情况，是因为他是在悲伤曲线里买的沪深 300 指数基金，而不是在微笑曲线里面买的。

这样的情况很常见。牛市末期，是股市最热闹的时候。绝大多数人平日里是不关注股票和基金的。只有当股市天天涨，新闻天天播，才会想起来看一看。又听卖基金的人说"定投指数基金能降低成本，穿越牛熊"，一激动就买了。这样的买法，并没有把指数基金的作用发挥出来，只是空当了接盘侠而已。

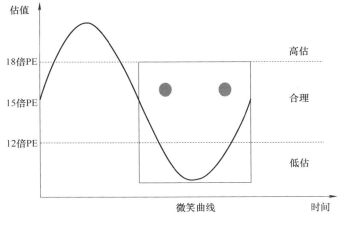

图 5-6　微笑曲线 2

看到这，有同学可能会问："在低估区买基金，是不是就不会亏钱了？"

实际并不是的。无论我们是在合理区买入，还是在低估区买入，从中短期看，都是有可能亏钱的。股市的波动幅度非常大，有时很多年也不跌到低估区一次，突然有一年跌到了低估区，却又狂跌不止。因此，我才在本书的第一章就说，想要买股票类的基金，一定要有能承受住50%跌幅的心脏才行。

或许你会说："那我不在合理区买入了，我只在低估区买入，甚至只在沪深300指数低于10倍市盈率时才买，就可以减少浮亏了。"这个方法是没错，但也有一个问题，就是在这几十年中，股市跌到这般低估的时间，是少之又少的。多数时候是股市跌到合理区，就调头向上了。股市跌到极低估值这种事，是可遇不可求的。

我个人对于沪深 300 指数基金的看法是：在合理区就可以开始定投，真要是有幸跌到了低估区，那就多买点。长期看，在合理区买入的基金，收益就已经会很不错了，即便中短期内会面临不小的波动。

第三节　如何估值

上一节我们说，沪深 300 指数市盈率在 12 倍以下是低估，18 倍以上是高估，12～18 倍是合理。肯定有同学会问："这个数是怎么算出来的呢？"

这一节，我们就详细说说如何来计算股票和指数的估值。本节是全书中最难的一节，如果实在看不懂，也别伤心。我会根据本节的算法把一些重要指数的估值都算好，形成一张估值表，实在看不懂推导过程，大家就直接看结果。

一、合理市盈率是由利润增速决定的

其实给指数估值与给股票估值的思路差不多，因为指数就是由一大堆公司的股票组成的。为了省事，本节我就统一说股票了，大家只要记住，股票和指数估值都是一回事就行了。

估值最常用且最有效的指标是市盈率，那是不是所有公司的合理市盈率都应该一样呢？不是这样的。

一家公司股票的"合理市盈率"是由该公司的"利润增速"

决定的。这里说的利润，是指公司在某一年通过经营赚到的利润，而不是指我们买某只股票今年赚了多少钱。利润增速，指的就是这家公司今年赚的钱比去年多了百分之多少。比如，一家公司去年赚了 1 亿元，今年赚了 1.2 亿元，那这家公司的利润增速就是（1.2 − 1）/1 × 100% = 20%。

大家都比较喜欢公司利润在不断增长的企业，对这样的企业给予更高的估值，也就是更高的市盈率。对于利润不怎么增长的企业，给的估值一般比较低，有的时候甚至会低到离谱。因为经营公司犹如逆水行舟，不进则退。利润不增长，一般都预示着利润快要倒退了。

为了研究利润增速与合理市盈率之间的关系，我收集了各国股票市场数据，在无风险收益率（一般为10 年期国债收益率）在3%左右时，对应关系如表 5-1 所示。

表 5-1　估值对应表

利润增速	中值市盈率	估值波动范围	低估线	高估线
0	10	20%	8	12
1%	10	20%	8	12
2%	11	20%	8.8	13.2
3%	11	20%	8.8	13.2
4%	12	20%	9.6	14.4
5%	12	20%	9.6	14.4
6%	13	20%	10.4	15.6
7%	13	20%	10.4	15.6
8%	14	20%	11.2	16.8
9%	14	20%	11.2	16.8
10%	15	20%	12	18
11%	16	20%	12.8	19.2

（续）

利润增速	中值市盈率	估值波动范围	低估线	高估线
12%	17	20%	13.6	20.4
13%	18	20%	14.4	21.6
14%	19	20%	15.2	22.8
15%	20	20%	16	24
16%	21	20%	16.8	25.2
17%	22	20%	17.6	26.4
18%	23	20%	18.4	27.6
19%	24	20%	19.2	28.8
20%	25	30%	17.5	32.5
21%	26	30%	18.2	33.8
22%	27	30%	18.9	35.1
23%	28	30%	19.6	36.4
24%	29	30%	20.3	37.7
25%	30	30%	21	39
26%	32	30%	22.4	41.6
27%	34	30%	23.8	44.2
28%	36	30%	25.2	46.8
29%	38	30%	26.6	49.4
30%	40	30%	28	52

　　这个对应表的意思是：如果我预估一家公司未来几年的利润增速是 0（不增长），那它的合理估值就是 10 倍市盈率；如果我预估一家公司未来几年的利润增速是每年 10%，那它的合理估值就是 15 倍市盈率；如果我预估一家公司未来几年的利润增速是每年 15%，那它的合理估值就是 20 倍市盈率。

　　虽说这是个经验值，但是这个对应表也是有理论基础的，它的理论基础是：现金流折现模型。理论上，股票的价值计算公式为：

$$P = \frac{D_1}{(1+r)} + \frac{D_2}{(1+r)^2} + \frac{D_3}{(1+r)^3} + \frac{D_4}{(1+r)^4} + \cdots$$

式中，D 是公司各年的现金流，r 是贴现率。

如果说一家公司的各年现金流不增长，也就是增速为 0，上面这个公式就变成：

$$P = \frac{D}{(1+r)} + \frac{D}{(1+r)^2} + \frac{D}{(1+r)^3} + \frac{D}{(1+r)^4} + \cdots$$

这个计算要用到等比数列求和公式，高二的数学公式，数列无限时，q 小于 1 的情况下，$S = a_1/(1-q)$。求和之后，得出的公式是：

$$P = \frac{D}{r}$$

如果我们简单地把公司的利润 E 当成它的现金流 D，并设定贴现率 r 为 10%，就可以得出：

$$P = \frac{E}{10\%}$$

把公式中 E 移项到左边便得出：$P/E = 1/10\%$，也就是 $PE = 10$。

总结一下，就是当一家公司的利润增速为 0 时，它的合理市盈率大概就是 10 倍。

上面这个例子是 0 增速模型，比较简单。但是我们更喜欢利润增速高一些的公司，这个要怎么算呢？比如，当一家公司的利润增速为 10% 时，要怎么算？这个时候就要用到二阶段增长模型了。

我们假设，第一个阶段，公司按照一个高一点的利润增速增长 3 年。第二个阶段，公司按照一个比较低的利润增速永续增长，其公式为：

$$P = \frac{D_1}{(1+r)} + \frac{D_2}{(1+r)^2} + \frac{D_3}{(1+r)^3} + \frac{P_3}{(1+r)^3}$$

$$P_3 = \frac{D_3 \times (1+g)}{(r-g)}$$

我们假设，这家公司未来 3 年利润增速是 10%，后续按照 1% 的利润增速永续增长。把这两个数据代入上面的公式里面，得出 10% 利润增速对应的合理市盈率是 14 倍多，取个整，就算 15 倍吧。

估值对应表上，利润增速为 10%，对应中值市盈率为 15 倍，大概就是这么计算出来的。

还要强调一点，估值对应表上具体某一个增速所对应的合理市盈率，并非都是一一计算出来的，多数是根据经验总结出来的。把现金流折现的公式拿出来，只是想说明，市场之前之所以有这样的对应关系，其实是有理论依据的。无论是格雷厄姆的市盈率法，还是彼得林奇的 PEG 估值法，都是同样的底层逻辑。

二、低估线和高估线

前面我们计算了各种利润增速对应的合理市盈率，这个合理的市盈率被称为"中值市盈率"（见图 5-7）。之所以叫"中值市盈率"，是因为股票的估值并不是乖乖地趴在合理值上，而会围绕中值上下波动。

一般来说，中低速利润增速（利润增速 20% 以下）的股票，波动范围会小一些，上下波动 20% 左右（当然，并不是说股票波动了 20% 就不再动了，有可能会继续波动很大）；而高利润增速（利润增速 20% 以上）的股票，波动范围会大一些，上下波动 30% 左右（同理，也不是说波动了 30% 就不再动了，也有可能会继续波动得更大）。

在刚才的估值对应表上加上对应的估值波动范围，就能算出低估线和高估线了（见表 5-2）。

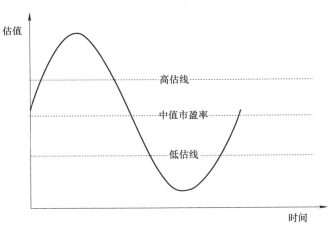

图 5-7　中值市盈率

表 5-2　低估线和高估线

估值对应表（部分）

利润增速	中值市盈率	估值波动范围	低估线	高估线
0	10	20%	8	12
1%	10	20%	8	12
2%	11	20%	8.8	13.2
3%	11	20%	8.8	13.2
4%	12	20%	9.6	14.4
5%	12	20%	9.6	14.4
6%	13	20%	10.4	15.6
7%	13	20%	10.4	15.6
8%	14	20%	11.2	16.8
9%	14	20%	11.2	16.8
10%	15	20%	12	18

比如，一只10%利润增速的股票，它的中值市盈率是15倍。

它的低估线则为：15×（1–20%）= 12倍，当它的估值低于12倍时，就进入低估区了。它的高估线则为：15×（1＋20%）= 18倍，当它的估值高于18倍时，就进入高估区了。

在低估线和高估线之间，都属于合理估值。

以沪深300指数为例

我们假设，未来几年，沪深300可以维持10%的利润增速。根据估值对应表中10%的利润增速，对应的是15倍的中值市盈率。

然后，我们要看一下，沪深300指数的行业分布是怎样的。我们可以到中证指数官网搜索"沪深300"，就会看到指数的成分股行业分布信息。此时我们会发现，沪深300指数中包含的金融和地产类公司占比大概在30%。

金融和地产行业的特点是杠杆比较高（借钱做生意），因此它们的盈利不确定性也比较强。所以在估值时我们要在它的中值市盈率上打个折扣。**我个人的折扣策略是：一个指数的行业分布中，金融和地产占50%～70%，中值市盈率打9折；金融和地产占70%～100%，中值市盈率打8折；占50%以下不打折。**

沪深300指数中的金融和地产公司占比为30%，因此中值市盈率就不打折了。沪深300的利润增速是10%，属于中低速利润增速（利润增速20%以下），波动范围是上下波动20%，查一下估值对应表：它的低估线是12倍，当它的市盈率低于12倍时，进入低估区，买入会非常划算。它的高估线是18倍，当它的市盈率高于18倍时，进入高估区，买入会非常吃亏（见图5-8）。

最后，我们再查看一下沪深300指数在当天的市盈率，比如2022年4月1日的市盈率是16.04倍，处于合理偏高估值。

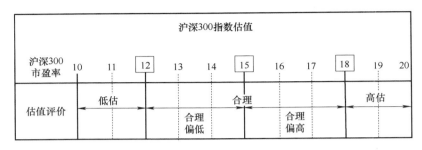

图 5-8　沪深 300 指数估值

到这里我们给沪深 300 这个指数的估值就完成了。在为其他的指数做估值时，也是差不多的流程。

比如，我已经做好了 2022 年 4 月 1 日主要指数的估值表（见表 5-3）。后续的每天的估值表，大家到我的公众号"认真的天马"即可获取。

表 5-3　主要指数的估值表

20220401 估值表　　作者：认真的天马					十年期国债收益率：2.77%	
宽基指数						
指数代码	指数名称	当前市盈率	预期利润增速	中值市盈率	低估线	高估线
HSCEI	国企指数	9.20	10%	15	12	18
HSI	恒生指数	12.77	8%	12.6	10.08	15.12
000016	上证 50	12.73	8%	12.6	10.08	15.12
000903	中证 100	14.07	10%	15	12	18
000300	沪深 300	16.04	10%	15	12	18
000905	中证 500	22.34	10%	15	12	18
000852	中证 1000	34.76	15%	20	16	24
399006	创业板指	46.31	20%	25	17.5	32.5
000688	科创 50	54.94	20%	25	17.5	32.5

（续）

行业指数						
指数代码	指数名称	当前市盈率	预期利润增速	中值市盈率	低估线	高估线
399986	中证银行	5.85	4%	9.6	7.68	11.52
H30533	中概互联	15.46	15%	20	16	24
000934	金融地产	8.54	4%	9.6	7.68	11.52
000933	中证医药	30.53	20%	25	17.5	32.5
000935	中证信息	26.40	18%	23	18.4	27.6
000931	中证可选	27.79	10%	15	12	18
399997	中证白酒	37.15	18%	23	18.4	27.6
000932	中证消费	88.71	18%	23	18.4	27.6

聪明贝塔指数						
指数代码	指数名称	当前市盈率	预期利润增速	中值市盈率	低估线	高估线
000925	基本面50	6.87	8%	12.6	10.08	15.12
000919	300价值	8.13	10%	12	9.6	14.4
399701	基本面60	21.08	13%	18	14.4	21.6
930782	500低波动	16.23	不适用			
000015	上证红利	8.32	不适用			
000922	中证红利	10.03	不适用			

注：白色表示低估，浅灰色表示合理，深灰色表示高估，聪明贝塔指数中的表示待观察。

第四节　基金组合：基础版

知道了如何估值之后，我们终于要动真格的了，该说说如何买基金了。具体怎么买基金，先要看你的钱是哪种类型。

一、两种资金

我们手里的钱，可以分为两种。

第一种是增量资金，比如我们每个月的薪水、年底的奖金。这部分钱的优点是源源不断，并且有逐年递增的趋势。它的缺点是不会一下子冒出来很多，只能按月一笔一笔获取。

因此，增量资金的处理方式比较简单，就是定投。我们每个月收到薪水之后，拿出固定的一部分投出去。如果后面涨工资了呢？就增加相同比例的金额进行定投就行了。

第二种是存量资金。比如我们自己工作这么多年存下来的钱，或者我们卖了一套房子，一下子收到一大笔钱。这部分钱的特点是金额一般很高，且都在自家账上放着。既然已经在账上放着了，自然是想一次性投就一次性投，想分批次投就分批次投。

历史经验告诉我们，投资的失败往往都出在存量资金上。在牛市入市的同学，会担心买晚了错过发财的好机会，一下子买入。等熊市来时，发现已经被套了一大半，此时增量资金的定投已经显得薄弱无力。熊市入市的同学，也会担心错过了发财的机会，也一下子买入。哪知道熊市不言底，本以为成功抄底，"梭哈"之后，却眼睁睁看着股市又跌了30%，其间滋味那是相当难受。

因此，对于存量资金最靠谱的投资方法就是把存量资金"增量化"。换句话说，我们拿存款买基金的时候，别一次性全都买了，最好分批投。 分10期、20期都行，每个月投一期，把这笔钱投出去的周期延续到未来一两年，就不至于全都套在山顶或者在底部没钱干瞪眼了。

二、怎么买

在第一章的第四节的表 1-4 中，我们给出了四个组合。

组合由股票基金和债券基金组成。组合里面的债券基金比较好处理，从第四章第二节里面选两只出来就行。但组合里面的股票基金选起来就比较复杂了，特别是股票基金还有个估值的问题，有时候买很划算，有时候买不划算。

对于刚开始学投资的同学来说，组合里面的股票基金就盯住沪深 300 指数基金即可。作为 A 股最具有代表性的基金，沪深 300 指数基金的确定性是最强的，而且也比较容易掌握。

我们把表 1-4 里面的四种组合具体如何买，做个详细的解释。

1. 全股组合

全股组合适合能够承受 50%波动的人群，组合中股票基金比例最大可以达到100%。每次定投时，先查一下沪深 300 指数当前的市盈率，具体投资方案如下（见图 5-9）。

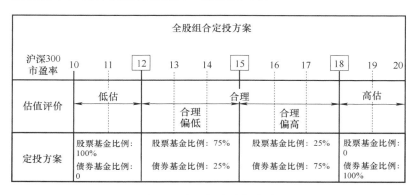

图 5-9　全股组合定投方案

（1）沪深300市盈率在12倍以下，本次定投买入100%比例的沪深300指数基金，不买债券基金。

（2）沪深300市盈率在12～15倍，本次定投买入75%比例的沪深300指数基金和25%比例的债券基金。

（3）沪深300市盈率在15～18倍，本次定投买入25%比例的沪深300指数基金和75%比例的债券基金。

（4）沪深300市盈率在18倍以上，本次定投只买入100%比例的债券基金，不买入沪深300指数基金。

可见，虽说名字叫"全股组合"，但这个组合并非真的就是一直只买股票类基金，还是要根据沪深300指数的估值，来调整每次定投的股债比例的。

2. 半股半债

半股半债组合适合能够承受30%波动的人群，组合中股票基金比例最大可以达到50%。这个组合的定投方案和全股组合的逻辑差不多，只是投的股票基金比例要低一些，具体投资方案如下（见图5-10）。

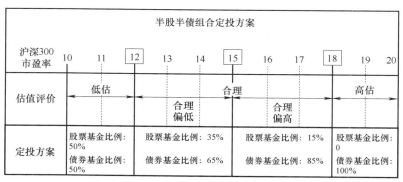

图5-10　半股半债组合定投方案

（1）沪深 300 市盈率在 12 倍以下，本次定投买入 50%比例的沪深 300 指数基金和 50%比例的债券基金。

（2）沪深 300 市盈率在 12～15 倍，本次定投买入 35%比例的沪深 300 指数基金和 65%比例的债券基金。

（3）沪深 300 市盈率在 15～18 倍，本次定投买入 15%比例的沪深 300 指数基金和 85%比例的债券基金。

（4）沪深 300 市盈率在 18 倍以上，本次定投只买入 100%比例的债券基金，不买入沪深 300 指数基金。

3．偏债组合

偏债组合适合能够承受 10%波动的人群，由于能承受的波动较小，所以组合中股票基金比例进一步下降了，最大只能到 10%，具体投资方案如下（见图 5-11）。

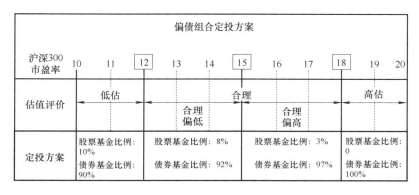

图 5-11　偏债组合定投方案

（1）沪深 300 市盈率在 12 倍以下，本次定投买入 10%比例的沪深 300 指数基金和 90%比例的债券基金。

（2）沪深 300 市盈率在 12～15 倍，本次定投买入 8%比例的沪深300指数基金和92%比例的债券基金。

（3）沪深300市盈率在15～18倍，本次定投买入3%比例的沪深300指数基金和97%比例的债券基金。

（4）沪深300市盈率在18倍以上，本次定投只买入100%比例的债券基金，不买入沪深300指数基金。

4．全债组合

全债组合里面没有股票基金，全都是债券基金，它的投资方案比较简单，大家参考第四章第二节"如何投债券基金"的内容即可。

三、如何定投指数基金

现在我们通过一个例子来形象地说明，要如何定投基金。

张三的月薪为2万元。他每个月要还房贷1万元，月生活费为3000元，每月结余7000元。这7000元中，他打算留2000元以备不时之需，留为短期资金，买成货币基金。剩下的5000元是闲钱，打算用于长期投资。

同时，张三还有20万元存款，也打算用于长期投资。他打算将这20万元分10期投出去，每期2万元，每个月投一期。当然，他也可以把20万存款分20期投出，每期1万元，每个月投一期。到底是分10期还是20期，可以根据开始定投时的大盘估值的高低来判断。若开始定投时，大盘估值很低，投资价值很高，那就分10期来投；如果开始定投时大盘已然被高估，那就分20期，慢点投。

张三开始定投时，大盘估值较低，因此，张三未来10个月的投资计划是：每个月定投工资结余5000元+存款2万元，共25000

元。10 个月后改为每个月定投工资结余 5000 元。张三是每个月 10 日发工资，他的定投日就定在了每个月 11 日，如果 11 日是节假日，就自动延到最近的交易日进行定投。

张三通过自我评估，觉得自己是高波动承受人群，可以承受 50% 的波动，他选择了全股组合方案。

第一个月，张三发工资了。他查了一下估值表，发现此时沪深 300 指数估值为 13 倍市盈率，合理偏低区域。因此他本次定投的方案是：定投 25000 元，其中沪深 300 指数基金占比 75%，为 18750 元；债券基金占比 25%，为 6250 元。

第二个月，股市跌了。此时沪深 300 市盈率跌到 12 倍，他的第一笔定投已经亏了钱，但该定投还是要继续。第二个月，又买入沪深 300 指数基金 18750 元和债券基金 6250 元。

第三个月，很不幸，股市又跌了，而且跌得更猛了。此时沪深 300 指数的市盈率已经跌到 11 倍，处于低估区。张三同学刚一入市就连跌三个月，也是够惨的。继续定投，本次定投 25000 元，全部买了沪深 300 指数基金，没有买债券基金。

第四个月，更不幸，股市又跌了。正所谓低估不代表不会继续跌，高估不代表不会继续涨。虽然已经跌到低估区，但股市依旧是跌跌不休，张三的账户已经浮亏不少。但张三非常坚强，坚持定投，再次定投 25000 元，全部为沪深 300 指数基金。

第五个月，股市终于反弹，沪深 300 又回到了 12 倍市盈率以上，本次张三的定投方案又改回了沪深 300 指数基金 18750 元和债券基金 6250 元的方案。

第六个月，股市大涨，沪深 300 涨到了 16 倍市盈率，合理偏高估值区域。这次定投张三就又得调整方案了，虽然还是定投

25000 元，但是沪深 300 指数基金只占 25%，为 6250 元；而债券基金占比 75%，为 18750 元。

第七个月，股市涨势如虹。沪深 300 指数涨到了 18 倍市盈率以上，进入了高估区，此时沪深 300 指数基金的投资价值越来越低。本次定投只买入债券基金 25000 元，不再买入沪深 300 指数基金。

第八到第十个月，沪深 300 指数一直都在 18 倍市盈率以上，张三的定投方案，也就一直延续第七个月的定投方案，每个月买 25000 元的债券基金。

第十一个月，沪深 300 指数的估值还是高高在上，已经达到了 20 倍市盈率。此时张三的存量资金 20 万元存款已经全部投掉了。本次他只定投 5000 元工资结余，全部买成了债券基金。

第十二个月，张三定投满一年。这个月，除了日常的定投外，还要做一个很重要的动作——再平衡。

此时张三的账户中，同时拥有若干金额的沪深 300 指数基金和债券基金。

由于这个时候沪深 300 指数估值是 20 倍市盈率，估值偏高，可以根据此时的股债比例进行整体再平衡。也就是将组合中的沪深 300 指数基金，全部换成债券基金。

如果在第十二个月，沪深 300 指数不是在高估状态，而是在合理偏低状态（比如 13 倍市盈率）。那本次整体再平衡就会调整为 75%比例的沪深 300 指数基金和 25%比例的债券基金。

再平衡这个动作，每年做一次就行（比如每年年底做一次再平衡，或者每年固定一个时间做一次再平衡），不宜太频繁。毕竟基金申购赎回，都是有手续费的。

上面我们说的这个案例之中，主人公运气不错。虽然入市前几个月跌了一些，但是后面好歹大涨了。但实际生活中，多数人的定投生涯并非是这般顺利的。

有的同学（多数同学）是在牛市入市的，兴致勃勃打开账户，发现股市上各个板块的估值都很高，没啥好买的。这种情况就比较考验人对诱惑的抵御力。

也有同学（少数同学）是在熊市入市的。熊市的股市那真叫一个惨，坏消息一个接一个。熊市的时间可能会持续很久，短的熊市要半年到一年，长的熊市可能要三到四年。最可怜的情况，从定投第一天就开始亏，一直亏四年，然后牛市来了，才开始盈利。虽然最终结果是好的，但中间这三四年，并不是多么愉快的过程。

总体来说，投资并不简单，买基金并不简单。不管我们是牛市入市还是熊市入市，一定要做到：保住工作，保住现金流，无限子弹，慢慢定投。做好最坏的打算，同时还要心向光明，对下一次牛市充满信心。只有如此，基金才会帮我们实现资产增值。

第五节 基金组合：增强版

基础版的基金组合在股票基金的选择上比较简单，只选择了沪深 300 指数基金。肯定有同学并不满足于沪深 300 指数基金，还想投一些更高收益的股票类基金，所以我们就做了这个增强版的基金组合。所谓增强，主要体现在组合里面股票基金的选择上。

一、股票基金的分类

股票类的基金大概可以分为两类：被动基金（也就是指数基金）和主动基金（见图 5-12）。

图 5-12　股票类基金的分类

前面讲过，基金就是包子。不同的基金就是往包子皮里包不同的馅。这个馅怎么包，就分为两派。

一派是严格按照家传配方包馅，包子里该放多少牛肉、多少萝卜、多少盐，比例全是定好的，厨师（基金经理）是不允许自由发挥的。这个家传配方就是我们前面讲的指数，里面会写这个指数里面各个成分股的比例，基金经理只能按照这个比例来买股票。由于基金经理是被动按照指数配方来买股票，所以这样的基金就叫被动基金，也叫指数基金。

由于配方相同，所以对同一个指数来说，各家包子铺包出来的包子都是一模一样的。比如，易方达基金公司的沪深 300 指数基金和南方基金公司的沪深 300 指数基金，两者之间差别很小，除了费率可能不太一样，其他的基本都一样。

另一派是厨师（基金经理）自己随意发挥，他觉得什么好吃，就往包子里面塞什么馅。可能今天包子里面是牛肉多，明天他觉得牛肉价格要跌，就全换成羊肉了。具体这个包子里面会有什么，纯看厨师自己的选择。由于这种基金是基金经理主动决定买啥股票，所以就叫主动基金。

可以看到，同样是基金经理，指数基金的基金经理和主动基金的基金经理，在职责上有很大不同。主动基金经理，他像是一位门诊医生，负责主动决定给病人开什么药。而指数基金经理，则更像是一位药房医生，负责根据别人写好的药单去抓药。

指数基金和主动基金也还有细分（见图 5-13）。

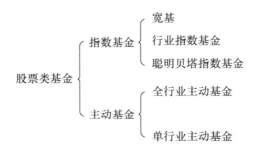

图 5-13　指数基金和主动基金的分类

　　指数基金可以根据它跟踪的指数类型分为宽基、行业指数基金和聪明贝塔指数基金。

　　宽基就是说这个基金跟踪的指数是一个"宽指"，宽指就是一个选股范围很"宽"的指数。那怎么才算选股范围"宽"呢？其实就是选成分股的时候，只按公司市值大小来选，什么行业的都可以选，不做限制。比如，沪深 300 指数就是从沪深两市里面选市值最高的 300 家公司，不管什么行业的都可以入选。再比如，中证 500 指数是从沪深两市里面选市值排在沪深 300 后面的 500 家公司的股票，也是啥行业的都可以选。

　　而行业指数基金就不一样了。从名字上就能看出来，行业指数基金跟踪的是一个行业指数。行业指数，自然选出来的都是某行业的公司。比如中证消费指数，它是从沪深两市里面选消费行业的公司来做成分股。再比如，中证白酒指数的选股范围就更窄了，是从沪深两市里面选做白酒业务的公司出来做成分股。

　　聪明贝塔（Smart Beta）指数基金解释起来要稍微复杂一点。传统指数都是按市值大小来选成分股，而聪明贝塔指数就不看市值了，改用其他规则。比如，中证红利指数看的是股票的股息率，以沪深两市股息率最高的 100 只股票为成分股。再比如，基本面指数看的是公司的营业收入、现金流、净资产、分红这些指标，计算方法还挺复杂呢。聪明贝塔指数多种多样，可以充分满足大家的想象力。

指数基金的名字一般都是"基金公司名+指数名+基金类型"。比如，"华夏沪深 300 交易型开放式指数证券投资基金"，"华夏"是基金公司名，"沪深 300"是这只基金跟踪的指数名，"交易型开放式指数证券投资基金"是基金类型。对于指数基金来说，我们只要一看名字，就大概能猜到里面都会有什么股票了。

主动基金可以分为全行业的主动基金和单行业的主动基金。

多数主动基金都是全行业的主动基金，基金经理可以从沪深两市，甚至港股、美股选择任何他认可的股票，这只基金不光能买股票，还能买一定比例的债券和现金资产（合同里会规定这部分资产的比例，比如不超过 20%，不超过 50% 等）。

全行业主动基金的名字叫得往往比较宽泛，比如"易方达优质精选混合型证券投资基金"，光看这个名字，我们很难猜出里面会买什么股票。我们想要知道这位基金经理在基金里买的具体标的，需要再去翻基金的季报、年报才行。由于全行业主动基金经理的选股非常宽泛，所以要选择这样的基金，必须得对这名基金经理的投资理念非常熟悉才行。

有少数主动基金在合同上对选股的行业做了限定，这就是单行业的主动基金。比如，有一只基金叫"易方达消费精选股票型证券投资基金"，这只基金在合同里就写了"本基金非现金资产中不低于 80% 的资产将投资于消费行业证券"，并且对它所说的"消费行业"做了详细的定义。再比如，还有一只基金叫"中欧医疗创新股票型证券投资基金"，这只基金也在合同里写了，"投资于医疗创新相关行业股票的比例不低于非现金基金资产的 80%"，并也对"医疗创新行业"做了界定。

由于单行业的主动基金对基金经理的选股做了行业限制，所以基金经理选出来的股票和该行业的指数基金差别不会特别大。主要差别就体现在行业里面不同公司的配置比例上。

全行业的主动基金一般会瞄着沪深 300 指数来做业绩对比，而单行业主动基金，一般会瞄着那个行业的指数来做业绩对比。主动基金以跑赢业绩标准指数为荣，要是跑输了指数，就会被大家嘲笑："你这只主动基金连指数都跑不赢，我还不如直接买指数基金。"对主动基金经理来说，这是一件很丢人的事。

主动基金没办法像指数基金一样做估值判断，因此只能通过业绩参考指数的估值来间接判断。比如，如果你想买一只全行业主动基金，就可以参考沪深 300 指数的估值。如果想买一只消费行业主动基金，就可以参考中证消费指数的估值。

以上就是几种类型股票基金的简要介绍，具体的基金介绍我们会在后面的三章里详细讲解，大家先知道有这么几个类型即可。

二、怎么买

接下来，我们来说说增强版基金组合该怎么买。其实买法也很简单，大的逻辑和上一节的基础版基金组合是一样的。

第一步，我们还是先判断一下自己对波动的承受能力，从第一章第四节的表 1-4 中选择一个适合自己的组合，按照选定组合的股债比例来定投。注意，由于把股票基金从沪深 300 中扩展到了其他品种的股票基金，增强版基金组合的波动可能会比基础版基金组合更大一些，大家要有心理准备。

第二步，我们在每期定投之前，看一下公众号"认真的天马"上的估值表。从估值表里选择自己能搞懂，且估值在低估区或者合理偏低的区域的指数基金，作为本次定投组合中股票基金选择。如果表上彻底没有低估区或者合理偏低区域的指数可选，那就只买债券基金。

第三步，执行定投。这里要特别强调一下，在第二步选择股票基金的时候，并不是每个低估指数基金都能投的，一定要选择自己能搞得懂的。比如，中证银行指数和中证消费指数都是低估的，但是我对银行行业不懂，只对消费行业熟悉，那就不要投银行指数基金，而只买消费指数基金。如果估值较低的几个指数我都搞不懂，那就一个都别选，老老实实买债券基金。

增强版的基金组合只是为少数同学准备的，多数同学还是更适合基础版基金组合。

第六节　我们赚的是什么钱

有同学问："买股票、买股票基金，到底赚的是什么钱呢？往大了说赚的是经济增长的钱，但往小了说，到底赚的是交易对手的钱，还是公司发展的钱啊？"

这是个很好的问题。为了解答这个问题，我们需要用到一个公式，它的名字叫作"博格公式"。这个公式在网络上流传了很久了，流传的版本是：

收益率＝市盈率变化率＋盈利变化率＋初期股息率

这个公式直观地显示了收益率到底与哪些因素有关。但是后来大家发现个问题，就是用这个流传版"博格公式"计算的结果总是和实际数据对不上。不少同学问，这个博格公式是不是有问题啊？

为求准确，在用博格公式之前，我们先一起推导一下博格公式。

假设，我们在今年以 P_0 的价格买了一只股票，明年以 P_1 的价格把它卖了，期间还收到了一些股息。那么我们的收益率如下：

$$收益率=\frac{P_1+股息-P_0}{P_0}$$
$$=\frac{P_1}{P_0}+\frac{股息}{P_0}-\frac{P_0}{P_0}$$
$$=\frac{P_1}{P_0}+股息率-1$$

我们把其中的 P_1 和 P_0 单独拿出来算一下，因为 PE=P/E，所以 P = PE × E

$$\frac{P_1}{P_0}=\frac{PE_1\times E_1}{PE_0\times E_0}$$
$$=\frac{PE_0\times(1+PE变化率)\times E_0\times(1+利润增长率)}{PE_0\times E_0}$$
$$=(1+PE变化率)\times(1+利润增长率)$$

把这个结果代回前面的那个式子。

收益率=(1+PE变化率)×(1+利润增长率)+股息率-1

　　=利润增长率+PE变化率+利润增长率×PE变化率+股息率

这样我们就推导出博格公式了。

大家有没有发现，推导出来的博格公式比开篇那个多了个"利润增长率 × 市盈率变化率"。

网上流传的那个博格公式，只能算是个"不完整版"。而今天我们一起推导出来的这个，才是博格公式的完整版。

由"博格公式完整版"我们就可以清楚地知道，我们投资股票的收益率取决于三方面，分别是：利润增长率、市盈率变化率和股息率。

我对这三个率的定位分别是：利润增长率反映投资中的核心收益，股息率反映投资中的稳定收益，市盈率变化率反映市场给的超额收益。

利润增长是一家公司或者一个指数最原始的内在价值。公司之所以存在就是为了赚钱，所谓好公司就是赚钱越来越多。哪怕一家公司没上市（比如华为），但是它利润不停地增长，赚的钱越来越多，那它的内在价值也是不断增长的。

股息也是一样，不管是不是上市公司，有没有股票报价，股息都是可以顺利拿到手的。只有市盈率的变化，是市场决定的，而不是公司本身决定的。（当然，市场也会参考公司的利润增长来给出市盈率定价）。

我们一起来做个几个试算。

（1）如果一家上市公司未来的利润增长为 10%，股息率为 3%，目前的市盈率是 8 倍。我们持有该公司股票一年，卖出的时候，市盈率从 8 倍涨到 9 倍。我们的收益率是多少呢？

利润增速是 10%，市盈率变化率=（9-8）/8=12.5%，股息率为 3%。

把这几个数代入博格公式完整版：

收益率 = 10% + 12.5% + 10% × 12.5% + 3% = 26.75%

这个收益率已经很高了。

（2）还是这只股票，还是持有一年，这次运气差一些，我们卖出的时候市盈率没变，还是 8 倍。我们的收益率是多少呢？利润增速为 10%，市盈率变化率为 0，股息率为 3%。

我们把这几个数代入公式：

$$收益率 = 10\% + 0 + 10\% \times 0 + 3\% = 13\%$$

这个收益率也很好，毕竟我们的目标本来就是每年 10%～15%。

（3）再悲观一点，这次运气很差，熊市更熊了，我们持有一年，市盈率从 8 倍跌到了 7 倍。利润增速为 10%，市盈率变化率=（7-8）/8=-12.5%，股息率为 3%。

我们的收益率是：

$$收益率 = 10\% - 12.5\% - 10\% \times 12.5\% + 3\% = -0.75\%$$

几乎等于不亏。如此差的行情，我们都能不亏。如果行情稍微小牛一点点，我们竟然能大赚。

这里面最重要的原因，就是这家公司的利润在增长。所以我才说，利润增长是我们投资指数基金最核心的收益。只要公司和指数的利润维持增长，且我们在低估时（市盈率比较低的时候）买入，我们的收益就会很不错。如果市场来了一波大牛市，市盈率从低估涨个 40%～80%到了高估，这部分钱就是市场免费赠送的超额收益。

根据过往经验，A 股市场一般 5～7 年会有一波牛市。中国经济不断增长，牛市说不定还会来，但是具体时点实在是没法预测。

我们其实也不用太关注牛市什么时候来，在选择基金的时候，只要持续定投利润稳定增长、估值低估的指数基金，哪怕牛市永远不来，我们也照样赚钱。这么思考，是不是心里踏实多了？

当然，牛市该来还是会来的，毕竟股市牛熊交替，这也是客观规律。从下一章开始，我们会详细讲解各种股票类基金，以帮助大家更好地理解它们。

▼

第六章

指数基金之宽基

从这章开始，我们要分析基金了，先从宽基指数基金开始。分析指数基金是有一个固定框架的。

我们看具体的基金产品之前，要先看它跟踪的指数。我们应先把这个指数的编制方式搞清楚，看看其是怎么样选成分股的，里面有什么成分股，每只成分股占多少权重（权重就是每只股票在基金里面占的比例）。然后，给指数进行估值。预估一下，指数未来几年的利润增速是多少，多少市盈率算便宜，多少市盈率算贵。最后，同一个指数会有一大堆指数基金去跟踪它。从这一堆指数基金里面，我们挑选出费率比较低的、规模大一点的、成立时间长一点的就成了。

这就是分析指数和指数基金的完整流程，我们先拿沪深 300 指数基金举个例子。

第一节 沪深 300 指数

一、隔壁家的孩子

沪深 300 指数一直被当成隔壁家的孩子。

什么是隔壁家的孩子呢？就是："你看隔壁家××，学习成绩那么好，你怎么不学着点？"

沪深 300 指数是 A 股中最具有代表性的指数之一，被整个基金圈都当成对比指标。特别是主动基金，要是连续几年打败了沪深 300 指数，那是要狠狠地宣传一番的。我们可以把沪深 300 指数理解为标尺。在 A 股，我们不了解其他指数都可以，但是万万不能不了解沪深 300 指数。它就是那定盘的星。

定盘星的成绩怎么样呢？在第五章第一节我们讲到过，沪深 300 指数是从 2004 年 12 月 31 日开始计算的，在那一天的指数点位是 1000 点。到 2022 年 4 月 1 日收盘，指数点位是 4276.16 点，历经 17.25 年，它的年化收益率是 8.8%。再加上 2%左右的分红，其累计的年化收益率已经超过 10%了。有一说一，沪深 300 指数的成绩还是很不错的。

二、编制方法

简单地说，沪深 300 指数是从沪深两市中选出规模大、流动性好、最具代表性的 300 只股票组成一个指数。那什么算规模大？什么算流动性好？什么叫最具代表性啊？这就得往复杂了说了。

首先，要把整个股市所有股票都拿过来。先排除 ST（公司连续两年亏损）、*ST（公司连续三年亏损）的股票。它对上市时间也有要求，如果是科创板、创业板的股票，上市时间必须超过一年。其他板的股票，要求上市时间超过一个季度（除非该证券自上市以来日均总市值排在前 30 位）。

然后，按照过去一年的日均成交金额由高到低排名，剔除排名后 50% 的股票。再把剩下的股票，按照过去一年的日均总市值由高到低排名，选取前 300 名的股票作为指数的成分股。

选出了成分股了，那怎么分配每只股票的权重呢？（也就是每只股票占指数的比例。）沪深 300 指数采用的叫自由流通市值加权法。

这里科普一下什么是自由流通：一家公司的股票中，有一些股票不能自由买卖。比如，公司创建者、家族、高级管理者等长期持有的股份，国有股份，战略投资者持有的股份，员工持股计划。这些平时不卖，也几乎不会卖的股票，就不是自由流通的，我们就当它不存在。算一家公司自由流通市值的时候，要把这些股票对应的市值减掉。

之所以要搞自由流通市值加权，主要是为了防止某些公司（比如大国企）总市值很高，但是多数股票并不交易，却占了指数很大权重的问题。

假如，一个指数里面有三只股票，它们的自由流通市值分别是：A 股票，50 亿元；B 股票，30 亿元；C 股票，20 亿元。三只股票总的自由流通市值加起来是 100 亿元。那么，指数里面，A 股票的权重就是 50 亿元/100 亿元 ＝ 50%；B 股票的权重就是 30 亿元/100 亿元 ＝ 30%；C 股票的权重就是 20 亿元/100 亿元 ＝ 20%。

这就把指数里面的成分股和成分股的权重，都算出来了。

沪深 300 指数每半年会重新调整一次成分股。一般在每年 5 月和 11 月的下旬审核指数成分股，成分股的调整实施时间分别为每年 6 月和 12 月的第二个星期五的下一交易日。

对于我们买基金的人来说，调整成分股这种事是完全无感的。我们只需要知道有这么回事就行了，不需要额外做什么（实践中，在计算自由流通市值的时候，会用到分级靠档计算法，这就过于复杂，本书中就不详细说了）。

三、成分股及权重

按照以上的编制方法，截至 2022 年 4 月 1 日，沪深 300 指数中的成分股权重数据和行业分布如下，总共有 300 只成分股，实在是太多了，就列前 20 吧（见表 6-1）。

表 6-1　沪深 300 指数中的成分股权重数据

成分股代码	成分股名称	成分股权重	一级行业	二级行业
600519. SH	贵州茅台	5.68%	主要消费	食品、饮料与烟草
300750. SZ	宁德时代	3.77%	工业	资本品
600036. SH	招商银行	3.05%	金融地产	银行
601318. SH	中国平安	2.76%	金融地产	保险
601012. SH	隆基绿能	1.64%	工业	资本品
000858. SZ	五粮液	1.58%	主要消费	食品、饮料与烟草
601166. SH	兴业银行	1.58%	金融地产	银行
000333. SZ	美的集团	1.47%	可选消费	耐用消费品与服装
600900. SH	长江电力	1.32%	公用事业	公用事业
603259. SH	药明康德	1.21%	医药卫生	医药生物
300059. SZ	东方财富	1.17%	金融地产	资本市场
002594. SZ	比亚迪	1.10%	可选消费	汽车与汽车零部件
600030. SH	中信证券	1.08%	金融地产	资本市场

（续）

成分股代码	成分股名称	成分股权重	一级行业	二级行业
002415. SZ	海康威视	1.01%	信息技术	计算机及电子设备
600887. SH	伊利股份	0.99%	主要消费	食品、饮料与烟草
601398. SH	工商银行	0.88%	金融地产	银行
600276. SH	恒瑞医药	0.87%	医药卫生	医药生物
601899. SH	紫金矿业	0.86%	原材料	原材料
601888. SH	中国中免	0.84%	可选消费	零售业
002475. SZ	立讯精密	0.82%	信息技术	计算机及电子设备

其行业分布如图 6-1 所示。

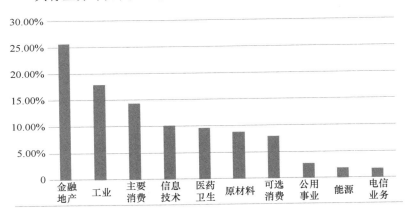

图 6-1　沪深 300 指数中的行业分布

　　看完大家会发现，虽然指数里面第一权重股是贵州茅台，但是占比最高的行业并不是茅台为代表的主要消费品，而是金融和地产行业。如果后面我们发现某一天金融和地产行业的股票大涨或者大跌，就可以预判沪深 300 指数估计会有较大的波动了。

四、指数估值

我们给沪深 300 指数估值时，第一步是预估未来的利润增速。未来我国的 GDP 增速，年均大概在 5%～6%。A 股上市公司的利润增速，整体会略高于 GDP 增速。而沪深 300 指数里面的成分股，又是 A 股上市公司里面的龙头股，利润增速会比 A 股整体的增速更高一点。

因此，我们姑且按照年化 10% 的利润增速来预估。根据"对应表"，在无风险利率为 3% 的前提下，10% 的利润增速对应中值市盈率 15 倍，上下波动 20%，得出低估线为 12 倍，高估线为 18 倍。

然后，我们再查一下公众号"认真的天马"上面的估值表，2022 年 4 月 1 日，沪深 300 指数的市盈率为 16.04 倍，处于合理偏高估值。这种估值可以定投，但定投的比例一定要做控制，债券基金的比例占大头，沪深 300 指数基金的比例占小头。

如果选择定投沪深 300 指数基金，底层逻辑往小了说是看好 A 股未来的发展，往大了说是看好中国经济的整体发展。有底层逻辑作为支撑，才有可能在熊市里坚持定投。

五、指数基金

沪深 300 指数的代码是 000300，目前市面上跟踪这个指数的基金非常多，除了基金规模和基金费率稍有不同以外，基金本身区别不大。我筛选出了规模较大的几只，大家可以自行选择（见表 6-2）。

表6-2 沪深300指数基金

基金类型	基金代码	基金名称	基金规模（亿元）	管理费率	托管费率	基金公司
场内基金	510300.SH	沪深300ETF	447.4	0.5%	0.1%	华泰柏瑞基金
	510330.SH	300ETF基金	227.8	0.5%	0.1%	华夏基金
	159919.SZ	沪深300ETF	176.1	0.5%	0.1%	嘉实基金
场外基金	000051.OF	华夏沪深300ETF联接A	93.7	0.5%	0.1%	华夏基金
	110020.OF	易方达沪深300发起式ETF联接A	58.9	0.15%	0.05%	易方达基金

有关"场内基金"与"场外基金"的区别，在本书第九章第二节有详细讲解，你可以翻过去看看。

第二节 中证500指数

一、编制方法和历史成绩

中证500指数的编制方法和沪深300指数基本上是一样的。只不过沪深300指数是从沪深两市中选出规模大、流动性好的前300只股票，而中证500指数选的是从第301到第800这500只股票。

如果说沪深 300 指数是最具有代表性的大盘股指数，那中证 500 指数就是最具影响力的中盘股指数。注意，这里说的"大盘股"是一个模糊的概念。"大盘股"，就是指市值特别大的股票，但并没有规定多少市值以上才算大盘股。"中盘股"就是指比"大盘股"小一些的股票，但不是最小的。

中证 500 指数的起始时间（基日）也是 2004 年 12 月 31 日，起始点位是 1000 点。到 2022 年 4 月 1 日，点位是 6364.52 点。这 17.25 年的年化收益率是 11.33%，比沪深 300 指数要高一些。

中证 500 指数最火热的时间是 2015 年的 6 月，那个时候冲进场的同学，七年后都还没解套（见图 6-2）。

数据来源：choice。

图 6-2　中证 500 指数走势图

二、成分股权重和行业分布

我们再来看看截至 2022 年 4 月 1 日，中证 500 的前 20 大成分股（见表 6-3）。

看完之后我们会发现，与沪深 300 指数相比，这些公司就没有那么耳熟能详了。毕竟我们能记住的，往往是最大的那几家公司，中型公司一般是记不住的。

表 6-3 中证 500 指数的前 20 大成分股

成分股代码	成分股名称	成分股权重	一级行业	二级行业
600522.SH	中天科技	0.75%	电信业务	通信设备
000733.SZ	振华科技	0.68%	信息技术	计算机及电子设备
002340.SZ	格林美	0.66%	工业	资本品
600256.SH	广汇能源	0.62%	能源	能源
600157.SH	永泰能源	0.61%	能源	能源
688005.SH	容百科技	0.58%	工业	资本品.
600188.SH	兖矿能源	0.57%	能源	能源
000723.SZ	美锦能源	0.54%	能源	能源
601615.SH	明阳智能	0.54%	工业	资本品
300363.SZ	博腾股份	0.52%	医药卫生	医药生物
601555.SH	东吴证券	0.50%	金融地产	资本市场
002180.SZ	纳思达	0.50%	信息技术	半导体
600884.SH	杉杉股份	0.50%	工业	资本品
601117.SH	中国化学	0.49%	工业	资本品
000009.SZ	中国宝安	0.48%	工业	资本品
002385.SZ	大北农	0.48%	主要消费	食品、饮料与烟草
002603.SZ	以岭药业	0.46%	医药卫生	医药生物
688099.SH	晶晨股份	0.46%	信息技术	半导体
300285.SZ	国瓷材料	0.46%	原材料	原材料
000630.SZ	铜陵有色	0.45%	原材料	原材料

我们再来看看行业分布（见图 6-3）。

与沪深 300 指数相比，金融和地产行业在中证 500 指数里面的占比要小得多，中证 500 指数中的第一大行业是工业，后面是原材料和信息技术。行业占比不同，也就决定了这两个指数的风格很不一样。

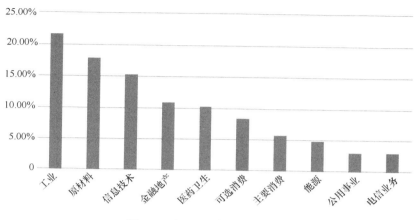

图 6-3　中证 500 指数行业分布

三、指数估值

我们给中证 500 指数做估值的时候，要用什么逻辑呢？有很多人会说，中证 500 指数的利润增速很高，因此它的估值就应该也很高才对。但我在仔细验证后发现，他们所说的这个结论，考虑得并不全面。中证 500 指数的成分股公司，虽然整体利润增长还不错，但股份增发频繁，平摊到每一股上面，利润增速就被拉下来了。

因此，在给中证 500 指数估值的时候，我们要尽量保守一点。我个人倾向于以沪深 300 指数为标尺，也按年化 10% 的利润增速来预估。根据"对应表"，在无风险利率为 3% 的前提下，10% 的利润增速对应中值市盈率 15 倍，上下波动 20%，得出低估线为 12 倍，高估线为 18 倍。2022 年 4 月 1 日，中证 500 指数的市盈率为 22.34 倍，处于高估区域。此时定投中证 500，性价比貌似不如沪深 300 指数。

这里需要强调一点，估值是一件比较个人化的事情。比如我按 10%利润增速给中证 500 估值，这是比较保守的。如果有同学觉得自己对中证 500 指数或者后面讲的其他指数的理解更深，可以按照自己的理解重新估值。

我个人认为，估值的大原则是：宁可过于保守，不要过于乐观。过于保守会导致错过，但错过并不亏钱。而过于乐观则往往会导致严重的亏损。 对于我们理解得很深的指数，估值时可以相对乐观一点点。但对于了解还不足的指数，估值时还是谨慎点好，亏钱容易赚钱难啊。

四、指数基金

中证 500 指数的代码是 000905，市面上跟踪这个指数的基金也很多，规模较大的是下面这几只（见表 6-4）。

表 6-4　中证 500 指数基金

基金类型	基金代码	基金名称	基金规模（亿元）	管理费率	托管费率	基金公司
场内基金	510500.SH	中证 500ETF	402.8	0.5%	0.1%	南方基金
	512500.SH	500ETF 基金	40.8	0.5%	0.1%	华夏基金
	159922.SZ	中证 500ETF 嘉实	29.9	0.15%	0.05%	嘉实基金
场外基金	160119.SZ	500ETF 联接 LOF	79.8	0.5%	0.1%	南方基金
	001556.OF	天弘中证 500 指数增强 A	27.4	0.6%	0.1%	天弘基金
增强基金	161017.SZ	500 增强 LOF	75.5	1%	0.15%	富国基金
	000478.OF	建信中证 500 指数增强 A	52.4	1%	0.2%	建信基金
	001556.OF	天弘中证 500 指数增强 A	27.4	0.6%	0.1%	天弘基金

跟踪中证 500 指数的基金，除了传统指数基金之外，还有一类特殊的指数基金，叫增强基金。所谓指数增强基金，是指大部分仓位（如 80%）是跟踪指数的，剩余的仓位由基金经理自由发挥。自由发挥部分要是比指数表现好，那不就增强了嘛（要是发挥得不好，岂不是就变成了减弱基金……）。

那具体怎么自由发挥呢？各家基金公司有各家的方法，具体的增强策略往往也是保密的。对于中证 500 指数来说，有一类增强方法比较有效，就是量化交易。

由于中证 500 指数成分股体量小一些，股民炒作的欲望高一些，流动性也还很不错，这些股票就非常适合给机构做量化交易。所谓量化交易，就是用计算机数学模型来自动交易。这是一种非常常见的交易模式，合理合法，没有好坏善恶之分。但客观上，在 A 股的量化交易确实起到了"割韭菜"的作用。

大家可能会看到新闻里说，两市成交连续多少多少天破万亿元。大家有没有觉得很奇怪，貌似周围也没多少人谈论股票啊，这交易量怎么这么高？其实，是量化交易在里面贡献了很大的比例。因此，我们要是真喜欢中证 500 指数，除了传统指数基金，还可以选择中证 500 指数增强基金。这就是请专业的机构帮你"割韭菜"了。沪深 300 指数也有增强基金，不过效果没有中证 500 指数中的好，书里限于篇幅就不多讲了，想了解的同学可以到我的公众号里面查看。

第三节 上证指数

很少有人会把 2019 年当牛市。这一年，上证指数涨 22.3%，

沪深 300 指数涨 36.07%，中证 500 指数涨 26.38%，创业板指数涨
43.79%。这是标准的大牛市，美国标普 500 指数也只涨了 28.88%。
那为什么很少有人把 2019 年当牛市呢？有人把这个锅算在了上证
指数身上，因为上证指数老在 3000 点左右徘徊。

广大股民表示：中国股市十几年前就在 3000 点，现在还在
3000 点，哪涨了？这话听起来也挺有道理。上证指数第一次突破
3000 点，还是在 2007 年 3 月。15 年过去了，上证指数还是在 3000
点附近（见图 6-4）。

图 6-4　上证指数走势图

不过，在让上证指数背锅之前，我们还是得先把人家的历史
搞搞清楚的，这样才公平。上证指数可以算得上是 A 股历史最久
远的几个指数之一了，1991 年就发布了。它的代码是 000001，从
这个代码就能看出它的"一哥"地位。指数这个行业特别讲究先
发优势，哪个指数出现得早，哪个指数就会被反复提起。

它的编制方法比较简单，简单地说就是选择上海证券交易所
所有的股票做成分股，反映的是整个上交所股票的整体涨跌情况
（实际上并非所有股票都是成分股，而是会剔除一些）。

上证指数的起始时间是 1990 年 12 月 19 日，起始点位是 100

点。到 2022 年 4 月 1 日是 3282.72 点，历经 31.25 年，年化收益率为 11.8%。实事求是地讲，11.8%是个挺好的成绩，但是我们细看一下就会发现，这个成绩主要是在 2005 年之前获得的（见表 6-5）。

表 6-5　上证指数的年化收益率表现

时间段	起始点位	终止点位	时间（年）	年化收益率
1990 年 12 月 19 日至 2022 年 4 月 1 日	100	3282.72	31.25	11.8%
1990 年 12 月 19 日至 2004 年 12 月 31 日	100	1266.5	14	19.9%
2004 年 12 月 31 日至 2022 年 4 月 1 日	1266.5	3282.72	17.25	5.7%

2005 年之前，上证指数的年化收益率将近 20%。而 2005 年之后，它的年化收益率降到只有 5.7%，同期沪深 300 指数有 8.8% 的收益率。可见，2005 年之后，上证指数已经有点跟不上整个 A 股的发展了。具体是什么原因导致的呢？总结下来，有以下四点。

（1）上证指数是综合指数，不是成分指数。所谓综合指数，是指这个交易所里几乎所有股票都是成分股。上证有一两千家公司，特别优秀的公司也就是前面那 20%，后面很多公司是在拖后腿的。

根据全世界各个股市的经验，最后表现比较好的指数基本都是成分指数，也就是从股市里面挑选少量的优质股票出来当成分股的指数。比如沪深 300、中证 500、标普 500、纳斯达克 100，这些都是成分指数。名字后面的那个数字就是指这个指数里一共有多少成分股。总成分股数量有限制，这样才能优胜劣汰，不断更新。这样的指数才更有生命力。

（2）上证指数是单市场指数。上证指数从设计之初就是用来展示整个上交所股票涨跌的。因此，指数里面没有深市的股票。作为一个单市场指数，它没有任何问题。但是，现在上证指数是被大家当作 A 股的代表指数来看待的，那它就很不合适了。如果单单从上市公司数量来评判的话，上交所的股票数量还少于深交所，因此拿上证指数来代表整个 A 股走势明显有问题。

（3）上证指数的新股纳入方式。自 2007 年 1 月 6 日起，新股于上市第 11 个交易日开始计入上证指数。A 股有炒新的习惯，股票新上市都要猛炒个十来天，然后才开始慢慢跌回正常估值。上证指数没有从头开始纳入，也没有几个月后再纳入，偏偏要在第 11 个交易日开始纳入。好处一点没捞着，挨打一点没躲掉。更有意思的是，2007 年上证上市了很多巨无霸公司，这些高权重的公司从上市到现在的涨幅都是负的。这些公司也拖累了上证指数的涨幅。

（4）上证采用总市值加权法进行加权。总市值加权法，就是按照公司总的市值（包含不可流通和可流通两部分）来进行加权。上交所有很多大公司，不可流通的股份比例非常高。虽然这些公司的股价已经跌了很多，但由于总市值依旧很大，依旧在指数的权重榜单上，影响指数涨幅。在有大量不可流通市值股票的市场中，用自由流通市值加权法来进行加权才是更加科学的指数编制方法。

针对以上问题，2020 年 7 月 22 日，上证指数对编制方法做了修改。

首先，对样本股的纳入进行了限制。如果股票被实施风险提示（被标 ST、*ST），就会被上证指数剔除。其次，新股纳入时间延长为 1 年。市值特别大的股票上市后 3 个月纳入指数。

这些修改在一定程度上解决了上证指数之前的弊端，但并没有办法解决上证指数无法代表整个 A 股的这个问题。我们需要用更多的时间和更多的耐心，反复告知广大个人投资者：想知道整个 A 股的涨幅，要去看沪深 300 和中证 500 指数，不要再盯着上证指数看了。上证指数是个单市场综合指数，不适合做这项工作的。

第四节　科创 50 指数

一、科创板的历史

在美国主要有两个交易所：纽交所和纳斯达克证券交易所。纽交所里面主要是传统行业的上市公司。比如，可口可乐、通用电气、麦当劳等。而一些新兴行业，比如互联网、芯片、新能源汽车这类的企业，都主要在纳斯达克证券交易所上市。比如，我们比较熟悉的苹果、谷歌、脸书、英特尔、特斯拉等企业，都是在纳斯达克上市的。

新兴行业的特点在于增长速度快，但是都很缺钱，需要快速上市融资，以求更快的发展。这些公司的要求是：上市周期快，上市对营业收入、对盈利的要求低。这两条，纳斯达克都符合。所以多数科技公司就更喜欢纳斯达克。也正是因为有了纳斯达克，才让这些科技公司能够肆无忌惮地野蛮生长，闯出自己的一片天。

回看我国 A 股，我们常说的主板，就类似于纽交所。而我们一直缺一个门槛更低、要求更低的板块，来给我们自己的科技类企业上市使用。

其实最早是想让创业板来承担这个重任的。A 股的创业板最早在 1998 年就开始筹划了，可惜还没等弄出来，美国科网泡沫在 2000 年被捅破了，股价一落千丈。

在 2004 年我们先搞了个中小板，但也没试出什么名堂。2009 年，时隔 10 年，创业板终于成立，但不是注册制，而是审核制，也就是要排队的那种。一排队排好几年，企业若真是急需用钱，在排队过程中可能已经饿死了。

所以在那段时间，高科技、互联网企业更多会选择去海外上市。就这么过了很久，创业板的注册制改革一直没能完成。直到 2018 年底，我们创建了科创板，试点注册制，给高科技企业上市服务。

2019 年 6 月，科创板正式开板。7 月底，首批科创板企业就上市了，可谓是火箭速度。A 股终于有了注册制的股市板块，具有重大意义。

二、科创板的成绩

科创板开板之后，先度过了一段没有指数的日子。这也很好理解，就那么几只股票，数量太少，想知道涨跌直接看股票就行了。在科创板开板后的一年，2020 年 7 月 23 日，科创板终于有了属于它的第一个指数——科创 50 指数。

科创 50 指数起始时间是 2019 年 12 月 31 日，那天它的点位是 1000 点。到 2022 年 4 月 1 日，指数点位是 1089.19 点。貌似没什么变化，其实中途还是经历了不小颠簸的（见图 6-5）。

图 6-5　科创 50 指数走势图

2020 年开年不到 2 个月，科创板就涨了 40%，到了 7 月则涨了 70%多。那时候的科创板基金是非常火的。只不过，股票市场最终都难逃估值的地心引力，后面科创板进入了漫长的调整期，慢慢消化之前较高的估值。

三、编制方法及权重

简单地说，科创 50 指数的编制方法就是把科创板所有股票按市值大小排名，排名前 50 的就是这个指数的成分股了。在加权的时候，它是按照自由流通市值加权，且单只股票的最高权重不能超过 10%。

在这样的编制方法下，截至 2022 年 4 月 1 日，科创 50 指数前 20 大成分股及行业分布如表 6-6 所示。

表 6-6　科创 50 指数前 20 大成分股及行业分布

成分股代码	成分股名称	成分股权重	一级行业	二级行业
688981.SH	中芯国际	9.95%	信息技术	半导体
688599.SH	天合光能	6.63%	工业	资本品
688005.SH	容百科技	4.73%	工业	资本品
688111.SH	金山办公	4.71%	信息技术	计算机运用

（续）

成分股代码	成分股名称	成分股权重	一级行业	二级行业
688008.SH	澜起科技	4.14%	信息技术	半导体
688180.SH	君实生物	4.10%	医药卫生	医药生物
688012.SH	中微公司	3.91%	信息技术	半导体
688099.SH	晶晨股份	3.79%	信息技术	半导体
688116.SH	天奈科技	3.66%	工业	资本品
688122.SH	西部超导	3.28%	原材料	原材料
688036.SH	传音控股	3.13%	电信业务	通信设备
688536.SH	思瑞浦	2.70%	信息技术	半导体
688126.SH	沪硅产业	2.44%	信息技术	半导体
688561.SH	奇安信	2.18%	信息技术	计算机运用
688185.SH	康希诺	2.17%	医药卫生	医药生物
688390.SH	固德威	2.06%	工业	资本品
688169.SH	石头科技	2.01%	可选消费	耐用消费品与服装
688388.SH	嘉元科技	2.01%	工业	资本品
688396.SH	华润微	1.97%	信息技术	半导体
688202.SH	美迪西	1.91%	医药卫生	医药生物

乍一看，大家可能就会对这个指数的十大权重股有概念了，绝大多数都是信息技术和工业。我把行业数据做了详细的拆分，也可以印证我们的第一印象是对的（见图6-6）。

这个指数中，有一半的股票都是信息技术行业的。还有 20% 的工业行业和 15% 的医药卫生行业股票。从行业分布上看，确实符合科创板这一称号。

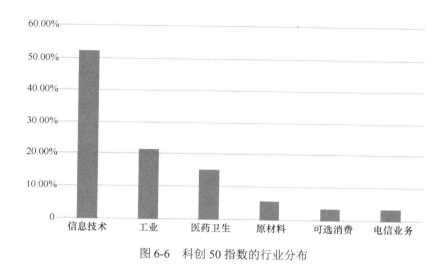

图 6-6　科创 50 指数的行业分布

四、指数估值

科创板中的企业都是以科技型企业为主，预计这类企业的增长速度会高于主板的传统企业。但科技型企业的发展也有较高的不确定性，万一技术路线选择错了，企业可能就会在短时间内被彻底淘汰。

因此，我们在给这类企业估值的时候，既要乐观，又要谨慎。我个人对科创 50 的利润增速预估是年化 20%。根据对应表，20% 的增速对应的合理市盈率是 25 倍，上下浮动 30%，低估线为 17.5 倍，高估线为 32.5 倍。截至 2022 年 4 月 1 日，科创 50 指数的市盈率是 54.94 倍。我个人会选择持续观察这个指数。

五、指数基金

科创 50 指数的代码是 000688，很吉利。目前市面上跟踪这个指数的基金已经很多了，下面是我筛选出来的一些规模较大的基金（见表6-7）。

表 6-7　科创 50 指数基金

基金类型	基金代码	基金名称	基金规模（亿元）	管理费率	托管费率	基金公司
场内基金	588000.SH	科创 50ETF	226.2	0.5%	0.1%	华夏基金
	588080.SH	科创板 50ETF	105.1	0.5%	0.1%	易方达基金
	588050.SH	科创 ETF	39.2	0.5%	0.1%	工银瑞信基金
场外基金	011608.OF	易方达上证科创板 50 成份 ETF 联接 A	19.2	0.5%	0.1%	易方达基金
	011612.OF	华夏上证科创板 50 成份 ETF 联接 A	18.3	0.5%	0.1%	华夏基金

第五节　创业板指数

经过 20 多年的努力，我们终于完成了注册制创业板的打造。创业板是深圳证券交易所的子板块，所以它的指数也是深交所的专用指数机构——国证指数来编制的，而不是中证指数公司来编制的。

大家如果想看看创业板指数的情况，要去国证指数官网，而不是中证指数官网。到了国证指数官网，搜"创业板"，我们会搜出一大堆和创业板有关的指数（见图6-7）。

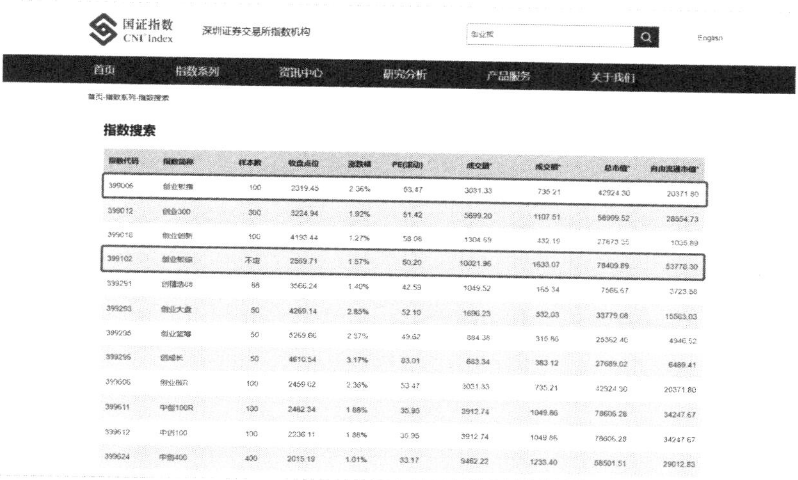

指数代码	指数简称	样本数	收盘点位	涨跌幅	PE(滚动)	成交量*	成交额*	总市值*	自由流通市值*
399006	创业板指	100	2319.45	2.36%	53.47	3031.33	735.21	42924.30	20371.80
399012	创业300	300	3224.94	1.92%	51.42	5699.20	1107.51	58999.52	28554.73
399018	创业创新	100	4193.44	1.27%	58.08	1304.69	432.19	27873.35	1035.89
399102	创业板综	不定	2569.71	1.57%	50.20	10021.96	1633.07	78409.89	53778.30
399291	创精选88	88	3566.24	1.40%	42.59	1049.52	165.34	7566.67	3723.58
399293	创业大盘	50	4269.14	2.85%	52.10	1696.23	532.03	33779.08	15583.03
399296	创业蓝筹	50	5269.66	2.37%	49.62	884.38	315.86	25362.40	4946.52
399295	创成长	50	4610.54	3.17%	83.01	683.34	383.12	27689.02	6489.41
399606	创业板R	100	2459.02	2.36%	53.47	3031.33	735.21	42924.30	20371.80
399611	中创100R	100	2482.34	1.88%	35.95	3912.74	1049.86	78606.28	34247.67
399612	中创100	100	2236.11	1.88%	35.96	3912.74	1049.86	78606.28	34247.67
399624	中创400	400	2015.19	1.01%	33.17	9462.22	1233.40	58501.51	29012.83

图 6-7 创业板相关指数

大家比较容易搞混的是创业板指和创业板综，我们先简单地区分一下这两个指数。创业板指是从创业板里面挑市值最大的前100只股票出来当成分股，而创业板综是把创业板里面所有股票都拿出来当成分股。前者容量有限，后者全部纳入。长期看，创业板指未来会更加优质一些。因此，平时新闻里提到的“创业板涨到××点”，指的也是创业板指。

一、历史成绩

创业板指的历史业绩要分三段来看。

第一段时间，是从起始日2010年5月31日到2015年6月5日。提起2015年6月5日，那可是创业板最辉煌的时候，也是上一轮牛市的顶点（见图6-8）。

那时候的创业板真的是风光无限，指数成立5年时间，期间的年化收益率高达 31.2%（见表 6-8）。

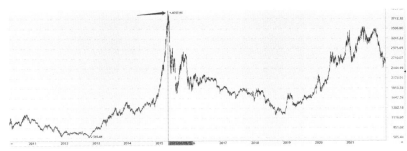

图 6-8　创业板指数走势图

表 6-8　创业板指数的年化收益率表现

时间段	起始点位	终止点位	时间（年）	年化收益率
2010 年 5 月 31 日至 2015 年 6 月 5 日	1000	3885.83	5	31.2%
2015 年 6 月 5 日至 2019 年 1 月 1 日	3885.83	1228.77	3.5	−28.0%
2019 年 1 月 1 日至 2022 年 4 月 1 日	1228.77	2666.97	3.5	24.8%
2010 年 5 月 31 日至 2022 年 4 月 1 日	1000	2666.97	12	8.5%

　　正是那段时间，市场上会有"蓝筹股是大烂臭""看估值你就输在起跑线上"之类的声音。但很不幸，估值和公司质量才是股市上涨最坚实的基础。在 2015 年这一轮创业板牛市中，很多公司的业务是经不住市场考验的，比如乐视网竟然被炒到了龙头互联网公司的估值水平。

　　之后创业板进入了第二段时间，出清。从 2015 年 6 月 5 日到 2019 年 1 月 1 日，近三年半的熊市，创业板跌掉了 2/3。在这个过程中，2015 年牛市时的创业板权重股逐渐退出了历史舞台，而新公司获得了更高的权重。

第三段时间，从 2019 年开始，卸掉了历史包袱的创业板重新上路。2020 年 6 月，创业板完成了注册制改革，迎来了一大批优质创新企业，这也为创业板注入了更多新鲜血液。

二、编制方法

简单地说，创业板指的编制方法就是创业板所有股票中，最近半年日均总市值最高的前 100 名股票作为成分股。加权的方式是自由流通市值加权。一年调整两次成分股，每次不超过 10%。

刚刚我们说了，创业板的成分股从 2015 年牛市到现在，经历了一轮换血。 我们把 2015 年 4 月 30 日和 2022 年 4 月 1 日这两天的前 20 大成分股情况做一下对比（见表 6-9）。

表 6-9 创业板前 20 大成分股变化对比

2015 年 4 月 30 日	成分股权重	2022 年 4 月 1 日	成分股权重
东方财富	8.76%	宁德时代	18.87%
乐视网	4.45%	东方财富	6.97%
万达信息	3.18%	迈瑞医疗	4.10%
华谊兄弟	2.67%	温氏股份	3.37%
机器人	2.63%	阳光电源	3.30%
碧水源	2.54%	智飞生物	3.21%
卫宁软件	2.22%	亿纬锂能	3.20%
神州泰岳	2.07%	汇川技术	3.14%
网宿科技	2.03%	沃森生物	2.79%
同花顺	1.89%	爱尔眼科	2.31%
蓝色光标	1.61%	先导智能	1.85%
汇川技术	1.57%	泰格医药	1.80%

（续）

2015 年 4 月 30 日	成分股权重	2022 年 4 月 1 日	成分股权重
乐普医疗	1.50%	圣邦股份	1.48%
迪安诊断	1.41%	卓胜微	1.37%
掌趣科技	1.40%	爱美客	1.24%
宋城演艺	1.38%	晶盛机电	1.13%
国民技术	1.35%	康泰生物	1.06%
阳光电源	1.35%	德方纳米	1.03%
汉得信息	1.25%	三环集团	1.01%
三聚环保	1.18%	中科创达	0.97%

可以看到，2015 年位于创业板指前 20 大权重股的股票，到了 2022 年 4 月 1 日还在前 20 的只有三只，淘汰了 85%。其中的乐视网甚至已经退市了。当年的大热门，现在已经烟消云散，不得不让人唏嘘。

截至 2022 年 4 月 1 日，创业板指成分股行业分布情况如图 6-9 所示。

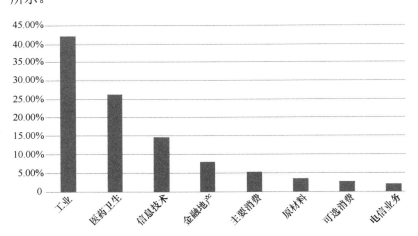

图 6-9　创业板指数的行业分布

创业板指数和科创 50 指数的行业分布很像，工业行业占比最高，后面是医药卫生和信息技术。

三、指数估值

创业板和科创板定位很像，行业分布也很像。因此在预估利润增速的时候，我个人倾向于将创业板指数也按照科创板 50 指数的估值增速来预估，也是年化 20%。根据对应表，20%的增速对应的合理市盈率是 25 倍，上下浮动 30%，低估线为 17.5 倍，高估线为 32.5 倍。截至 2022 年 4 月 1 日，创业板指的市盈率是 46.31 倍。可以持续观察这个指数。

四、指数基金

创业板指的代码是 399006，跟踪创业板指的基金也挺多的。我选了几只规模大的出来，供大家参考（见表 6-10）。

表 6-10 创业板指数基金

基金类型	基金代码	基金名称	基金规模（亿元）	管理费率	托管费率	基金公司
场内基金	159915.SZ	创业板 ETF 易方达	170.7	0.5%	0.1%	易方达基金
	159977.SZ	创业板 ETF 天弘	53.4	0.5%	0.1%	天弘基金
	159948.SZ	创业板 ETF 南方	22.1	0.15%	0.05%	南方基金
场外基金	110026.OF	易方达创业板 ETF 联接 A	37.2	0.5%	0.1%	易方达基金
	002656.OF	南方创业板 ETF 联接 A	14.0	0.15%	0.05%	南方基金

总结一下，经过一轮轮换血，现在创业板指的成分股质量较多年前有大幅度的提升。我相信未来创业板的发展会越来越好。

第七章

指数基金之行业基金

第一节　A 股中行业的分类

分析行业指数要比分析沪深 300 这种宽基指数难得多。宽基指数的底层逻辑是：国家增长，指数就会增长。但是行业指数的底层逻辑就不一样了，我们要对这个行业未来的发展有清晰的认识才行。

在分析某一个行业指数之前，我们先说说 A 股整体有哪些行业。中证指数公司把 A 股分为 10 个一级行业。分别是：能源、原材料、工业、可选消费、主要消费、医药卫生、金融地产、信息技术、电信业务、公共事业。然后，它又把这 10 个一级行业细分成了 26 个二级行业（见表 7-1）。

表 7-1　A 股行业分类

一级行业		二级行业	
00	能源	0001	能源
01	原材料	0101	原材料
02	工业	0201	资本品
		0202	商业服务与用品
		0203	交通运输
03	可选消费	0301	汽车与汽车零部件
		0302	耐用消费品与服装
		0303	消费者服务
		0304	传媒
		0305	零售业
04	主要消费	0401	食品与主要用品零售
		0402	食品、饮料与烟草
		0403	家庭与个人用品

（续）

一级行业		二级行业	
05	医药卫生	0501	医疗器械与服务
		0502	医药生物
06	金融地产	0601	银行
		0602	其他金融
		0603	资本市场
		0604	保险
		0605	房地产
07	信息技术	0701	计算机运用
		0702	计算机及电子设备
		0703	半导体
08	电信业务	0801	电信服务
		0802	通信设备
09	公用事业	0901	公用事业

我们平时聊天时候说到的："医药表现不错，消费有没有前景？"这些指的一般都是一级行业。一级行业分类的名字，多数都可以望文生义。比如，能源就是搞石油、天然气的；原材料就是搞各种各样原材料的，生产化工原材料，生产水泥这种建筑原材料，生产化肥、杀虫剂这种农业原材料，生产纸包装箱这种消费品的原材料，等等。

一级行业中比较难理解的有两个：一个叫主要消费，另一个叫可选消费。消费是个很大的领域。美国的消费支出占 GDP 的比例是 70%，因此我们就可以想象这个行业有多大了。

我们平时说"消费行业"，说的是一个比较笼统的概念。根据消费品对生活的重要程度不同，通常会把它细分为主要消费和可选消费。主要消费就是吃喝和必须要用的日用品。比如，买米、买面、买肉、买鱼、买饮料、买酒，还有买肥皂、厕纸、尿不湿之类的。这种断了一个月，我们的生活会出问题的就是主要消费。

与之相对应的就是可选消费。比如，汽车晚一个月买，问题不大；空调和电视晚一个月换，也出不了什么事；酒店、餐馆、景点、广告传媒，一个月不去或不看，也问题不大。换句话说，可选就是可买可不买的意思。

看完这么多行业之后，大家肯定会问，哪些行业更牛啊？

中证一级行业指数，都是从 2004 年底开始记录点位的，从 1000 点开始。17 年过去了，涨得最猛的是中证主要消费指数，涨到了 21302 点，年化收益率为 19.4%。其次是医药卫生指数，突破了 11000 点，年化收益率为 15.13%。第三名是金融地产指数，涨到 5607 点，年化收益率为 10.51%（见表 7-2）。

表 7-2　中证一级行业指数的年化收益率

序号	指数代码	指数名称	起始日期	起始点位	截止日期	截止点位	总年数	年化收益率
00	000928.SH	中证能源指数	2004-12-31	1000	2022-4-1	2468.35	17.25	5.38%
01	000929.CSI	中证原材料指数	2004-12-31	1000	2022-4-1	3620.42	17.25	7.74%
02	000930.CSI	中证工业指数	2004-12-31	1000	2022-4-1	3630.93	17.25	7.76%
03	000931.SH	中证可选消费指数	2004-12-31	1000	2022-4-1	5392.11	17.25	**10.26%**
04	000932.SH	中证主要消费指数	2004-12-31	1000	2022-4-1	21302.07	17.25	**19.40%**

（续）

序号	指数代码	指数名称	起始日期	起始点位	截止日期	截止点位	总年数	年化收益率
05	000933.SH	中证医药卫生指数	2004-12-31	1000	2022-4-1	11371.50	17.25	15.13%
06	000934.SH	中证金融地产指数	2004-12-31	1000	2022-4-1	5607.67	17.25	10.51%
07	000935.SH	中证信息技术指数	2004-12-31	1000	2022-4-1	4380.54	17.25	8.94%
08	000936.CSI	中证电信业务指数	2004-12-31	1000	2022-4-1	4081.45	17.25	8.49%
09	000937.CSI	中证公用事业指数	2004-12-31	1000	2022-4-1	2184.63	17.25	4.63%
参考	000300.SH	沪深300指数	2004-12-31	1000	2022-4-1	4276.16	17.25	8.79%

沪深 300 指数作为隔壁家小孩又被拿出来当参照物了，在 10 个一级行业指数里，5 个跑赢了沪深 300 指数，5 个跑输了沪深 300 指数。因此前面我说过，要是选不出特别看好的行业指数，就直接选沪深 300 指数，至少可以获得平均水平的收益。而这个收益也是挺不错的。

我们再来看看，在众多二级行业中，哪些行业在过去表现较好。并不是所有二级行业都有对应指数，我把已经有对应指数的都找出来了。可以看到，涨得最多的，是我在表 7-3 右侧标灰的四个：食品饮料、食品与主要用品零售、医疗保健设备与服务、医药生物。

表 7-3 中证二级行业指数的年化收益率

一级序号	一级行业	二级序号	指数代码	指数名称	起始日期	起始点位	截止日期	截止点位	总年数	总收益	年化收益率
02	工业	0201	H30169.CSI	中证全指资本品指数	2004-12-31	1000	2022-4-1	6461.00	17.25	6.46	11.42%
02	工业	0202	H30170.CSI	中证全指商业服务与商业用品指数	2004-12-31	1000	2022-4-1	7139.47	17.25	7.14	12.07%
02	工业	0203	H30171.CSI	中证全指运输指数	2004-12-31	1000	2022-4-1	1676.70	17.25	1.68	3.04%
03	可选消费	0301	H30164.CSI	中证全指汽车与汽车零配件指数	2004-12-31	1000	2022-4-1	6137.53	17.25	6.14	11.09%
03	可选消费	0302	H30172.CSI	中证全指耐用消费品与服装指数	2004-12-31	1000	2022-4-1	5340.84	17.25	5.34	10.20%
03	可选消费	0303	H30173.CSI	中证全指消费者服务指数	2004-12-31	1000	2022-4-1	7339.46	17.25	7.34	12.25%

稳健投资：年化10%收益率的基金组合

（续）

一级序号	一级行业	二级序号	指数代码	指数名称	起始日期	起始点位	截止日期	截止点位	总年数	总收益	年化收益率
03	可选消费	0304	H30174.CSI	中证全指媒体指数	2004-12-31	1000	2022-4-1	2194.43	17.25	2.19	4.66%
03	可选消费	0305	H30175.CSI	中证全指零售业指数	2004-12-31	1000	2022-4-1	2731.32	17.25	2.73	6.00%
04	主要消费	0401	H30176.CSI	中证全指食品与主要用品零售指数	2004-12-31	1000	2022-4-1	10566.14	17.25	10.57	14.65%
04	主要消费	0402	H30177.CSI	中证全指食品饮料指数	2004-12-31	1000	2022-4-1	16589.00	17.25	16.59	17.68%
05	医药卫生	0501	H30178.CSI	中证全指医疗保健设备与服务指数	2004-12-31	1000	2022-4-1	20569.56	17.25	20.57	19.16%
05	医药卫生	0502	H30179.CSI	中证全指药生物指数	2004-12-31	1000	2022-4-1	11239.53	17.25	11.24	15.06%
06	金融地产	0601	399986.SZ	中证银行指数	2004-12-31	1000	2022-4-1	6521.02	17.25	6.52	11.48%

（续）

一级序号	一级行业	二级序号	指数代码	指数名称	起始日期	起始点位	截止日期	截止点位	总年数	总收益	年化收益率
06	金融地产	0603	H30211.CSI	中证全指资本市场指数	2007-06-29	1000	2022-4-1	710.15	14.75	0.71	−2.29%
06	金融地产	0604	H30186.CSI	中证全指保险指数	2007-06-29	1000	2022-4-1	1043.88	14.75	1.04	0.29%
06	金融地产	0605	931775.CSI	中证全指房地产指数	2004-12-31	1000	2022-4-1	5163.86	17.25	5.16	9.98%
07	信息技术	0701	H30182.CSI	中证全指软件与服务指数	2004-12-31	1000	2022-4-1	6765.90	17.25	6.77	11.72%
07	信息技术	0702	H30183.CSI	中证全指技术硬件与设备指数	2004-12-31	1000	2022-4-1	5431.75	17.25	5.43	10.31%
07	信息技术	0703	H30184.CSI	中证全指半导体产品与设备指数	2004-12-31	1000	2022-4-1	6395.88	17.25	6.40	11.36%
08	电信业务	0802	931160.CSI	中证全指通信设备指数	2004-12-31	1000	2022-4-1	4708.45	17.25	4.71	9.40%

这些行业继续往下分的话，可以分得更细。二级行业下面还有三级行业，三级行业下面还有四级行业。限于篇幅，在这一节我们就不全介绍了。后面的章节里如果涉及某些三级或四级行业的细分，我们会再单独介绍。

第二节　行业之王，主要消费

最近 17 年里，涨得最多的一级行业就是主要消费。是什么让它脱颖而出，是什么让它出类拔萃，是先天的基因还是后天的勤奋？下面我来为大家详细分析。

一、编制方法

中证主要消费指数（下面简称：中证消费）是从中证 800 指数里面选主要消费行业的股票来当成分股的，中证 800 就是沪深 300 和中证 500 的结合体。在加权方式上，中证消费和沪深 300 一样，用的也是自由流通市值加权法。对于单个成分股的权重上限，它是这样规定的：成分股数量小于 10 或者大于 100 时，不设限；成分股数量在 10～50 时，单只 15%权重上限；成分股数量在 50～100 时，单只 10%权重上限。截至 2022 年 4 月 1 日，中证消费的成分股数量已经到达 53，因此单只股票权重上限为 10%。

二、成分股及权重

根据以上编制方法，截至 2022 年 4 月 1 日，中证消费前 20 大成分股如表 7-4 所示。

表 7-4 中证消费前 20 大成分股

成分股代码	成分股名称	成分股权重	一级行业	二级行业	三级行业	四级行业
600519.SH	贵州茅台	10.44%	主要消费	食品、饮料与烟草	饮料	白酒
600887.SH	伊利股份	9.31%	主要消费	食品、饮料与烟草	包装食品与肉类	包装食品与肉类
000858.SZ	五粮液	7.97%	主要消费	食品、饮料与烟草	饮料	白酒
002714.SZ	牧原股份	7.92%	主要消费	食品、饮料与烟草	农牧渔产品	畜牧产品
000568.SZ	泸州老窖	7.20%	主要消费	食品、饮料与烟草	饮料	白酒
600809.SH	山西汾酒	6.58%	主要消费	食品、饮料与烟草	饮料	白酒
603288.SH	海天味业	5.85%	主要消费	食品、饮料与烟草	包装食品与肉类	包装食品与肉类
300498.SZ	温氏股份	5.19%	主要消费	食品、饮料与烟草	农牧渔产品	畜牧产品
002304.SZ	洋河股份	4.33%	主要消费	食品、饮料与烟草	饮料	白酒
000895.SZ	双汇发展	2.66%	主要消费	食品、饮料与烟草	包装食品与肉类	包装食品与肉类
002311.SZ	海大集团	2.41%	主要消费	食品、饮料与烟草	农牧渔产品	其他农产品
000876.SZ	新希望	2.02%	主要消费	食品、饮料与烟草	农牧渔产品	其他农产品
002385.SZ	大北农	1.53%	主要消费	食品、饮料与烟草	农牧渔产品	其他农产品

（续）

成分股代码	成分股名称	成分股权重	一级行业	二级行业	三级行业	四级行业
600600.SH	青岛啤酒	1.48%	主要消费	食品、饮料与烟草	饮料	啤酒
603369.SH	今世缘	1.40%	主要消费	食品、饮料与烟草	饮料	白酒
600132.SH	重庆啤酒	1.37%	主要消费	食品、饮料与烟草	饮料	啤酒
300999.SZ	金龙鱼	1.14%	主要消费	食品、饮料与烟草	包装食品与肉类	包装食品与肉类
000596.SZ	古井贡酒	1.11%	主要消费	食品、饮料与烟草	饮料	白酒
600298.SH	安琪酵母	1.10%	主要消费	食品、饮料与烟草	包装食品与肉类	包装食品与肉类
000998.SZ	隆平高科	1.08%	主要消费	食品、饮料与烟草	农牧渔产品	其他农产品

在二级行业这一列里面，全都是"食品、饮料与烟草"这个子行业，也就是关于吃喝的，也再一次验证了"民以食为天"这句老话。再仔细再一看，有很多熟悉的名字。茅台、五粮液、泸州老窖、汾酒、洋河、古井贡，白酒在消费行业里权重很高。

确实如此，按四级行业来分类，白酒在中证消费指数里面占比高达40%多。其次是包装食品和肉类，占比约25%。畜牧产品排第三，占比近15%（见图7-1）。

可见，白酒虽然不是天天喝，但这个类别的产品利润确实不错。有关白酒行业，我们在第四节还会详细分析。

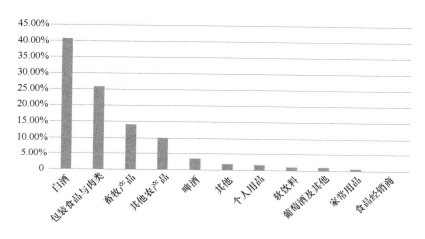

图 7-1　中证消费的行业分布

三、指数估值

回看历史，中证消费的利润增长是飞速的，有些年份的增长率接近 20%，2019 年还有超过 40%的高速增长。但我们在给未来做预估的时候，不能这么乐观。在估值上要给予一定的空间，我个人按 18%的增速来预估。根据"对应表"，18%的利润增速，对应中值市盈率为 23 倍，上下浮动 20%，得出低估线为 18.4 倍，高估线为 27.6 倍。

2022 年 4 月 1 日，中证消费的市盈率是 88.71 倍。有同学肯定会问："市盈率 80 多倍，中证消费指数这是得多高估啊？"其实，市盈率之所以这么高，倒不是因为股价涨太多了，而是因为中证消费指数里面有些与养猪相关的公司，如温氏股份、新希望、大北农等，在 2021 年亏损比较多。养猪是周期行业，等进入下一个周期，这些公司恢复盈利了，指数的市盈率会一下子下来很多，我们拭目以待吧。

四、指数基金

中证消费指数的代码是 000932，跟踪这个行业指数的基金数量就比较少了。目前，主要就两家基金公司在做，汇添富和嘉实基金。这两家里面，汇添富的基金规模稍微大一些（见表7-5）。

表7-5 中证消费指数基金

基金类型	基金代码	基金名称	基金规模（亿元）	管理费率	托管费率	基金公司
场内基金	159928.SZ	消费 ETF	86.8	0.5%	0.1%	汇添富基金
	512600.SH	必选消费 ETF	5.4	0.5%	0.1%	嘉实基金
场外基金	000248.OF	汇添富中证主要消费 ETF 联接 A	44.5	0.5%	0.1%	汇添富基金
	009180.OF	嘉实中证主要消费 ETF 联接 C	2.9	0.5%	0.1%	嘉实基金

第三节　超级备胎，可选消费

上一节我们分析了主要消费行业。这节我们来分析可选消费行业。

可选消费是指那些除了吃喝、日常必须用品以外的其他消费品。比如，汽车、空调、各种家用电器、服装、鞋子、珠宝、酒店、景点、餐馆、广告、电视节目、电影等。从历史表现来看，主要消费的年化收益率是 19.4%，可选消费是 10.26%。同样是消费，可选消费的年化收益率比主要消费低将近一半。

可见，在老百姓花钱这件事上，至少在目前的经济结构下，吃喝才是老百姓消费的主题。当然，这只是过往的表现，未来没准会有什么变化。

一、成分股及权重

与主要消费一样，可选消费也是从中证 800 指数里面选成分股。只不过它选的是可选消费行业的股票，然后按自由流通市值加权，单权重上限为 10%。如表 7-6 所示，我们看下其前 20 大成分股（截至 2022 年 4 月 1 日）。

表 7-6　可选消费指数前 20 大成分股

成分股代码	成分股名称	成分股权重	一级行业	二级行业	三级行业	四级行业
000333.SZ	美的集团	10.53%	可选消费	耐用消费品与服装	家庭耐用消费品	家用电器
000651.SZ	格力电器	10.03%	可选消费	耐用消费品与服装	家庭耐用消费品	家用电器
601888.SH	中国中免	9.82%	可选消费	零售业	其他零售	其他零售
002594.SZ	比亚迪	9.65%	可选消费	汽车与汽车零部件	汽车与摩托车	汽车
600690.SH	海尔智家	5.74%	可选消费	耐用消费品与服装	家庭耐用消费品	家用电器
600104.SH	上汽集团	5.21%	可选消费	汽车与汽车零部件	汽车与摩托车	汽车
600660.SH	福耀玻璃	3.27%	可选消费	汽车与汽车零部件	汽车零配件与轮胎	汽车零配件
000625.SZ	长安汽车	2.83%	可选消费	汽车与汽车零部件	汽车与摩托车	汽车

（续）

成分股代码	成分股名称	成分股权重	一级行业	二级行业	三级行业	四级行业
601633.SH	长城汽车	2.21%	可选消费	汽车与汽车零部件	汽车与摩托车	汽车
600741.SH	华域汽车	2.06%	可选消费	汽车与汽车零部件	汽车零配件与轮胎	汽车零配件
002050.SZ	三花智控	1.96%	可选消费	汽车与汽车零部件	汽车零配件与轮胎	汽车零配件
601689.SH	拓普集团	1.64%	可选消费	汽车与汽车零部件	汽车零配件与轮胎	汽车零配件
603486.SH	科沃斯	1.63%	可选消费	耐用消费品与服装	家庭耐用消费品	家用电器
601238.SH	广汽集团	1.60%	可选消费	汽车与汽车零部件	汽车与摩托车	汽车
600754.SH	锦江酒店	1.49%	可选消费	消费者服务	酒店、餐馆与休闲	酒店
603833.SH	欧派家居	1.40%	可选消费	耐用消费品与服装	家庭耐用消费品	家庭装饰品
300144.SZ	宋城演艺	1.36%	可选消费	消费者服务	酒店、餐馆与休闲	休闲服务
600177.SH	雅戈尔	1.24%	可选消费	耐用消费品与服装	纺织服装	服装服饰
601799.SH	星宇股份	1.22%	可选消费	汽车与汽车零部件	汽车零配件与轮胎	汽车零配件
600733.SH	北汽蓝谷	1.05%	可选消费	汽车与汽车零部件	汽车与摩托车	汽车

美的、格力、中兔、比亚迪、海尔、上汽、福耀、长安、长城……这些都是国人耳熟能详的企业。

具体行业分布如下：家用电器第一、汽车第二、汽车零配件第三、其他零售第四。可见，我国人民的可选消费目前大头还是花在电器和车这些大件实物上（见图 7-2）。

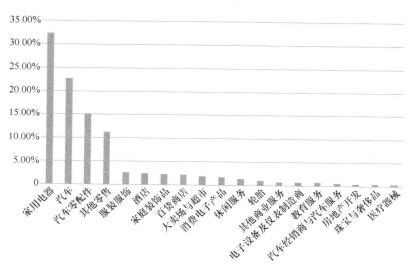

图 7-2　可选消费指数的行业分布

二、指数估值

我们对可选消费行业的估值需要格外谨慎，这个行业的利润经常为负增长。简单总结一句话，凡是遇到经济不太顺的年份，老百姓会先把可选消费的支出砍掉。虽然当经济缓和时，它也会有不错的恢复。但这不稳定的利润增速，总让人心惊胆战。

我个人给可选消费年化 10% 的利润增速预估。根据"对应表"，10% 的利润增速，对应中值市盈率为 15 倍，上下浮动 20%，得出低估线为 12 倍，高估线为 18 倍。2022 年 4 月 1 日，中证消费的市盈率是 27.79 倍。

其估值也不算低，但并不用伤感。为什么呢？因为现在市面上没有跟踪可选消费指数（000931）的基金，相当尴尬。可见，广大基金公司都不是很看好这个指数。但是，现在的暗淡不代表未来永远暗淡。未来随着中国社会经济的发展，可选消费指数说不定能走出另一番风景。

第四节 消费之首，中证白酒

前面我们讲主要消费指数的时候曾说过，主要消费里面包含白酒、包装食品和肉类、畜牧产品。我们也说了，因为2021年有些畜牧产品企业亏损较多，导致主要消费指数的市盈率都受到了影响。

有同学可能会说："我对畜牧业不了解，判断不清楚猪肉周期。我能不能选个更细分的行业指数，只买白酒行业，不买畜牧产品行业啊？"其实是可以的。这一节我们就介绍一下主要消费里面占比第一高的四级行业——白酒。

一、编制方法

跟踪白酒行业的指数叫中证白酒指数，选的是那些涉及白酒生产业务的公司作为成分股。本来是想选出50家公司的，但是数量不够。目前只有十多家公司是它的成分股，这算是成分股比较少的指数了（见表7-7）。在加权方式上，中证白酒采用的也是自由流通市值加权。

从表7-7中我们可以看到，茅台、汾酒、泸州老窖、五粮液，这几只股票的权重怎么都在15%左右徘徊？这几只股票的自由流通市值相差还挺多的，这是为怎么呢？这是因为，在编制方法中写了"单个本股的权重不超过 15%（期间可能超过 15%，每半年会调整回 15%）"。

表 7-7　中证白酒指数的成分股

成分股代码	成分股名称	成分股权重	一级行业	二级行业	三级行业	四级行业
600519.SH	贵州茅台	17.27%	主要消费	食品、饮料与烟草	饮料	白酒
600809.SH	山西汾酒	15.69%	主要消费	食品、饮料与烟草	饮料	白酒
000568.SZ	泸州老窖	15.03%	主要消费	食品、饮料与烟草	饮料	白酒
000858.SZ	五粮液	13.19%	主要消费	食品、饮料与烟草	饮料	白酒
002304.SZ	洋河股份	11.91%	主要消费	食品、饮料与烟草	饮料	白酒
000799.SZ	酒鬼酒	4.90%	主要消费	食品、饮料与烟草	饮料	白酒
603369.SH	今世缘	3.85%	主要消费	食品、饮料与烟草	饮料	白酒
000596.SZ	古井贡酒	3.06%	主要消费	食品、饮料与烟草	饮料	白酒
603589.SH	口子窖	2.84%	主要消费	食品、饮料与烟草	饮料	白酒
600779.SH	水井坊	2.34%	主要消费	食品、饮料与烟草	饮料	白酒
600559.SH	老白干酒	2.10%	主要消费	食品、饮料与烟草	饮料	白酒
603198.SH	迎驾贡酒	1.89%	主要消费	食品、饮料与烟草	饮料	白酒
000860.SZ	顺鑫农业	1.77%	主要消费	食品、饮料与烟草	饮料	白酒

（续）

成分股代码	成分股名称	成分股权重	一级行业	二级行业	三级行业	四级行业
600199.SH	金种子酒	1.65%	主要消费	食品、饮料与烟草	饮料	白酒
600197.SH	伊力特	1.12%	主要消费	食品、饮料与烟草	饮料	白酒
603919.SH	金徽酒	0.81%	主要消费	食品、饮料与烟草	饮料	白酒
002646.SZ	天佑德酒	0.56%	主要消费	食品、饮料与烟草	饮料	白酒

因此，茅台的自由流通市值就算再大，对指数的影响也是有限的，也就影响 15%左右。指数的涨跌，更多是看其他白酒企业的表现了。好在其他白酒企业也很争气，使得整个白酒行业的股价表现远超过主要消费指数（见表 7-8）。

表 7-8　白酒指数与主要消费指数的年化收益率对比

指数代码	指数名称	起始日期	起始点位	截止日期	截止点位	总年数	年化收益率
000932.SH	中证主要消费指数	2008-12-31	3017.07	2022-4-1	21302.07	13.25	15.89%
399997.SZ	中证白酒指数	2008-12-31	1000	2022-4-1	14099.64	13.25	22.10%

这时候估计有同学会得出结论了：白酒比主要消费涨得快，以后就应该买白酒指数，不买主要消费指数。其实，我们再往细了对比就会发现，白酒指数也一般，还是贵州茅台厉害。同期相比，主要消费指数的年化收益率为 15.89%，白酒指数的年化收益率为 22.1%，而贵州茅台股票的年化收益率为 28.17%（见表 7-9）。如果是按照"哪个涨得多就买哪个"的逻辑，自然应该是买茅台。

但为什么买了茅台股票却又不赚钱的人那么多呢？究其原因，是因为这几种投资工具对投资者能力的要求是不一样的。

表 7-9 中证白酒指数与贵州茅台的年化收益率对比

代码	名称	起始日期	起始点位	截止日期	截止点位	总年数	年化收益率
000932.SH	中证主要消费指数	2008-12-31	3017.07	2022-4-1	21302.07	13.25	15.89%
399997.SZ	中证白酒指数	2008-12-31	1000	2022-4-1	14099.64	13.25	22.10%
600519.SH	贵州茅台	200-12-31	66.41	2022-4-1	1780.01	13.25	28.17%

买沪深 300 这种宽基指数，只要求我们能判断出中国经济持续向好就行了，难度相对较低；如果要买主要消费这种一级指数，就得进一步要求我们能够判断主要消费行业的发展前景才行，难度提升了不少；如果我们要买白酒指数，就还得对整个白酒行业非常了解才行了。高端白酒有多大的市场空间？中低端白酒还有没有活路？

我们要买贵州茅台股票的话，那难度就更高了。茅台已有的基酒有多少吨？明年有多少吨飞天能上市？系列酒能做到多少量？飞天明后年价格能提到多少？未来的产能扩充能到多少？这些我们都得门清才行。

由此可见，投资并不是哪个涨得快就买哪个。而是我能搞懂哪个，才能去买哪个。有同学说："我最多只能搞懂沪深 300，实在搞不懂白酒行业。"那就只买沪深 300 指数，最终的成绩也会很不错的。

二、指数估值

中证白酒指数过去几年的年化利润增长率在 20%以上，未来可能无法持续这么高的利润增速了，我个人按照年化 18%来做预估。根据"对应表"，18%的利润增速，对应中值市盈率为 23 倍，上下浮动 20%，得出低估线为 18.4 倍，高估线为 27.6 倍。2022年 4 月 1 日，中证白酒指数的市盈率是 37.15 倍。可以再观察一段时间，看后面会不会有好机会。

三、指数基金

中证白酒指数的代码是 399997，跟踪这个指数的基金目前只有一只。虽然只有一只，但是由于白酒指数涨得多，买的人也就多，这只基金的规模还挺大（83.02 亿元），所以我们不用担心因为基金规模太小而清盘的问题（见表 7-10）。

表 7-10　中证白酒指数基金

基金类型	基金代码	基金名称	基金规模（亿元）	管理费率	托管费率	基金公司
场内基金	161725.SZ	白酒基金 LOF	605.83	1%	0.22%	招商基金
场外基金	012414.OF	招商中证白酒指数（LOF）C	83.02	1%	0.22%	招商基金

第五节　生老病死，中证医药

一、医药行业细分

生老病死是谁都无法躲避的人生循环。几乎所有人都希望自己生得健康一点，老得慢一点，病好得快一点，死得晚一点。因此，医药则成了每个人在解决了吃喝问题之后，最"刚需"的问题之一。医药行业如果要细分，可以分为"医"和"药"两个部分。

"医"主要是指医疗，其中包含医疗器械制造商和医疗服务的提供商。医疗器械制造商很好理解，比如心脏支架、人工耳蜗、核磁共振机，这些器械得有公司来研发制造。而医疗服务提供商里面包含的内容就多一些。像开医院、开疗养院的，这叫"医疗保健机构"。还有专门做透析中心的、做药房管理的、做核酸检测的，这些统称"医疗保健服务"。

"药"就是指药品。除了我们常见的化学药、中药，还有生物制剂这种听起来冷门但早已不冷门的药。此外，像药店这种药品经销商，也在这个品类里面。

中证给医药行业的分类，如表 7-11 所示。

表 7-11　中证医药行业的分类

一级行业		二级行业		三级行业		四级行业	
05	医药卫生	0501	医疗器械与服务	050101	医疗器械	05010101	医疗器械
				050102	医疗用品与服务提供商	05010201	医疗用品经销商
						05010202	医疗保健服务
						05010203	医疗保健机构
						05010204	医疗保健技术
		0502	医药生物	050201	生物科技	05020101	生物科技
				050202	制药	05020201	化学药
						05020202	中药
						05020203	药品经销商
				050203	制药与生物科技服务	05020301	制药与生物科技服务

二、成分股及权重

在中证体系里面，跟踪医药行业的指数是中证医药卫生指数（下面简称"中证医药"）。中证医药也是从中证 800 指数里面选成分股，加权方式也是自由流通市值加权。由于医药行业发展迅猛，它选出来的成分股数量就比较多了。到 2022 年 4 月 1 日，中证医药指数的成分股有 87 只，单只股票最高权重不能超过 10%。其前 20 大成分股，如表 7-12 所示。

表 7-12　中证医药指数的前 20 大成分股

成分股代码	成分股名称	成分股权重	一级行业	二级行业	三级行业	四级行业
603259.SH	药明康德	9.36%	医药卫生	医药生物	制药与生物科技服务	制药与生物科技服务
600276.SH	恒瑞医药	6.86%	医药卫生	医药生物	制药	化学药
300760.SZ	迈瑞医疗	6.21%	医药卫生	医疗器械与服务	医疗器械	医疗器械
300122.SZ	智飞生物	4.59%	医药卫生	医药生物	生物科技	生物科技
600436.SH	片仔癀	3.98%	医药卫生	医药生物	制药	中药
300142.SZ	沃森生物	3.57%	医药卫生	医药生物	生物科技	生物科技
300015.SZ	爱尔眼科	3.55%	医药卫生	医疗器械与服务	医疗用品与服务提供商	医疗保健机构
600196.SH	复星医药	2.68%	医药卫生	医药生物	制药	化学药
300347.SZ	泰格医药	2.35%	医药卫生	医疗器械与服务	医疗用品与服务提供商	医疗保健服务
000661.SZ	长春高新	2.26%	医药卫生	医药生物	生物科技	生物科技
002821.SZ	凯莱英	2.24%	医药卫生	医药生物	制药	化学药
002001.SZ	新和成	2.04%	医药卫生	医药生物	制药	化学药
000538.SZ	云南白药	1.74%	医药卫生	医药生物	制药	中药
300896.SZ	爱美客	1.71%	医药卫生	医疗器械与服务	医疗器械	医疗器械

（续）

成分股代码	成分股名称	成分股权重	一级行业	二级行业	三级行业	四级行业
300601.SZ	康泰生物	1.60%	医药卫生	医药生物	生物科技	生物科技
603392.SH	万泰生物	1.40%	医药卫生	医药生物	生物科技	生物科技
600763.SH	通策医疗	1.34%	医药卫生	医疗器械与服务	医疗用品与服务提供商	医疗保健机构
600085.SH	同仁堂	1.33%	医药卫生	医药生物	制药	中药
300363.SZ	博腾股份	1.31%	医药卫生	医药生物	制药	化学药
300759.SZ	康龙化成	1.30%	医药卫生	医药生物	制药与生物科技服务	制药与生物科技服务

我们乍一看表 7-12，好像"药"的占比多一些，"医"的占比少一些。我们再来看一下行业分布（见图 7-3）。确实，"药"这个品类占 77%，而"医"这个品类只占 23%。这个现象其实也很好理解，"药"这个分类的客户更广，规模效应也更强。开发一款新药投入巨大，小药厂根本投不起。因此，"药"类公司龙头效应明显，且规模往往会发展到很大。

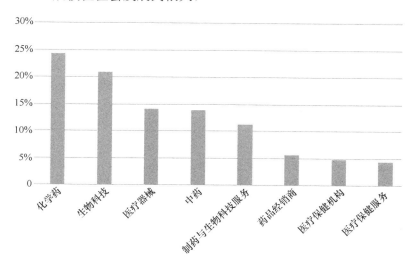

图 7-3　中证医药指数的行业分布

三、指数估值

人可以不喝白酒，但只要活着，就不可能不看病、不吃药。从这个角度看，医药行业的增速应该比白酒行业快很多才对。但实际情况是，医药作为民生行业，由于它的需求过于刚性了，所以各大医药公司的客户都从一个个独立的病人，慢慢变成了各国政府医保。独立的病人对医药公司是没有议价权的，但政府医保是很有议价权的。所以，医药行业的需求增长确实很快，但医药公司的利润增长并不见得也那么快。因为各国的医保部门，都会找医药公司砍价。

因此，我个人预估医药行业的利润增速时，给予了它比白酒行业更高的增速，但也没高太多。白酒行业我是按照 18%的利润增速来预估的，医药行业则按 20%的利润增速来预估。根据"对应表"，20%的利润增速，对应中值市盈率为 25 倍，上下浮动 30%，得出低估线为 17.5 倍，高估线为 32.5 倍。

2022 年 4 月 1 日，中证医药指数估值为 30.53 倍，处于合理偏高区间。看好医药行业的同学，可以根据自己的波动承受能力，选择对应的股债比例，适当定投。

四、指数基金

中证医药指数的代码是 000933，跟踪这个指数的基金有好几只，但规模都不大（见表 7-13）。这是为什么呢？主要是因为，目前市场认为，医药行业更适合用主动基金来跟踪。医药行业里面的大公司有哪些是明确的，大公司的核心产品是哪些也是明确的。理论上，主动基金经理可以预判大公司的核心产品什么时候被纳入医保、统一砍价。选择在砍价之后再买入，可在一定程度上躲开业绩下降。

表 7-13　中证医药指数基金

基金类型	基金代码	基金名称	基金规模（亿元）	管理费率	托管费率	基金公司
场内基金	159929.SZ	医药 ETF	8.8	0.5%	0.1%	汇添富基金
场外基金	160635.SZ	医药 LOF 基金	1.1	0.75%	0.15%	鹏华基金
	007077.OF	汇添富中证医药 ETF 联接 C	0.8	0.5%	0.1%	汇添富基金

但这只是理论上的可能性。有几只比较火的医药主动基金，由于规模太大，已经无法做什么挑选了，只能把龙头医药公司挨个买一遍。这种主动基金，本质上又变成了指数基金了。

第六节　中丐互怜，中概互联

要论 2021 年最惨指数，互联网行业绝对可以排到前几位。有多惨呢？我国网民很喜欢造词，2021 年甚至造了个新词叫"中丐互怜"。其大意是：由于互联网指数基金跌得太多了，持有这些基金的人已经亏成了"丐帮"。丐帮人和丐帮人，同是天涯沦落人，相互怜悯，因此叫"中丐互怜"。

这一节，我们就分析这个在 2021 年跌得很惨，但我个人却非常看好的互联网行业指数。

一、中概股与中概互联

说中概互联之前，要先搞清楚什么是中概股。中概股全称是中国概念股票，我们看字面意思就知道，这个词肯定不是在我国境内产生的。

确实，这个词最早是在我国香港地区产生的。当年有不少内地企业在香港上市，对于香港股民来说，这些公司就是"中国概念"。再到后来，又有很多企业跑到美国去上市了。对美国人民来说，这些公司就更是"中国概念"了。

"中概股"这个词就慢慢演化了几十年，现在主要的用法是指：中国境内企业跑到 A 股之外的股市上市的股票。

那"中概互联"又是什么呢？中概股中有不少是互联网企业。比如，阿里巴巴、腾讯、美团等。把中概股中的互联网行业的公司单独拎出来弄个指数，就是互联网指数。然后，有家基金公司说："我要发只基金来跟踪这个互联网指数。"这家公司给这只基金起了个名字，就叫：中概互联。

二、两个中国互联网指数

如果我们在中证指数官网搜"互联网"，会搜到一堆指数。也不知道是编指数不要钱还是什么原因，中证指数公司开发的互联网相关指数有 20 多个。我们常用的是框住的两个（见图7-4）：中证海外中国互联网 50 指数（代码 H30533，以下简称互联网 50）和中证海外中国互联网指数（代码 H11136，以下简称中国互联网）。

最开始，这俩指数编制规则一模一样。都是选择中国在境外股市上市的互联网公司，按照自由流通市值加权，单个股票的权重上限都是 10%。唯一的区别是：互联网 50 只能有 50 只成分股，而中国互联网指数的成分股可以超过 50 只。但是由于这么多年来，符合标准的互联网公司就没超过 50 家，所以两个指数成分股的数量、权重也几乎都是一样的。

包含“互联网”的指数搜索结果　没有找到想要的指数？可以试一试　指数浏览器　　为你找到相关记录 23 条，当前显示 1 至 20 条

指数代码/简称	样本数量	最新收盘	近1个月收益率(%)	资产类别	热点	地区覆盖	币种	合作指数	指数类别	发布时间
930625 SHS互联网	50	2392.57	▲17.57	股票	-	沪深港	人民币	否	主题	2015-04-21
931637 HKC互联网	30	989.69	▲24.05	股票	-	香港	港元	否	主题	2021-01-11
H30533 中国互联网50	43	7360.40	▲14.89	股票	-	全球	人民币	否	主题	2014-12-29
H30535 互联网	150	2652.84	▲11.73	股票	-	境内	人民币	否	主题	2015-01-12
930604 中国互联网30	30	8076.27	▲15.75	股票	-	全球	人民币	否	主题	2015-03-23
930794 中美互联网	21	2632.26	▲6.36	股票	-	全球	人民币	否	主题	2016-04-22
930796 全球中国互联网	30	1792.02	▲14.74	股票	-	全球	人民币	否	主题	2016-04-22
931120 中国互联网1040	42	3901.18	▲20.66	股票	-	全球	人民币	否	主题	2018-09-28
931638 港股互联网	30	1208.55	▲22.60	股票	-	香港	港元	否	主题	2021-01-11
950073 沪互联网	54	1632.20	▲14.04	股票	-	境内	人民币	否	主题	2015-05-29
H11136 中国互联网	42	4469.96	▲20.94	股票	-	全球	人民币	否	主题	2011-09-20

图 7-4　互联网相关指数

两个指数老是长得一个样怎么行？于是乎，中证指数公司在 2019 年 5 月发了个公告说：“以后，互联网 50 这个指数的规则要改一下，单个公司的权重上限从 10%改为 30%。”差距从此就拉开了。

虽然成分股的选择还是一样的，但是互联网 50 里面，腾讯和阿里巴巴这两家公司的权重可以达到 20%～30%。而在中国互联网这个指数里面，腾讯和阿里巴巴的权重只有 10%。我们一起看看两个指数在 2022 年 4 月 1 日的前 20 大成分股（见表 7-14）。

表 7-14　互联网 50 指数和中国互联网指数的前 20 大成分股

互联网 50 指数			中国互联网指数		
成分股代码	成分股名称	成分股权重	成分股代码	成分股名称	成分股权重
00700.HK	腾讯控股	31.19%	09988.HK	阿里巴巴-SW	10.67%
BABA.N	阿里巴巴	24.14%	00700.HK	腾讯控股	10.50%
03690.HK	美团-W	12.43%	09888.HK	百度集团-SW	7.66%

（续）

互联网50指数			中国互联网指数		
成分股代码	成分股名称	成分股权重	成分股代码	成分股名称	成分股权重
JD.O	京东	5.50%	09618.HK	京东集团-SW	7.17%
BIDU.O	百度	4.70%	03690.HK	美团-W	6.73%
NTES.O	网易	3.68%	01024.HK	快手-W	4.70%
01810.HK	小米集团-W	3.18%	09999.HK	网易-S	4.49%
PDD.O	拼多多	2.56%	TCOM.O	携程	4.38%
01024.HK	快手-W	1.61%	BZ.O	BOSS 直聘	4.26%
TCOM.O	携程	1.50%	PDD.O	拼多多	3.62%
BZ.O	BOSS 直聘	1.04%	06618.HK	京东健康	3.35%
06618.HK	京东健康	0.80%	BEKE.N	贝壳	3.15%
BEKE.N	贝壳	0.75%	YMM.N	满帮	3.08%
YMM.N	满帮	0.74%	09626.HK	哔哩哔哩-SW	2.51%
BILI.O	哔哩哔哩	0.50%	VIPS.N	唯品会	1.82%
VIPS.N	唯品会	0.44%	LU.N	陆金所控股	1.74%
LU.N	陆金所控股	0.42%	03888.HK	金山软件	1.52%
03888.HK	金山软件	0.36%	00241.HK	阿里健康	1.50%
00241.HK	阿里健康	0.36%	TME.N	腾讯音乐	1.41%
TME.N	腾讯音乐	0.34%	06060.HK	众安在线	1.03%

　　互联网行业是龙头效应最明显的行业。特别是平台型公司，一旦形成规模，小公司极难撼动它们的地位。所以，我个人认为在选互联网行业指数的时候，龙头公司权重占比越高越好。这两个指数里面，互联网50指数中腾讯、阿里巴巴占比为55%，而中国互联网指数中腾讯、阿里巴巴只占20%，我个人更喜欢互联网50指数。

三、指数估值

　　互联网行业的估值一直是个难题。除了腾讯、阿里巴巴以外的其他互联网企业，多数还处于亏损的状态。有的是战略亏损，有的是真亏损。亏损企业怎么估值？有看销售额的，有看活跃用户量的，有看现金流的。方法多种多样，谁也说不清楚哪种更合理。但是，好在互联网 50 指数里面，腾讯和阿里巴巴加起来占了一大半。

有个偷懒的估值方法，不妨我们就只看腾讯和阿里巴巴。以偏概全，如果腾讯和阿里巴巴的估值合理，那我们就认为整个指数估值合理；如果腾讯和阿里巴巴的估值高了，那我们就认为整个指数的估值高了。这个方法虽然简单粗暴，但是它的逻辑是通的。

美股、港股对龙头企业定价是有溢价的。对中小互联网公司的定价，我们也会参考对龙头企业的定价，横向对齐。有了这个大逻辑，然后我们来考虑一下预期利润增速和合理中值。

中国互联网行业发展这么多年，已经过了超快速发展期。指望它们出现 30% 以上的利润增速已经不现实了。未来 3～5 年，它们维持 15% 的利润增速，还是有可能的。根据对应表，15% 的利润增速对应的合理中值市盈率是 20 倍。波动范围是上下 20%，所以低估线为 16 倍，高估线为 24 倍。

2022 年 4 月 1 日，互联网 50 的市盈率是 15.46 倍（用腾讯和阿里巴巴的市盈率推算出来的），处于低估区间。个人认为，此时的互联网 50 指数很有投资价值。

在这里顺便说一下，前面讲其他指数的时候，有的指数我给的结论是"再观察一下"。不是说那些指数后面真的就不会涨了，只是说我个人对那些指数了解不深，此时不会去买。另外一个原因就是，对我个人而言，现在互联网行业指数的机会已经足够好了，我并不需要分心去买其他指数。

四、指数基金

跟踪互联网 50 指数的指数基金只有一家：场内基金是"易方达中概互联 50ETF"（513050），场外基金是"易方达中证海外 50ETF 联接人民币 A"（006327）。这俩是同一家基金公司一个系列的产品，场外基金是场内基金的联接基金。这个领域不但可选基金比较少，而且基金还经常因为外汇额度不足而限购，买起来很麻烦。

最后，我想到一个话题。有没有哪个指数可以完整地代表中国上市公司涨跌？我找了半天还真没找到。若真想做这样一个指数，应该是用沪深 300 指数和互联网 50 指数做个组合，这样就比较接近了。

第七节　闷声赚钱，中证银行

一、我们对银行的误解很深

在很多人心目中，银行板块就代表了涨得慢。给银行起的外号可多了，好像一旦买了银行股，就自暴自弃了一样。大家说银行不涨的理由貌似也很充足，比如盘子太大没人炒，业绩增长太慢，总市值占 A 股比例过高，等等。在众多热门行业炒家的嘲笑声中，银行指数低着头，默不作声。

银行指数是不是真的这么不争气呢？我们一起看看数据。中证银行指数从 2004 年 12 月 31 日的 1000 点，到 2022 年 4 月 1 日的 6521.02 点，历经 17.25 年，年化收益率为 11.48%。这是价格指数，没考虑分红。要是算上分红，年化收益率会在 14.5%左右。

如此之高的收益率，放到哪看都是个优等生。可见，不能因为人家银行没题材、没热点，就误以为它不涨。银行是涨的，只是涨得比较静，不太惹人注意。

二、编制方法及成分股权重

中证银行指数在选成分股时，基本是把 A 股属于银行业的股票全部纳入了。有新银行上市，就会增加成分股。比如，2014 年的时候，中证银行指数还是 16 只成分股，到 2018 年变成了 25 只，到 2022 年已经是 40 只成分股了。中证银行指数按照自由流通市值加权。当样本量在 10～50 只时，单只股票权重不超过 15%；当样本量在 50～100 只时，单只股票权重不超过 10%。现在是 40 只成分股，所以单只股票权重不超过 15%。截至 2022 年 4 月 1 日，中证银行指数的前 20 大成分股的权重情况，如表 7-15 所示。

表 7-15　中证银行指数的前 20 大成分股

成分股代码	成分股名称	成分股权重	一级行业	二级行业	三级行业	四级行业
600036.SH	招商银行	13.45%	金融地产	银行	商业银行	综合性银行
601166.SH	兴业银行	12.90%	金融地产	银行	商业银行	综合性银行
601398.SH	工商银行	7.18%	金融地产	银行	商业银行	综合性银行
000001.SZ	平安银行	6.41%	金融地产	银行	商业银行	综合性银行
002142.SZ	宁波银行	6.36%	金融地产	银行	商业银行	区域性银行
601328.SH	交通银行	6.03%	金融地产	银行	商业银行	综合性银行
601288.SH	农业银行	4.64%	金融地产	银行	商业银行	综合性银行
600016.SH	民生银行	4.07%	金融地产	银行	商业银行	综合性银行
600000.SH	浦发银行	4.03%	金融地产	银行	商业银行	综合性银行
600919.SH	江苏银行	3.58%	金融地产	银行	商业银行	区域性银行
601988.SH	中国银行	2.96%	金融地产	银行	商业银行	综合性银行
601169.SH	北京银行	2.91%	金融地产	银行	商业银行	区域性银行

（续）

成分股代码	成分股名称	成分股权重	一级行业	二级行业	三级行业	四级行业
601229.SH	上海银行	2.83%	金融地产	银行	商业银行	区域性银行
601658.SH	邮储银行	2.52%	金融地产	银行	商业银行	综合性银行
601818.SH	光大银行	2.34%	金融地产	银行	商业银行	综合性银行
601009.SH	南京银行	2.29%	金融地产	银行	商业银行	区域性银行
601939.SH	建设银行	1.81%	金融地产	银行	商业银行	综合性银行
600926.SH	杭州银行	1.79%	金融地产	银行	商业银行	区域性银行
600015.SH	华夏银行	1.47%	金融地产	银行	商业银行	综合性银行
601838.SH	成都银行	1.40%	金融地产	银行	商业银行	区域性银行

大家看这张表的时候，可以着重看一下招商银行和工商银行。在 2022 年 4 月 1 日，招商银行的总市值为 1.2 万亿元，权重占比 13.45%。工商银行的总市值为 1.6 万亿元，比招商银行大，但权重占比却只有 7.18%。这是因为工商银行的自由流通股份数比较少，而这个指数是按照自由流通市值加权的。

三、指数估值

银行业是百业之母，只要中国经济能维持增长，银行业就能维持增长，所以它的增长确定性是很强的。同时，由于银行业还承担着为实体经济兜底的职责，一旦经济出现较大波动，银行势必会出现坏账，影响利润增速。我们在预估银行业的利润增速时，既不能过于悲观，又不宜过于乐观。

我个人是按年化 4%来给银行业做利润增速预估的，比 GDP 增速稍低一点点。根据对应表，4%对应的合理市盈率是 12 倍。由于银行业杠杆较高，所以对合理中值市盈率打 8 折，调整后的中值市盈率为 9.6 倍。其估值波动范围为上下 20%，可以知道低估线为 7.68，高估线为 11.52。2022 年 4 月 1 日，中证银行的市盈率为 5.85 倍，处于低估区域。长期看，银行指数很具有投资价值。

四、指数基金

中证银行指数的代码是 399986，市面上跟踪这个指数的基金有很多，且规模都还不小（见表 7-16）。我统计这个数据的时候很惊讶，没想到平日里在网络上没什么声音的银行指数基金，竟有这么大的规模。看来很多同学都是在闷声赚钱啊。

表 7-16　银行指数基金

基金类型	基金代码	基金名称	基金规模（亿元）	管理费率	托管费率	基金公司
场内基金	512800.SH	银行 ETF	101.8	0.5%	0.1%	华宝基金
	515290.SH	银行 ETF 天弘	71.9	0.5%	0.1%	天弘基金
场外基金	001594.OF	天弘中证银行 ETF 联接 A	21.8	0.5%	0.1%	天弘基金
	161723.OF	招商中证银行指数 A	15.3	1%	0.2%	招商基金

第八章
聪明贝塔指数基金与主动基金

前面两章我们介绍的指数（宽基指数和行业指数），都是"市值策略指数"。市值策略指数是按市值大小来选成分股的，也是按照市值大小来进行加权的。市值越大的公司在指数里面占比越高，公司市值太小了就会被清理出指数。历史经验表明，这种策略很是有效。

它背后的大逻辑是：市场经济里，大公司比小公司生存能力更强。我们买东西的时候，往往更喜欢买大公司的产品，哪怕它贵一点都可以。我们会觉得大公司的产品质量会更好、售后会更好，因此大公司的生意更好做。在经济不好的时候，大小公司都会遇到困难。不同的是，大公司遇到困难可能会裁员，而很多小公司可能就直接倒闭了。通常来说，大公司的抗风险能力会更强。

那如何来确定一家公司是大公司呢？市值策略指数用了个偷懒的方法：谁的市值大，我就认为谁是大公司。虽然股市经常会"犯傻"，给一些"垃圾"公司很高的市值，由此混进指数。但用不了多久，"垃圾"公司会原形毕露，市值下降之后又被指数清理出去。在市值策略指数里面，长期占据主要位置的，都还是些很不错的公司和真正的大公司。

市值策略指数很有效，先卖这种指数基金的公司也发了财。华尔街其他公司看着眼红，也想卖指数基金。但问题是，别人先做的，做得还挺好，一个后来者要怎么竞争呢？总要搞点创新，弄点不一样的，才好跟客户说。于是乎，就有人想到：你用市值策略，我可以用的别的策略。比如，我专门挑分红高的股票组个指数，或者专门挑市盈率低的股票组个指数，没准比别人跑得更快。

这就是聪明贝塔指数了。从这个名字就可以看出，这个系列指数的开发者是希望自己的指数比市值策略指数更聪明。

这一章，我们把几个比较有代表性的聪明贝塔指数介绍给大家。买不买倒是后话，咱可以先了解一下。在本章最后一节，我们会介绍如何挑选主动基金，还会介绍几位明星基金经理。主动基金的挑选方法与指数基金很不一样，选人比选指数要难。

第一节　中证红利指数

曾有位同学提问："天马，你能不能把所有红利指数都分析一遍，我从里面挑最好的买？"听到这个需求时，我差点懵了，主要是因为红利指数是个很大的家族。我们到中证指数网站上搜索"红利"，会搜出来 60 个指数。我真要是全分析一遍，不知道要分析到猴年马月。

还是我之前举的那个例子：试卷上有 100 道题，咱们没必要每道都研究一遍再做。直接挑一道简单题，把它做好就完事了。对投资来说，做对一道题就是优秀。咱们选个比较有代表性的，比如中证红利指数。

一、编制方法

中证红利指数是在整个 A 股里面选成分股，按照过去两年的平均税后现金股息率由高到低进行排名，取前 100 名。要注意，股息率和分红率是不一样的。股息率是股息/股价，而分红率是股息/净利润。股息率与股价有关，分红率与股价无关。比如，工商银行就规定了，每年都把净利润的 30%作为分红发给股东。这是分红率，而不是股息率。

中证红利指数是股息率加权的，基本上可以简单地理解为：股息率越高，权重越高。中证红利指数的样本股每年只调整一次，调整时间是每年 12 月的第二个星期五的下一交易日，而大多数中证系指数是每年调整两次。

二、成分股及权重

按照这样的编制方法，到 2022 年 4 月 1 日，中证红利指数选出来的成分股，如表 8-1 所示。乍一看这张表，其前四大权重股里面有三只是能源行业的，有可能会让人误以为能源行业在指数里占比最高。

表 8-1　中证红利指数的成分股

成分股代码	成分股名称	成分股权重	一级行业	二级行业
600188.SH	兖矿能源	3.17%	能源	能源
600327.SH	大东方	2.45%	可选消费	汽车与汽车零部件
601666.SH	平煤股份	2.06%	能源	能源
601088.SH	中国神华	1.99%	能源	能源
600325.SH	华发股份	1.85%	金融地产	房地产
600479.SH	千金药业	1.70%	医药卫生	医药生物
600153.SH	建发股份	1.62%	工业	交通运输
600376.SH	首开股份	1.52%	金融地产	房地产
600985.SH	淮北矿业	1.50%	能源	能源
000090.SZ	天健集团	1.41%	工业	资本品
002763.SZ	汇洁股份	1.39%	可选消费	耐用消费品与服装
601006.SH	大秦铁路	1.36%	工业	交通运输
600282.SH	南钢股份	1.31%	原材料	原材料
600971.SH	恒源煤电	1.28%	能源	能源
000036.SZ	华联控股	1.27%	金融地产	房地产
600389.SH	江山股份	1.26%	原材料	原材料
600729.SH	重庆百货	1.25%	可选消费	零售业
601328.SH	交通银行	1.25%	金融地产	银行
000656.SZ	金科股份	1.24%	金融地产	房地产
600350.SH	山东高速	1.24%	工业	交通运输

但实际上，在中证红利指数中行业占比最高的竟是金融地产，第二是可选消费，第三才是能源行业（见图8-1）。这是为什么呢？因为这个指数是按股息率加权。中证红利选出来的成分股，股息率都挺高，且绝对值也没差多少。高一点的股息率能有个4%～5%，一般的股息率也有2%～3%。所以中证红利这个指数成分股的权重就比较平均，我们只看前几大成分股，是看不出整体行业占比的。

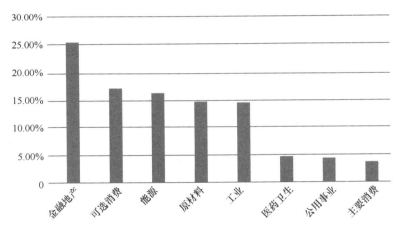

图8-1　中证红利指数的行业分布

三、指数估值

中证红利指数选的是股息率高的股票，一旦某只股票股价涨多了，那它的股息率就会大幅降低，最终被移出指数。我们很难判断指数成分股未来几年的利润增速，甚至很难判断明年都还有哪些成分股留在指数里面。

因此，中证红利指数没办法按照我们前面讲的估值方法来估值。更尴尬的是，我也想不到还有什么别的估值方法可以给它估值。不光是红利指数，本章要分析的另外三个聪明贝塔指数，我也都没有找到合适的方法来做估值。

给聪明贝塔指数估值，对我来说属于"太难"的题。好在投资不用把所有题都做了，只做简单的题就行了。对我个人而言，投资重点都放在宽基指数和行业指数上，聪明贝塔指数只用来做学术研究。当然，指数很难估值并不代表它收益不好。从 2004 年 12 月 31 日到 2022 年 4 月 1 日，中证红利指数从 1000 点涨到了 5357.43 点，年化收益率为 10.22%。这个收益率超过沪深 300 指数。由此可见，不是人家中证红利不优秀，只是我看不懂人家的优秀而已。

四、指数基金

中证红利指数的代码是 000922，目前跟踪该指数且规模较大的基金，如表 8-2 所示。

表 8-2　中证红利指数基金

基金类型	基金代码	基金名称	基金规模（亿元）	管理费率	托管费率	基金公司
场内基金	515180.SH	红利 ETF 易方达	16.6	0.15%	0.05%	易方达基金
	515080.SH	中证红利 ETF	9.1	0.2%	0.1%	招商基金
场外基金	090010.OF	大成中证红利指数 A	30.6	0.75%	0.15%	大成基金
	009051.OF	易方达中证红利 ETF 联接 A	4.7	0.15%	0.05%	易方达基金

鉴于不知道如何估值，也就很难判断何时买它。先留待观察

吧，没准后面哪天突然想出来什么估值方法，我会在我的公众号上发文说明的。

第二节 300 价值与 300 成长

中证指数公司出了一个系列指数，叫"沪深 300 风格指数"。这个系列中，有两个最主要的指数。一个是根据价值因子评分，在沪深 300 中选前 100 名的 300 价值指数；还有一个，是根据成长因子评分，在沪深 300 中选前 100 名的 300 成长指数。

它俩同年同月同日生，都是以 2004 年 12 月 31 日为基日，以 1000 点为基点。可是几年之后，跟踪它们的基金的命运，却截然不同。

一、300 价值指数

300 价值指数，选成分股的时候看的是价值因子。价值因子说起来就复杂了。价值因子包含四个变量：股息收益率（D/P）、每股净资产与价格比率（B/P）、每股净现金流与价格比率（CF/P）、每股收益与价格比率（E/P）。

根据这四个变量对沪深 300 指数的成分股进行打分，加起来算个平均值，得出每只成分股的价值得分。得分高的前 100 名，就纳入 300 价值指数了。请注意，被纳入 300 价值的成分股，加权方式是自由流通市值加权，和沪深 300 指数一样。加权的时候就和价值因子没关系了，只在选成分股的时候有关。到 2022 年 4 月 1 日，300 价值指数的前 20 大成分股，如表 8-3 所示。

表 8-3 300 价值指数的前 20 大成分股

成分股代码	成分股名称	成分股权重	一级行业	二级行业
600036.SH	招商银行	8.38%	金融地产	银行
601318.SH	中国平安	7.59%	金融地产	保险
601166.SH	兴业银行	4.35%	金融地产	银行
600900.SH	长江电力	3.62%	公用事业	公用事业
600030.SH	中信证券	2.96%	金融地产	资本市场
601398.SH	工商银行	2.42%	金融地产	银行
000651.SZ	格力电器	2.21%	可选消费	耐用消费品与服装
000001.SZ	平安银行	2.16%	金融地产	银行
601328.SH	交通银行	2.03%	金融地产	银行
000002.SZ	万科 A	1.89%	金融地产	房地产
000725.SZ	京东方 A	1.87%	信息技术	计算机及电子设备
600048.SH	保利发展	1.84%	金融地产	房地产
601668.SH	中国建筑	1.65%	工业	资本品
601288.SH	农业银行	1.56%	金融地产	银行
600837.SH	海通证券	1.44%	金融地产	资本市场
601088.SH	中国神华	1.42%	能源	能源
601919.SH	中远海控	1.42%	工业	交通运输
300498.SZ	温氏股份	1.42%	主要消费	食品、饮料与烟草
600016.SH	民生银行	1.37%	金融地产	银行
600585.SH	海螺水泥	1.37%	原材料	原材料

成分股行业分布情况是：300 价值里面共有 100 只成分股，其中 21 只是银行股，占总权重大约 33%。金融地产一共占了 60%。但从成分股分布上看，300 价值指数有点像个低市盈率版的金融地产指数（见图 8-2）。

从 2004 年 12 月 31 日的 1000 点，到 2022 年 4 月 1 日，300 价值指数涨到了 4709.52 点。这 17.25 年的年化收益率是 9.4%，稍

稳健投资：年化10%收益率的基金组合

稍高于沪深 300 指数。

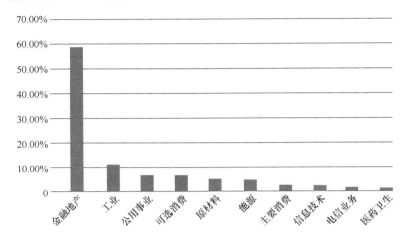

图 8-2　300 价值指数的行业分布

300 价值指数的代码是 000919。目前跟踪它的主要有两只基金，且都是场外基金，暂无跟踪它的场内基金（见表 8-4）。

表 8-4　300 价值指数基金

基金类型	基金代码	基金名称	基金规模（亿元）	管理费率	托管费率	基金公司
场外基金	519671.OF	银河沪深 300 价值指数 A	31.4	0.5%	0.15%	银河基金
	310398.OF	申万菱信沪深 300 价值指数 A	12.5	0.65%	0.15%	申万菱信基金

二、300 成长指数

300 成长指数选成分股的时候看的是成长因子。成长因子包含三个变量：主营业务收入增长率、净利润增长率和内部增长率。

选成分股的时候也是先打分，再排名，排名前 100 成为成分股。加权方式也是自由流通市值加权。

大家发现没有，成长因子与价值因子有个最大的区别，就是价值因子每个值都考虑了与股价的比较。但是成长因子只是单纯计算这个值本身的增长率，与股价无关。

300 成长指数选出来的前 20 大成分股，如表 8-5 所示。

表 8-5　300 成长指数的前 20 大成分股

成分股代码	成分股名称	成分股权重	一级行业	二级行业
601012.SH	隆基绿能	5.37%	工业	资本品
000858.SZ	五粮液	5.17%	主要消费	食品、饮料与烟草
300059.SZ	东方财富	3.83%	金融地产	资本市场
600276.SH	恒瑞医药	2.83%	医药卫生	医药生物
601888.SH	中国中免	2.76%	可选消费	零售业
002475.SZ	立讯精密	2.69%	信息技术	计算机及电子设备
002714.SZ	牧原股份	2.57%	主要消费	食品、饮料与烟草
000568.SZ	泸州老窖	2.34%	主要消费	食品、饮料与烟草
000725.SZ	京东方 A	2.22%	信息技术	计算机及电子设备
600309.SH	万华化学	2.18%	原材料	原材料
600809.SH	山西汾酒	2.14%	主要消费	食品、饮料与烟草
002812.SZ	恩捷股份	2.02%	原材料	原材料
300274.SZ	阳光电源	1.92%	工业	资本品
603288.SH	海天味业	1.90%	主要消费	食品、饮料与烟草
300122.SZ	智飞生物	1.90%	医药卫生	医药生物
300124.SZ	汇川技术	1.80%	工业	资本品
600031.SH	三一重工	1.79%	工业	资本品
603501.SH	韦尔股份	1.73%	信息技术	计算机及电子设备
601919.SH	中远海控	1.69%	工业	交通运输
600436.SH	片仔癀	1.64%	医药卫生	医药生物

　　行业分布如下：300 成长指数的行业分布要比 300 价值更分散一些，两个指数的成分股重合度也是很低的（见图 8-3）。

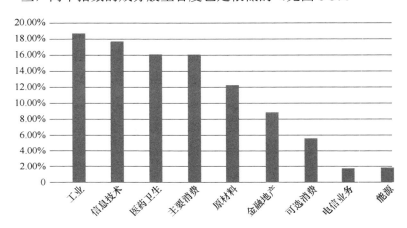

图 8-3　300 成长指数的行业分布

　　300 成长指数在 2022 年 4 月 1 日的点位是 5513.12 点，从 2004 年底起年化收益率有 10.4%，收益率比 300 价值高了 1%。

　　在寻找跟踪这个指数的基金时，我发现一个悲惨的现实。唯一跟踪这个指数的一只基金，已经被清盘了。

　　300 成长指数代码是 000918，曾跟踪它的基金叫"银河沪深 300 成长分级"（161507）。2013 年 3 月成立，挺到了 2015 年的牛市。它是分级基金，2015 年上半年，由于子基金溢价，导致大量套利资金申购母基金分拆套利。2015 年下半年，又由于子基金折价，导致不停地有套利资金买入子基金赎回这只基金。终于把它给赎成了迷你基金（0.1 亿份）。

　　后来，"一行两会"又发布《关于规范金融机构资产管理业务的指导意见》，要求总规模在 3 亿份以下的分级基金在 2019

年 6 月底之前完成整改。这只基金在 2018 年 11 月就自我了断，清盘了。

　　大家投资指数基金的时间普遍比较短，可能还没见过基金清盘。通过这个案例带大家看一下，基金是会清盘的。清盘就是基金不搞了，关门了，钱还你。所以我们在选基金的时候，尽量选规模大一点的，好歹 2 个亿起步，它被清盘的概率会小很多。

　　300 价值和 300 成长两个收益率差不多的指数，跟踪它们的基金一只还有几十亿元规模，一只已经清盘。是不是有点戏剧化？

第三节　基本面 50 指数

　　基本面 50 指数的全称是：中证锐联基本面 50 指数。之所以叫这个名，是因为这个指数是中证指数与锐联资产两家公司合作开发的，是国内第一只基本面指数。

一、编制方法

　　这个指数采用的编制方法叫"基本面价值"法。其中不光有"价值"，还有"基本面"，光看名字就知道规则很复杂。所谓基本面价值，就是计算一家公司的四个基本面指标，包括营业收入、现金流、净资产、分红，分别计算每个指标占整个股市的百分比（严格地讲，并不是整个股市，这里大家先这么理解即可）。然后把这四个百分比数据相加，再除以 4，得出来该公司的基本面得分。根据这个得分做个排名，排到前 50 的就是成分股了。

加权方式是得分越高，权重越高。不是按市值加权，而是按得分加权，很奇特。传统的市值加权方法，就是简单粗暴看市值。大市值的公司权重高，小市值的公司权重低（说也奇怪，这么简单的策略，效果竟然一直很好）。而基本面价值加权希望不要看市值这么外在的东西，那看点内在的。于是就开始通过基本面计算得分，然后加权。

从 2004 年 12 月 31 日的 1000 点，到 2022 年 4 月 1 日，这个指数涨到了 4001.91 点，这 17.25 年的年化收益率是 8.37%，这个收益率略低于沪深 300 指数。可见，并不是规则越复杂的指数收益就越高。有时候规则简单的指数效果更好。

二、成分股及权重

按照这样的编制方法，基本面 50 指数具体选出了哪些成分股呢？我们来看看截至 2022 年 4 月 1 日该指数的前 20 大成分股（见表 8-6）。

表 8-6　基本面 50 指数的前 20 大成分股

成分股代码	成分股名称	成分股权重	一级行业	二级行业
601318.SH	中国平安	7.29%	金融地产	保险
601668.SH	中国建筑	5.60%	工业	资本品
601166.SH	兴业银行	5.10%	金融地产	银行
600036.SH	招商银行	4.55%	金融地产	银行
601328.SH	交通银行	4.22%	金融地产	银行
601398.SH	工商银行	3.86%	金融地产	银行
600016.SH	民生银行	3.09%	金融地产	银行
600104.SH	上汽集团	3.05%	可选消费	汽车与汽车零部件

（续）

成分股代码	成分股名称	成分股权重	一级行业	二级行业
600048.SH	保利发展	3.00%	金融地产	房地产
601288.SH	农业银行	2.77%	金融地产	银行
600028.SH	中国石化	2.69%	能源	能源
000002.SZ	万科A	2.66%	金融地产	房地产
601390.SH	中国中铁	2.66%	工业	资本品
600900.SH	长江电力	2.57%	公用事业	公用事业
601669.SH	中国电建	2.40%	工业	资本品
601088.SH	中国神华	2.30%	能源	能源
600000.SH	浦发银行	2.23%	金融地产	银行
600050.SH	中国联通	2.12%	电信业务	电信服务
601988.SH	中国银行	2.06%	金融地产	银行
601186.SH	中国铁建	1.97%	工业	资本品

　　这个指数的成分股来自于沪深两市，但我们从表 8-6 中会发现，实际选出来的成分股多数是上交所的股票，深交所股票在里面的比例是很少的，只有不到 10%。

　　分析成分股的市值时，我们会发现一个更有趣的事情：虽然基本面指数本意是想避开市值因素对指数的影响。没想到选出来的成分股的市值竟然清一色很大。人生有时候就是这样，你越想躲开什么，就越躲不开什么。

　　我们再来看一下行业分布情况：基本面 50 指数里面金融地产占了 55%，严重偏科，这个数据和 300 价值指数有一拼了。排名第二的行业是工业行业，里面主要是中国建筑、中国中铁、中国电建、中国铁建等大型国企（见图 8-4）。

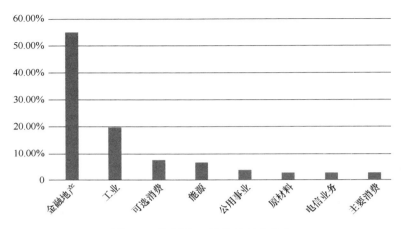

图 8-4　基本面 50 指数的行业分布

三、指数基金

基本面 50 指数的代码是 000925，跟踪这个指数的基金被嘉实基金包圆了。其中，基本面 50ETF（512750）是场内基金。而基本面 50LOF（160716）既是场内基金，又是场外基金，但是场内的成交量远小于基本面 50ETF（见表 8-7）。因此，大家如果要选这个指数的场内基金，尽量选成交量更大的基本面50ETF。

表 8-7　基本面 50 指数基金

基金类型	基金代码	基金名称	基金规模（亿元）	管理费率	托管费率	基金公司
场内基金	512750.SH	基本面50ETF	1.2	0.5%	0.1%	嘉实基金
场外基金	160716.SZ	基本面50LOF	9.8	1%	0.18%	嘉实基金

第四节 主动基金怎么选

曾经有同学问过我一个问题,他说:"天马,是张坤业绩好,还是朱少醒业绩好?"

我说:"都挺好。"

他问:"那我应该选哪个呢?"

我说:"你这个问题看似很简单,实则非常复杂。"

这位同学问的这个问题就有点像女孩子选老公,并不是哪个男生业绩最好就选哪个。要选那个"你懂他、他也懂你"的,这样的日子才过得长久。

我们选主动基金经理也是差不多的道理。只不过主动基金经理一个人要服务众多客户,他不太可能跑来懂我们,就只能我们单方面去弄懂他了。这一节,我们就详细来说说要如何在万千基金经理之中,选出适合我们的主动基金经理。

一、什么是主动基金

主动基金就是基金经理主动选择买股票的基金。作为基金经理,我在基金里想买茅台就买茅台,想买比亚迪就买比亚迪,不需要受到一张指数清单的约束。与之对应的就是指数基金(被动基金),基金经理只能严格按照指数清单上面的"配方"来买股票,不可以自由发挥。

我们在市场上提起主动基金,指的一般都是主动股票基金。但其实,债券基金里面也是有主动基金和指数基金之分的。我们在第四章里面提到的债券基金,全都是主动债券基金。之所以没提指数债券基金，是因为这个品类还比较小。等以后指数债券基金品种多了，我们再详细介绍它。

本节后面所提到的"主动基金"这个词，将按照现在市场的习惯，特指主动股票基金。

二、主动基金怎么选

我们买主动基金时，看似是在买基金，实则是在雇用基金经理。我们把钱给他，让他帮忙理财。A 股有一两千名主动基金经理，要怎么找呢？有道是"真金不怕火炼"，好基金经理不怕时间考验。我们在选基金经理时，一定要选入行时间长且名列前茅的基金经理。我总结了三个筛选条件。

（1）基金成立满 9 年。

（2）基金经理管理该基金满 9 年。

（3）基金经理任职年化收益率排名全市场前 10 名。

为什么是 9 年？在 2022 年的时点，9 年前是 2013 年。那时上证指数为 2100 点，是上上轮熊市的低点。从那时候入行到 2022 年，至少已经经历了两轮牛熊。期间有 2013 年的低谷、2015 年的疯牛、2016 年的熔断、2018 年的灰熊、2020 年的新冠肺炎疫情……股市起起伏伏，各种突发情况。

经历过这些且成绩依旧优秀，才能说明这些基金经理的投资能力是真的很出众。也只有经历过这些，才让他们能更好地应对未来的风险，这是新手基金经理无法从书本上学到的。

资产管理这个行业，经验是非常非常重要的。有些入行两三年的新手基金经理，在牛市时业绩好得不得了，到了熊市就跌得稀里哗啦，这就是没经验的代价。9 年这条线一划，那些窜天猴基金的雷，我们就躲过去了。

我把全市场几千只基金按照这三条进行了筛选，然后按照任职年化收益率进行排名，排名前 10 的基金和基金经理，如表 8-8 所示。

谢志宇、张坤、朱少醒……我们有了一个名单，能上这个名单，至少说明他们经验丰富且历史业绩非常优秀。那是不是现在就可以买他们的基金了呢？并不是。我们还要去了解基金经理的投资理念。我们要看这位基金经理，在这个成绩的背后，是怎么思考的。

那要如何了解基金经理的理念呢？资料主要有两个来源。

首先是基金季报（包括年报、半年报）。基金的季报在很多地方都可以获取，买基金的网站基本上都会提供，我个人比较习惯在天天基金网站上面下载。打开任意基金的页面，在"基金公告"栏目下面，选择"定期报告"，就能找到这个基金的季报。

基金季报里面内容很多，大家不用全都看，重点看"管理人对报告期内基金的投资策略和业绩表现的说明"这一部分就可以了。大家可以尝试从基金经理到这只基金任职的那一期开始看起。比如，张坤是 2012 年三季度开始任职的，那就从 2012 年三季报开始看起，结合每一年股市的行情，一期一期看过来。

这种感觉很像看连载小说，让我们判断基金经理当时说的话是有道理还是没道理。同时也可以判断这么多年来，他的言行是否一致。有的基金经理很喜欢说大话空话，嘴上说自己是价值投资、逆向投资，实际上什么股票火就买什么，我们通过查季报方式，就可以把他们排除了。

其次是基金经理的各种访谈材料。基金经理通常会接受记

表 8-8　排名前 10 的基金和基金经理

排名	基金代码	基金名称	基金规模（亿元）	基金发行日期	基金经理	基金经理任职日期	任职年数	任职年化收益率	期间沪深 300 年化收益率	基金跑赢沪深 300
1	163406.SZ	兴全合润 LOF	271.2	2010-03-22	谢治宇	2013-01-29	9.2	22.75%	5.33%	17.42%
2	110011.OF	易方达优质精选混合（QDII)	168.7	2008-05-28	张坤	2012-09-28	9.5	20.41%	7.06%	13.35%
3	370024.OF	上投摩根核心优选混合 A	13.7	2012-10-24	孙芳	2012-11-28	9.3	20.26%	7.67%	12.59%
4	161005.SZ	富国天惠 LOF	309.9	2005-09-19	朱少醒	2005-11-16	16.4	19.21%	10.32%	8.89%
5	377240.OF	上投摩根新兴动力混合 A	75.3	2011-06-15	杜猛	2011-07-13	10.7	18.61%	3.17%	15.44%
6	166011.SZ	中欧盛世 LOF	4.9	2012-02-15	魏博	2013-03-29	9.0	18.49%	6.12%	12.37%
7	270028.OF	广发制造业精选混合 A	23.0	2011-08-19	李巍	2011-09-20	10.5	17.95%	4.55%	13.40%
8	260116.OF	景顺长城核心竞争力混合 A	14.3	2011-11-21	余广	2011-12-20	10.3	17.75%	5.87%	11.88%
9	110001.OF	易方达平稳增长混合	33.4	2002-07-30	陈皓	2012-09-28	9.5	16.90%	7.06%	9.85%
10	110022.OF	易方达消费行业股票	237.3	2010-07-26	萧楠、王元春	2012-09-28	9.5	16.79%	7.06%	9.73%

者的采访，说说自己的投资理念。大家可以在微信上搜一搜，比如搜"基金经理名字+采访"，找一些浏览量比较大的采访稿看一看。基金季报是基金经理的自述，而这些访谈材料是基金经理回答记者的问题，角度不太一样。对我们来说，算是一种辅助研究资料。

把基金经理的季报和访谈材料都看完了，基本就能得出我们对这位基金经理的判断了。这个判断是很主观的，不同人看完相同的资料，得出的结论可能完全相反。没关系，在选基金经理这件事上，没有绝对的真理，选择适合自己的就好。

下面我举几个我自己的研究结论吧，供大家参考。

首先是张坤。我觉得，张坤是中国最像巴菲特的基金经理。他研究的公司非常多，但买的很少，持仓非常集中。他看好的公司，他会买很大仓位。比如白酒的龙头股，这么多年来，在他的组合里的比重，一直占 30%以上。这个比例是很高的，要顶着很大压力的。

张坤不会去主动择时，判断一下股市后面会不会跌之类的。就是长久地陪伴他认可的伟大公司，跟他一起成长，5 年、10 年，甚至更久。这个理念，很巴菲特很像。

比如朱少醒，我觉得他是中国最像彼得·林奇的基金经理，持仓比较分散。他是学金融工程出身，比较重视组合风险控制。他再看好的公司，也不会给特别大的仓位。所以他组合里面经常有百十来只股票。

再比如谢治宇，我觉得他是中国最有个人特色的基金经理，在国际上找不到对标的人物。他的组合是有自己独特的风格的，持仓既不分散，也不集中。既强调选股、强调估值，又会做择时。他的择时不是靠控制仓位来实现的，而是通过选不同风格的股票来实现的。

总之，就是他有一套自己的体系，我个人很难完全理解他的体系，但这并不妨碍他是一名非常优秀的基金经理。

这三位基金经理业绩都很好，但是理念和风格各不相同。我们要做的，就是从里面选择我们自己看得懂的。当我们搞清楚一位基金经理的理念，并且非常认同之后，我终于要进入最后一步了：选基金。

通常来说，一位基金经理同时会管理多只基金。并且他会把最老的一只当作代表作基金。代表作基金对基金经理来说很重要，这是他们的名誉，他们会誓死保卫这些老基金的成绩。因此，如果要选，我倾向于选择基金经理的代表作基金。

主动基金就这么选。大家是不是觉得有点复杂？复杂就对了，毕竟选人用人是这个世界上最难的事情。讲到这，我还是要强调一下，主动基金再好，也是有波动的。

比如朱少醒的那只基金，业绩是 16 年 18 倍，年化收益率为 19.2%，这个业绩比同期一线城市的房子收益还高。但它波动也很大，最大回撤出现在 2008 年，回撤将近 60%；2015 年半年，回撤 45%左右；2018 年时，回撤了 38%。

作为一只股票类的主动型基金，有这样的回撤是很正常的。大家在选择时，一定要先评估自己的波动承受能力，然后再买基金。如果选择的基金和我们的波动承受能力不匹配，哪怕基金业绩再好，最终我们也是赚不到钱的。

三、主动基金估值

主动基金是没办法估值的，原因有二：一是我们不知道基金里面的完整持仓；二是就算我们知道持仓，基金经理也可以随时调仓，且不会告诉我们。我们想了解基金里面有什么股票，只能通过季报，但季报要一个季度才更新一次，时效太慢了。

这就头疼了，没法估值，那我们应该在什么时候买入主动基金呢？方法很简单，就是参考指数的估值。我们可以先观察某只主动基金的持仓风格，它是以大盘股为主，还是中盘股为主，还是以某个行业为主。如果基金持仓是以大盘股为主，那我们就参考沪深 300 指数的估值，当沪深 300 指数估值低估或者合理的时候，就可以考虑买入了；如果基金持仓是以某个行业为主，那我们就参考该行业的估值。

这种方式虽然不精准，但逻辑是合理的。我们可以把主动基金看作是指数基金加强版来使用，把它放在我们的组合里面，用来替代指数基金。以这样的定位来看待主动基金，结合第五章讲过的基金组合的定投方法，就比较容易判断什么时候买，什么时候卖了。

本节的最后，我们说一种特别"恶心"的情况：就是我们千挑万选，选出来一位基金经理，刚买完他的基金，结果他离职了。主动基金换基金经理就等于换基金，我们拿着那只基金，卖也不是，留也不是，非常难受。

遇到这种情况，我们应先看看新接手这只基金的基金经理是谁，他的理念我们是否认同。如果很幸运，新基金经理也不错，他的理念我们也很喜欢，那基金还可以继续持有。如果很不幸，我们无法理解或者无法认同新基金经理的理念，那最终可能只能卖掉。

换基金经理是买主动基金不得不面对的"雷"。指数基金则没有这个问题，基金经理对指数基金的影响是非常小的。

第九章

投资中的常见问题

　　这一章，我们会说说投资中的常见的问题。这些问题，并不是我拍脑袋想出来的，而是人们实际提出的高频问题，没准在大家后续的投资旅途中也会遇到。提早学习，有备无患。

第一节　复利和年化

曾有同学问了一个问题："天马，到底什么是复利呀？还有个词叫年化，年化和复利是一个意思吗？"正好趁着这位同学的问题，我们把复利这个概念说一说。

什么是"复利"？按字面意思，复利就是利滚利。也就是要把本金和第一年的利息加起来，当作第二年的本金，然后再来计算第二年的利息。

比如，我向你借了 100 元。借的时候约定好了，利息的计算方式是复利，每年 10%。每年要还你多少利息呢？第一年，我该还你的利息是 $100 \times 10\% = 10$ 元。计算第二年利息的时候，本金变成了 100 元加上第一年的利息，也就是 $100 + 10 = 110$ 元，然后用这个 $110 \times 10\% = 11$ 元。大家是否发现，第二年的利息比第一年多了。算第三年利息的时候，本金变成了 110 元 + 11 元 = 121 元，然后用这个 $121 \times 10\% = 12.1$ 元，利息又变多了。这就是利滚利的复利。

与复利相对应的，还有一种计算方式叫"单利"。我们去银行存钱，银行说的那个存款利率就是单利。还是上面那个例子，如果利息的计算方式改为单利，那会变成多少呢？

第一年，我该还你的利息是 $100 \times 10\% = 10$ 元。计算第二年利息的时候，本金不变，还是 100 元，因此第二年的利息就还是 $100 \times 10\% = 10$ 元。计算第三年利息的时候，本金不变，还是 100 元，因此第三年的利息还是 $100 \times 10\% = 10$ 元。这就是利不滚利的单利。

介绍完了复利和单利，那什么是"年化"呢？比如，张三和你说："我投资的收益率很高的，我的投资收益率是 10%。"旁边的李四说："10%算什么，我的投资收益率是20%，我更高。"

大家觉得这两人谁的投资收益率更高？乍一看，好像李四收益率更高。但是，两人都没说自己的投资时间是多久，实际上是没办法直接比较的。仔细一问，张三投资 2 年，收益率为 10%。李四投资 5 年，收益率为 20%。一个 2 年，一个 5 年，不一样啊，这要怎么比呢？

这时候就要用到年化个词了。"年化"就是换算成按年计算的意思。比如"年化收益率"，就是把多年的总收益率，换算成按年计算的收益率。大家都是按年计算，就好比较了。

我们一起来算一下。

张三投资 2 年，收益率为 10%。把这句话转化成公式就是：

$$(1+张三年化收益率)^2 = 1 + 10\%$$

因此，张三年化收益率 $= \sqrt{1+10\%} - 1 \approx 4.88\%$。

李四投资 5 年，收益率为 20%。把这句话转化成公式就是：

$$(1+李四年化收益率)^5 = 1 + 20\%$$

因此，李四年化收益率 $= \sqrt[5]{1+20\%} - 1 \approx 3.71\%$。

张三的年化收益率是 4.88%，李四的年化收益率是 3.71%。这么一算就很清晰了，原来是张三的年化收益率高。

一般来说，我们计算年化收益率的时候，计算的都是复利年化收益率。如果我们愿意，也可以计算单利年化收益率。只不过单利年化收益率在市面上很少有人在使用罢了。所以，下回如果有人跟我们说，某某理财产品收益率是 10%，我们问他一下：你说的是年化收益率吗？是复利还是单利啊？这样就比较清楚了。

需要提示一点，年化不仅仅用于计算收益率。比如，一家公司 3 年的利润总增长是 20%，我就可以计算这 3 年它的年化利率增速是多少。再比如，我最近 5 年的工资总增长是 50%，也可以计算这 5 年自己的年化工资增速是多少。各种数字都可以年化。

把这几个词介绍完后，我们再往下引申一下。爱因斯坦说，复利是世界第八大奇迹，具体怎么个奇迹法呢？

比如我有 10 万元钱，实现了年化复利 10% 的收益率。第一年我的收益只有 1 万元，连本带利加起来才 11 万元。但如果我把这个收益率维持住，到第 10 年，我的钱就变成了 26 万元，翻了一倍多了。如果我能把这个收益率维持更长的时间，比如 20 年，我的钱就变成了 67 万元。如果能维持 30 年，钱会变成 174 万元。如果能维持 40 年，年会变成 453 万元。

我们会发现，每多过 10 年，多赚的钱就会多出来很多，这就是复利的力量。我们要是 20 岁就开始做投资，哪怕本金不用很多，到 60 岁退休时，这也将是一笔巨款。不求暴利，但求长久，这就是复利告诉我们的重要思维方式。

当然，在实际生活中，我们是没法让收益率每年都是 10% 的。实际情况通常是，第一年赚点，第二年亏点，第三年再赚一点。我们计算的复利收益率，只是事后的一个总结而已。要想让最终的复利收益率数据好看，我们要注意什么呢？最重要的，就是要减少亏损。

我们来看两个例子。

例子 1：我们本金为 100 万元，第一年赚了 100%，100 万元变成了 200 万元。第二年亏损 50%，200 万元就又变回了 100 万元。这两年的年化复利收益率是 0。

稳健投资：年化10%收益率的基金组合

例子2：我们本金为100万元，第一年赚了30%，100万元变成了130万元。第二年亏损10%，130万元变成了117万元。这两年的年化复利收益率是8.2%。

例子2在第一年赚的钱比例子1少很多，但最终却比例子1多赚，就是因为例子2在第二年亏得少。绝大多数投资者都是例子1这种情况，牛市狂赚，熊市狂跌，最后一算，白做了。

这是因为多数人牛市里之所以能狂赚，是因为买了风险很高的股票或者基金。这些股票、基金被资金炒作，短时间可以涨很多，远远超过它本身的价值。因此，在熊市里，这些股票、基金，跌起来一点也不含糊，根本做不到风险控制。

因此，如果我们想实现稳定的复利增长，首先要考虑的不是买什么能在牛市里多赚点。而是我们买的标的，在熊市是不是能少亏一些。这是一种很有用的逆向思维方式。

第二节　场内和场外

一、场内和场外的定义

场内和场外这两个词中的"场"字，指的是股票交易市场，也就是买卖股票的地方。A股的股票交易市场，包含上海、深圳和北京这三家证券交易所（主要是前面两家）。上海证券交易所分为主板和科创板，深圳证券交易所分为主板、中小板（后来与主板合并了）、创业板。这些各种各样的板加起来，就是A股的股票交易市场，也就是场内。

顾名思义，场内基金就是只能在场内买卖的基金。只要是场

228

内的东西，无论是股票、可转债，还是基金，都只能通过股票交易软件来买卖，股票交易软件就像证券公司提供的产品。

比如，我开了一个××证券公司的股票账户，就能同时去买上海证券交易所和深圳证券交易所下面正在交易的股票、可转债、场内基金。打新股、打新可转债，自然也就是在股票账户里面进行，都是在场内进行的。

场外就是刚才说的场内以外的交易场所，比如银行、互联网基金销售平台等。场外主要就是买基金，股票、可转债都不能在场外买，打新股、打新可转债自然也不能在场外进行。场外买的基金，就叫场外基金。

二、场内和场外的区别

场内基金和场外基金都是基金，但也有区别。最主要的区别在于两点：费用和买卖价格。

我们先说说费用。场内基金和场外基金有相同的费用也有不同的费用。相同的是管理费和托管费，无论场内和场外基金都会收。管理费是基金公司收的，就是帮你管基金的钱。托管费是银行收的，我们买的基金没放在基金公司，而是放在托管银行那边呢，以确保安全。

不同的是交易费用。场内基金在交易时，会像买股票那样，给证券公司支付交易费用。买时要交一次，卖时再交一次。支付的比例，要看我们的证券公司在给你开户时，合同上是怎么定的。收费比较低的券商，单次的场内基金交易费用大概在万分之一到二。也就是你买 1 万元场内基金，要给券商支付 1~2 元的费用。当然，卖 1 万元场内基金，也要给券商支付 1~2 元的费用。

而场外基金在买卖时，是交另外两种费。买的时候交申购费，卖的时候交赎回费。申购费的费率一般是1.2%，挺高的。银行就是典型的例子，虽说在银行买场外基金挺方便，但多数银行申购费不打折，收费很高。在支付宝这类互联网基金销售平台则要好一些，申购费一般打1折，从1.2%变成了0.12%，实惠多了。

场外基金的赎回费会根据我们持有基金的时间长短而变化，通常是持有时间越短，赎回费越贵；持有时间越长，赎回费越便宜。有的基金，持有7天以内就卖，赎回费可能会高达1.5%。但持有超过1年，赎回费就为0了。

看上面的这些对比，估计大家会觉得场内基金明显优于场外基金，收费明显更便宜。但场内外基金还有一个重大区别，就是它俩的买卖价格不一样。

一份基金值多少钱呢？就值它的净值那么多钱。净值其实是时刻在变化的，只要股市在交易，股票的股价就会有变化，基金里面包含的股票的总价格就会有变化。

那我们买基金的时候，是按什么价格买呢？场外基金不会实时计算净值的变化，一天就算一次净值，就是收盘之后基金的净值。我们在下午3点之前交钱买场外基金，无论几点交钱，统一按照下午3点收盘基金的净值价来买，所以几点买都一样。如果我们是在下午3点之后才交钱买场外基金，那对不起，只能按再过一天的下午3点的净值价结算了。

这就是买场外基金的好处，我们一定是按照基金的净值买入的，不存在会买贵的情况，很省心。顺便说一下，买入场外基金一般不叫"买入"，而叫"申购"；卖出场外基金，一般也不叫"卖出"，而叫"赎回"。

场内基金则不一样了。场内基金像股票一样，随时在股市里面交易，而交易的价格也并不是严格按照基金的净值来的，而是按照买入和卖出的人出的价格来决定的。

比如有一份基金，它里面包含 1 元钱的股票，它在此刻净值就是 1 元钱。但是，如果它是在市场上自由买卖，喜欢它的人就可能出超过 1 元的价格来买它。比如，我花 1.1 元来买它，1.1 元是市场成交价。这个成交价相比它的净值 1 元，高了 10%，这就叫溢价 10%。如果我是花 0.9 元就把这个净值 1 元的基金买到手了，这就是折价买入了，折价了 10%。

对于买入的人来说，应该折价买入好，还是溢价买入好？当然是折价买入好。花 0.9 元买 1 元钱的东西，多好啊。但是牛市的时候，经常有人花 1.1 元去买只值 1 元钱的基金，当了冤大头。关键是他当了冤大头之后，自己还不知道。场内基金的折价和溢价查起来挺费事的，我们在本章第四节会单独说说。

总体来说，场外基金的申购、赎回费用虽然要比场内基金的买卖费用高一些，但场外基金严格按照净值申赎，不存在折价、溢价问题，更省心。同时，场内基金还有个大问题：离市场太近。所谓离市场太近，就是报价太频繁。场内基金是几秒钟一个报价，而场外基金是一天一次报价。

之前有好多同学向我诉苦，说开盘买了一只场内基金，结果没一会儿就跌了，特别难受。下午又涨了，又开始懊恼上午买少了。新手对于抵抗市场报价带来的情绪变化还没什么经验。理财是我们生活的辅助部分，我们的主业还是工作，尽量不要因为市场报价而影响日常的生活。

所以对于新手，我建议买场外基金，尽量远离市场报价。多花那一点点费用，可以让你少很多烦恼，增加赚钱概率。对于股市老手，买场内、场外基金都可以，随你喜欢。

三、如何判断场内基金和场外基金

我们可以找一个股票行情软件（比如雪球的 App），输入想查询的基金的代码（比如 513050）。打开这只基金的页面后，我们发现有买 5 和卖 5 的价格（见图 9-1），说明这是在场内交易的场内基金，因为只有场内基金才有实时交易的价格。

图 9-1　中概互联网 ETF

再比如搜索 006327，搜出来之后的界面如图 9-2 所示。没有买 5 和卖 5 的价格，只有净值的列表，说明这是只场外基金。

图 9-2　易方达中概互联 50ETF 联接

四、ETF 和 ETF 联接

有一类很重要的场内基金，叫 ETF，中文名是：场内指数基金，ETF 只能场内交易。比如我们前面举的例子，中概互联网 ETF（513050），这就是大家简称的"中概互联"的 ETF。由于它是 ETF，只能在场内交易，那在场外的人想买它怎么办？这时候，出来了一个发明，叫"联接基金"。

基金公司在场外发行一只新的基金，比如：易方达中概互联50ETF 联接人民币 A（006327），这只基金专门去买场内基金中概互联网 ETF（513050）。如果我们在场外买了006327，就相当于买了场内的 513050。

但是我们此时会遇到一个问题。在很多第三方销售平台的网页上，我们买了场外联接基金之后，看不见这只基金持有哪些股票。比如，某平台上006327 的股票持仓页面（见图 9-3）。这是为什么呢？因为联接基金的主要持仓是场内 ETF 基金，不是一只一只的股票。这些平台的显示系统不是很方便，遇到持仓是 ETF 的情况，它就不会显示了……

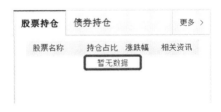

图 9-3　006327 的股票持仓页面

此时需要我们自己动手，点击页面上的"基金公告"，再选"定期报告"，然后点击最新一期的季报，并点开它（见图 9-4）。

基金公告					其他基金基金公告查询：请输入基金代码、名称或简拼	
全部公告	发行运作	分红送配	**定期报告**	人事调整	基金销售	其他公告
标题					公告类型	公告日期
易方达中证海外中国互联网50交易型开放式指数证券投资基金联接基金2021年年度报告					定期报告	2022-03-30
易方达中证海外中国互联网50交易型开放式指数证券投资基金联接基金2021年第四季度报告					定期报告	2022-01-21
易方达中证海外中国互联网50交易型开放式指数证券投资基金联接基金2021年第三						

图 9-4　基金公告页面

然后，我们往下翻，就会找到它的实际持仓了（见图 9-5）。原来，它 91.05% 的仓位，都是中概互联的 ETF 基金。

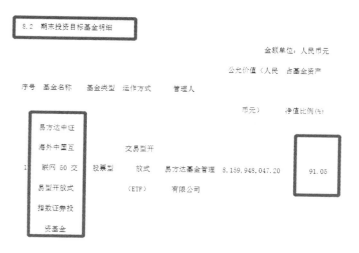

图 9-5　实际持仓页面

五、LOF 基金

一般来说，一只基金要么是场外的，要么是场内的。但是有一种特殊的基金，可以同时在场外和场内买，它的类型叫 LOF 基金。比如，嘉实基本面 50 指数（LOF）A（160716）这只基金。大家注意看它的名字上面带着一个 LOF 字样，就说明这只基金既能在场内买，也能在场外买，都是用同一个代码：160716。

六、A 份额和 C 份额

同一只场外基金，有时候会有好几种份额。比较常见的会同时有一个 A 份额和一个 C 份额。比如，中概互联的场外联接基金，就有一个 A 份额（006327），还有一个 C 份额（006328）。A 份额和 C 份额里面买的东西是一模一样的，唯一的区别是收费方式不同。

通常情况下：在买入 A 份额的时候要收申购费。比如 006327 的申购费打 1 折之后是 0.12%；在赎回 A 份额的时候，根据持有时长不同，会收不同比例的赎回费。如图 9-6 所示为 006327 的赎回费率，超过 180 天，就不要赎回费了。

适用期限	赎回费率
小于7天	1.50%
大于等于7天，小于30天	0.75%
大于等于30天，小于180天	0.50%
大于等于180天	0

图 9-6　006327 的赎回费率

如果我们预估这只基金要持有 180 天以上，且买的是 A 份额，那总买卖费用就是 0.12% + 0 = 0.12%。而 C 份额（006328）没有申购费，赎回费也是超过 30 天就为 0 了（见图 9-7）。

适用期限	赎回费率
小于7天	1.50%
大于等于7天，小于30天	0.50%
大于等于30天	0

图 9-7　006328 的赎回费率

但是，C 份额（006328）会多收一个如影随形的费用：销售服务费。销售服务费的费率为每年 0.4%，且按天收取。

试算一下，如果我们持有 C 份额（006328）30 天，那付出的费用就是：销售服务费 0.4%/12≈0.03%。这个一定是比买 A 份额要便宜的。但是如果我们持有 C 份额达到了 180 天，那付出的费用就是：销售服务费 0.4%/2 = 0.2%，比买 A 份额要贵。也就是说，如果我们打算持有一只基金的时间很长（比如超过半年），那就买 A 份额。如果我们打算持有的时间很短（比如就一个月），那就买 C 份额。

　　每只基金的 A 份额和 C 份额的收费标准都有可能不太一样，大家在买的时候，要在基金销售平台上先看一下再下手。

第三节　折价和溢价

一、折价和溢价在哪查

　　对于场内基金来说，我们一定要找到地方查它的实时折价和溢价情况，然后才能买。很多网站都可以查，我个人比较习惯于在"集思录"网站进行查询。各个基金品种查的地方不太一样，下面我来逐一讲解。

1. ETF 基金

　　我们打开集思录网站，实时投资数据下面有个小标签：ETF 基金，点开它就能查了（见图 9-8）。

图 9-8　ETF 基金

我们可以看一下，这只 ETF 基金的现价和它的净值估价相比有没有高很多（见图 9-9）。如果现价比估价高，那说明有可能已经溢价了。如果溢价一点点，我们还是可以接受的，比如高个 0.X%，如果超过 1%，那就很亏了。

代码	名称	现价	涨幅	成交额（万元）	指数	指数涨幅	估值	净值	净值日期
159601	A50	0.840	-2.78%	129702.09	中国A50互联互通	-2.88%	0.8390	0.8639	2022-04-08
159602	中国A50	0.839	-2.78%	24721.66	中国A50互联互通	-2.88%	0.8389	0.8636	2022-04-08
159702	AIETF	0.829	-4.60%	23.52	CS人工智	-4.93%	0.8276	0.8705	2022-04-08
159703	新材料	0.941	-4.85%	730.36	新材料	-4.69%	0.9415	0.9878	2022-04-08
159708	红利ETF	0.772	-2.77%	901.13	深证红利	-2.59%	0.7726	0.7931	2022-04-08

图 9-9 ETF 基金的现价和净值

2．LOF 基金

LOF 是上市型开放式基金。"上市型"就是可以在交易所买卖，"开放式"就是可以随时申购和赎回。换句话说，LOF 就是场内基金，还能随时申赎。

LOF 是我国的一项本土创新，拥有自主知识产权。ETF 是老外设计的，它不方便的地方在于，如果我们想申购它，不是给钱就行，还得有成分股（部分），而且起申金额一般是 50 万元或 100 万元，门槛很高。而 LOF 基金既可以在场内直接买卖，又可以在场外随时申赎。我们有钱就能申赎 LOF 基金，几十元钱就起卖，很亲民，而且还能把场外的份额转到场内，非常方便。

方便一般都是牺牲一些别的东西换来的。LOF 基金牺牲的就是仓位。为了应对随时的申赎，LOF 基金的仓位一般不会像 ETF 基金那般一直满仓。LOF 基金一般会保持在 90%左右的仓位。如果指数大涨，由于仓位低，LOF 基金会跑不赢 ETF 基金。

对于 LOF 基金具体的溢价情况，也可以在集思录查，方式同上文说的 ETF 基金。溢价太高的 LOF 基金就不要买了，还不如直接场外申购。

3．QDII 基金

QDII 是投资中国香港或者外国股票的基金。我们用人民币买 QDII 基金，基金公司拿着我们的人民币，去换港元或者外币，再拿这些钱去买港股或者国外的股票。

QDII 基金也可以再被细分，包括前面说的两种类型的基金。QDII 的 ETF 基金和 QDII 的 LOF 基金。这个很好理解，反正都是拿基民的人民币去买境外股票，具体用 ETF 还是 LOF 的形式，基金公司可以自便。

不好理解的是什么呢？QDII 还分亚太市场的 QDII 和欧美市场的 QDII。如果这只 QDII 基金是去买亚太市场的股票，比如，中国香港的或者日本的，这还比较好处理，大家差不多都在同一个时区，基金公司的人上班的时间也差不多。基本上到了当天晚上 8 点，基金的净值肯定都算出来了。大家看这种基金的真实净值的时间，与看 A 股基金的时间基本是一样的。

但是，欧美市场 QDII 就不一样了。特别是美国市场，要等到我们这边晚上 9 点多才上班，后半夜才收盘。总不能让我们的基金公司的员工一直等到每天深夜算净值吧？一般来说，基金公司都会在第二天上班后才去算净值。第二天晚上 8 点，再把这个净值统一发布给市场。

也就是说，如果我们买的是一只欧美市场 QDII，我们想查到它 1 日的净值，至少要等到 2 日晚上 8 点以后，甚至更晚。那我们要是想在 2 日白天买它的场内基金怎么办？只能靠估算。在集思录网站，按同样的方式就可以查。

4．封闭式基金

封闭式基金这个名字和我们上面讲的 ETF、LOF 所属的上市开放式基金正好是对反义词。封闭式就是不能随时申赎。

也就是说，我们只要买了这种基金，就只能在场内把它卖了，不能通过赎回的方式退出这次投资。不让赎回，也就是不让按照真实净值卖，那就会造成一种现象：一般都是打折卖。所以，封闭式基金的交易长期处于折价状态。封闭式基金一般都是主动型基金，我个人平时很少配置。

第四节　价格指数和全收益指数

我们买基金的时候，基金公司总会把沪深 300 指数拿出来与基金的成绩对比一下。这说明了两个问题。

（1）说明了整个基金行业都知道，上证指数不具有代表性，得换个更有代表性的参考标准，也就是沪深 300 指数。

（2）说明了基金公司还是比较"聪明"的，他们选择的是沪深 300 的价格指数，而不是全收益指数。

什么是价格指数和全收益指数呢？指数是根据成分股的股价变化计算出来的。如果股价变化是连续的，那么指数算出来的数字也应该是连续的。但是，股票会有现金分红。每次发生现金分红，股价就会掉下来一截。指数要如何处理这件事呢？这里就出现了两种处理方法。

（1）价格指数：就当不知道有分红这回事，股价掉到多少就是多少，按照分红后的股价计算指数点位。

（2）全收益指数：知道有分红这回事，把分红捡起来，再投资。这样计算出来的指数点位，才是这个指数真实的收益情况（全收益指数没考虑分红的缴税之类的摩擦成本）。

比如，我们常说的沪深 300 指数就是价格指数，也就是没考虑分红再投资的。而沪深 300 指数肯定有一个对应的全收益指数：沪深 300 全收益指数（H00300），这就是考虑了分红再投资的。

我们对比一下这两个指数的历史业绩。

沪深 300 指数和沪深 300 全收益指数都是从 2004 年 12 月 31 日开始营业的，起始点位都是 1000 点。截至 2019 年 12 月 31 日：沪深 300 指数收 4096.58 点，年化收益率为 9.86%；沪深 300 全收益指数收 5227.73 点，年化收益率为 11.66%。沪深 300 全收益指数多出来的这部分，就是分红再投资形成的。

大家现在可以理解为什么基金公司都用沪深 300 的价格指数来做对比，而不是用全收益指数来做对比了吧，因为沪深 300 价格指数的年化收益率要比全收益指数低。

指数基金是很难跑赢全收益指数的。主要原因是指数基金有管理费、托管费、销售服务费等常规收费，基金买卖股票还有交易费，收分红还要缴税。另外，因为要应对赎回，所以指数基金的仓位不可能太满。这些都会导致指数基金很难跑赢对应的全收益指数。

也就是说，指数基金跑不赢全收益指数是正常的。但是要注意，指数基金跑赢价格指数也是正常的，用分红来覆盖那些杂七杂八的费率应该足够了。如果指数基金跑不赢价格指数，说明这只指数基金的耗损太高了，它花了太多钱到无意义的地方。

全收益指数去哪查？大家可以到中证指数公司官网查询。比如，在该官网搜"沪深300"，找到沪深300之后，进入它的详情页。在"相关资料"这个栏目中，点击"指数单张"（见图9-10）。在指数单张文件的最下面就会找到对应的全收益指数的代码（见图9-11）。最后，我们去股票软件里面查一下这个指数的点位就可以了。

图 9-10　指数单张页面

图 9-11　指数代码页面

第五节　所谓定投

"基金定投"这个词最近两年比较火，大家对它的解释也是多种多样。这一节就说说我对"定投"这个词的理解。

一、原始版定投

最早的定投是指定下来一个时间，定下一个金额，投一只基金。比如每个月 1 日买沪深 300 指数基金，每次 1000 元。这就是原始版定投。

之所以有这个定投的概念提出，主要是想解决择时的问题。之前搞投资，既要解决买什么的问题，又要解决什么时候买的问题。本来"买什么"的问题就已经够让人头疼了，"什么时候"买这个问题则更加玄乎。

大多数投资者都是喜欢在涨的时候买，在跌的时候卖，虽然买了只不错的基金，因为买卖的时间不对，最终还是亏钱。所以后来大家发现，还不如定下来个时间买，也不猜后面的涨跌了，反正到了时间我就买，也不考虑卖的事，就当存钱了。没想到这种"傻傻"的买法，竟然比之前猜来猜去的买法赚得还更多些。

二、进化版定投

显然，这种原始版定投有问题，比如 2007 年上证指数达到 6000 点，难道我们还要定投吗？那个时候定投，基本上要亏数年才能把钱赚回来。多数人都是在牛市后期入市的，入市时股市整体都是高估的。此时定投，虽然刚开始很开心，但是过个半年、一年，等熊市来临的时候，就开心不起来了。

这个时候就有了进化版定投：定下来一个时间，定下一个金额，但只在它低估的时候买，高估的时候就不买了（或者换成买债券基金）。注意：现在唯一确定的就是时间了，每次定投之前，要看看估值，做一下判断。

三、定投的局限

定投最适用像工资这种慢慢发的增量资金。因为工资是一个月一个月发的，股市再低估，我们也没法把未来三年的工资一次性买入，所以定投也是适合工薪族的投资方法。

对于手头已经有的存量资金，我们既可以选择分批次投，又可以选择一次性买入。特别是在股市特别低估的时候，一次性买入显然是最好的选择。但是历史经验告诉我们，绝大多数人的波动承受能力都比他们自己的预估要差。即便股市特别低估，极具投资价值，在一次性买入之后，很多人也会在面对后续的下跌时心态失衡。所以对于增量资金，最好的处理方式就是用类似定投的方法，分批投出。

市面上对定投有种说法，说定投可以降低成本。准确地讲，在下跌的行情里，定投确实能降低成本；在上涨的行情里，定投则会增加成本。但我们其实是无法判断未来是下跌行情还是上涨行情的，所以定投到底是降低成本还是增加成本，我们根本无须关注。

定投虽然能帮助我们缓解对股市波动的敏感度，但也只能缓解一点点。我见过很多同学信誓旦旦说要定投，结果投着投着，股市跌了，不敢投了；或者投着投着，股市涨了，也不敢投了。

我们买指数基金，不应以最近的涨跌为判断标准，而应以指数的估值为判断标准。因为我们无法判断哪天会跌，哪天会涨。这么多年的经验告诉我，在猜测短期涨跌这件事上，我就没成功过。不光是我，绝大多数人也没有这个能力。

我的投资分为两部分：选基金和择时。我通过估值表，完成了选基金这部分工作。而择时这部分工作，由于太难，我选择把它彻底放弃掉。每个月或者每个星期确定一个时间买入，不择时了。这样，我以最低的时间成本，完成了投资的两大动作，选基金和择时。

　　我的这套方法是给工薪族准备的，大家平日里工作本来就很忙，没时间盯着股市看。一套规则清晰、不需要盯盘的投资方法，才有可能长久地使用下去。天天盯着电脑，看着涨了跌了，跌了多少再买入，这种操心的方法，还是算了。有这个时间还不如多看两本好书，陪家人出去走走。投资是为了更好的生活，按行业分类方法，这属于现代服务业。服务业，肯定是效率越高、成本越低的越好。

第六节　所谓抄底

　　曾有位同学留言说："我运气超级好，第一次买基金就是 X 月 Y 日，刚好是这轮行情的超级大底。"第一笔就买到大底，运气确实很不错。但"精准抄底"这事，到底是好事还是坏事呢？

　　我的看法是：抄底越准，赚得越少。是不是很反直觉？为什么会这样呢？我们先看公式：总收益 = 本金 × 收益率。由此可见，我们投资赚的钱，取决于两方面。一是你投入的本金，二是你的收益率。我们往往只会去计算收益率的高低，而忽略了本金的因素。

　　光这么说可能大家还不是很好理解，我们来看两个例子。

　　现在有两个人跑来买基金，张三和李四。张三运气特别好，第一次出手就直接买在了大底（我们假设此时基金的净值是 1），买了 1 万元。由于抄到了历史大底，后面股价从来没有低于他第一次买的价格，他也就没再加了。

　　后来，基金较历史大底的价格翻了一倍（基金的净值涨到了

2），他赚了 100%。所以张三的总收益 = 本金 × 收益率=1 万元 × 100% = 1 万元。也就是张三本次投资，一共赚了 1 万元。

李四的运气则没这么好了，他先买了一笔 1 万元（假设李四是在基金的净值是 1.9 的时候投的第一笔）。买完就开始跌，他于是又买了一笔 1 万元（此时基金净值 1.8）。买完又继续跌，他就又继续买，又买了 1 万元（此时基金净值 1.7）。基金净值就这么一路跌，他就这么一路买。

基金净值每跌 0.1，他就买 1 万元。当净值跌到 1 的时候，买了最后一笔 1 万元。李四一共买了 10 笔，累计投了 10 万元。这 10 笔买入的净值，以及买到的基金份额，如表 9-1 所示。

表9-1　李四买到的基金份额

序号	买入金额（元）	基金净值	买入份数
1	10000	1.9	5263.158
2	10000	1.8	5555.556
3	10000	1.7	5882.353
4	10000	1.6	6250
5	10000	1.5	6666.667
6	10000	1.4	7142.857
7	10000	1.3	7692.308
8	10000	1.2	8333.333
9	10000	1.1	9090.909
10	10000	1	10000
		累计买入份数	71877.14

可以看到，李四一共买了 71877.14 份，累计投入了 10 万元，相当于他的平均买入成本 = 10 万元 / 71877.14 份 = 1.3913 元/份。李四真的是很倒霉，从第一笔定投算起，基金的净值从 1.9 跌到了

1，跌幅达到 47%。他累计投入了 10 万元，当他把最后一笔买完的时候，账户里却只有 71877.14 元，浮亏为 28122.86 元，浮亏比例为 28.12%。

但当基金的净值又涨回 2 元/份的时候，李四的账户是什么情况呢？李四的平均买入成本是 1.3913 元/份，当基金净值涨到 2 元/份时，他的收益率是（2-1.3913）/ 1.3913 = 43.75%

套入前面说的公式，李四的总收益 = 本金 × 收益率 = 10 万元 × 43.75% = 43750 元。李四赚了 4 万多元，而张三却只赚了 1 万元，李四比张三多赚了几倍。

为什么张三精准抄底，李四一路活埋，到最后却是李四赚得多呢？原因非常简单，就是因为李四买得多。

那张三能不能在大底时一次买入 10 万呢？也不是完全没有可能，只是这得要求张三运气极好、能力极强、那时候刚好有那么多钱才行。市场上不是没有这样的幸运儿，只是这种幸运儿往往只出现在别人家。如果我们对自己的运气有这般自信，不应该买基金，应该去买彩票。

我们刚刚开始做投资的时候，总想去和巴菲特比收益率，但对我们生活真正有影响的，是实打实赚到的总收益。我们普通人投资，是为了让我们的总资产增值。我们的可投资金额，是我们的总资产。如果一项投资占你的总资产比例极低，那这项投资的收益率高低，对我们生活的影响是很小的。

我曾见过有的人说他买基金非常厉害，赚了好几倍。一打听才知道，他总共才买了一两千元。在我看来，这种拿一点点钱买基金的行为，甚至不能说是在投资，只能算是在娱乐。其功能和春节打个麻将差不多。

对我们的生活有意义的，是对看得懂的好投资机会，加大投入本金，以获取可观的总收益。这才是投资该做的事。收益率只要合理就可以了，不宜要求太高。毕竟每个投资品种能提供的收益率，基本上就是那个范围，高也高不到哪去。

第七节　何时会涨

这一节我讲一下熊市见了底之后，到底什么时候会涨。很多同学的潜意识里面，都觉得股市的牛熊转换是非常快的。熊市见了底，后面马上就该涨了，就该牛市了。可等了几个月，发现没涨，就开始心浮气躁、心灰意冷。

根据我的经验，股市的实际情况和我东北老家那边的天气有点像。股市见底的那几天，就像是三九天。用我爸的话说："那几天出门，会担心眼珠子被冻掉。"风刮在脸上，像刀割一样，毫不夸张。

好不容易把最冷的几天熬过去了，以为终于会暖和了吧？并不是。后面的日子，眼珠子虽然不会被冻掉，但至少会被冻得很疼。风刮在脸上的感觉，从大菜刀变成了水果刀。总体来说，还是很冷。

好不容易熬到了立春。从名字上看，"立"代表开始，"春"代表春天。立春应该是指冬去春来，天气转暖，万物复苏了。都立春了，这下子该暖和了吧？但至少在我老家，立春时并不暖和。甚至有些年份，立春时的温度和三九、四九的气温差不多是一样的。还有个专有名词来形容这种现象——倒春寒。

后面，偶尔会有一次升温。但升了又降，棉衣始终不离身。

某一天，中午放学时，发现路面的冰化了。刚要庆祝，第二天早晨上学，发现冰又冻上了。究竟什么时候才能感受到"暖和"呢？有的时候要一直到立夏，我才会真正感受到，天气终于"暖和"起来。

这就使得我小时候有这样一个体验：春天很冷，夏天稍暖。而热天，维持不了几天。这个经验放到股市里面，非常契合。熊市大底时，对应三九天。此后的几个月，虽已立春，但行情依旧冰冻，只是比大底那天稍微好一点而已。

春天还这么冷，令很多人难以理解，也难以忍受。就在很多人熬不下去，选择离开的时候，股市的气温会潜移默化发生一点点变化。

比如，某天尾盘突然大涨，就很像路面的冰突然化开了。但很有可能第二天又冻回去。这种事反反复复，折腾多次，消耗着人们的耐心。但终究会有一次，冰化开后，再也冻不上了。只不过能发现这一现象的人，少之又少。

等到股市立夏，暖和起来，人会稍多一些。等到伏天，股市炎热，那些在春天跑掉的人，没准又会跑回来了。后面的秋冬，又把他们埋住了。四季轮回，次次如此。

股市里，春天很冷，确实挺不好熬。但春天，确实值得我们为它多熬一熬。因为，夏天终究会来。

第八节　为何难受

2022 年 1 月，腾讯股价跌破 500 港元，腾讯开启了回购模式。从 1 月 5 日到 1 月 20 日，腾讯累计回购 11 次，每次回购 2 亿港元。后来，腾讯股价跌破 400 港元，腾讯加码回购，每天买 3 亿港元，回购金额增加了 50%。

由于股价大跌，虽然回购金额只增加了 50%，但回购的股份数却从之前的每次 40 多万股，变成了 80 多万股，几乎翻倍。这就相当于之前买一个包子要 1 元钱，现在花 1.5 元就能买两个。对于想买包子的人来说，这是好事。之前巴菲特也打过一个类似的比方，他说对于想买汉堡的人来说，汉堡价格跌了，是大好事才对。汉堡是如此，股票其实也一样。

对于买股票的人来说，应该希望股票跌才对，因为跌了之后可以更便宜地买入。只有到了 10 年、20 年之后，想要花钱了，打算卖股票了，才应该希望股票涨。可惜，实际情况是，人们看到昨天买的股票今天跌了，就会很伤心，甚至会很慌张。这是非常不合逻辑的。

总体来说，短期股票跌了却很难受，这种情况只应该出现在四类人身上。

第一类人压根就没有打算长期投资，根本没想过要到 5 年以后、10 年以后才卖，而从一开始想的就是马上就卖。这类人来股市就是为了一夜暴富的。

第二类人则更过分一些。他们来股市，也是求一夜暴富的。但是，他们觉得一夜暴富还是太慢了，要再加快一些才行。因此，他们上了杠杆，也就是用券商的融资功能，借钱买股票。甚至有的人用的是场外的配资来炒股票。场外配资能借钱的比例，要比券商的融资比例更高。一旦上了杠杆，股价如果涨了，就会赚到更多的钱。但如果股价跌了，且跌破了平仓线，他的股票就会被强制卖掉（专业名词：强制平仓）。后面股价哪怕再涨 10 倍，都与他无关了。他有可能还倒欠融资平台钱。面对着如此凶险的后果，第二类人看到股价下跌，自然是高兴不起来的。

第三类人确实是想做长期投资，他大脑的理性部分也告诉他，短期跌了是好事。但是，人的大脑不光有理性部分，还有感性部分。真的遇到大跌的时候，第三类人的理性大脑会大声告诉他："好事好事，可以用更便宜的价格多买一些了。"但他们大脑的感性部分会用更大声喊："股票跌了这事太糟糕了，就像遇到雪崩、遇到老虎一样，得赶紧跑啊！"最后，感性部分的声音压过了理性部分的声音。最终呈现的总结果，依旧是跌了就慌。

对于第三类人来说，虽然理性上他们想要长期投资，但实际上，他们买股票类资产的过程将会非常艰难。因为他们的大脑生理构造不太支持他们做这件事。就像有的人的大脑不太适合学理科，有的人的大脑不太适合学文科，都是一个道理。这属于先天劣势，很难被改变。

第四类人是没有稳定现金流的。对于第四类人，除非他们的本金量达到千万元级别，每年靠股息就有稳定的现金流，且可以覆盖日常开销所需。否则，不建议买任何股票类资产。

我从未见过任何一位本金很少的人，最终通过全职炒股实现了所谓财务自由。本金少加全职炒股，最终的结果基本上都是越炒越少。

对于以上四类人，第一、二、四类估计不会看我写的内容。因为我这满足不了他们快速致富的愿望。而第三类人一定要注意，尽量调低自己投资组合中股票类资产的比例，大比例的资金都要投到低波动的品种上，比如债券基金和储蓄险。

第九节　不同的估值表

有一位同学曾提问："天马，我看你的估值表和××的估值表相差很大。有个指数在你的表上是高估，在他的表上却是低估，这是怎么回事呀？"其实，之所以会有这个差别，主要是因为市盈率计算方法和估值方法不同。

一、市盈率计算方法

市盈率的计算方法是用市值除以利润。如果要计算股票的市盈率，是比较简单的。

比如，我要计算 A 公司在昨天的市盈率。我先查一下 A 公司昨天的总市值，假设是 1000 亿元。然后我再翻一下它的年报，假设去年的净利润是 100 亿元。用 1000 亿元的总市值除以去年的净利润 100 亿元，得出它的市盈率是 10 倍。

但是，计算指数的市盈率就不一样了。因为指数里面有一大堆成分股，每只成分股的占比（也就是权重）还不太一样。

比如，××指数，它是一个等权重指数（也就是每只成分股权重相同），这个指数只有两只成分股，A 公司和 B 公司。A 公司的市值为 1000 亿元，去年利润为 100 亿元，权重为 50%；B 公司市值为 100 亿元，去年利润为 2 亿元，权重为 50%。这时候，我们要计算一下这个指数的市盈率，就有两种算法。

1. 第一种算法，不考虑权重的整体法

这种算法比较简单，但不精准。

先把两只成分股的市值相加，1000 亿 + 100 亿 = 1100 亿元；再把两只成分股的去年利润相加，100 亿 + 2 亿 = 102 亿元；最后把这两个数除一下，得出指数市盈率。1100 亿/102 亿 = 10.78 倍市盈率。

算完之后我们发现，这个指数的市盈率只有 10 倍左右，比较便宜。但是好像不对劲，因为 B 公司的市值为 100 亿元，去年利润为 2 亿元，它的市盈率是 50 倍。这么贵的公司在指数中权重占了 50%，为什么整个指数的市盈率算出来却这么低呢？怪怪的。

2. 第二种算法，考虑权重的整体法

这种算法要复杂一点，但更接近事实。

假设，给我们 100 亿元，去帮××指数买成分股回来。先买第一只，也就是 A 公司。由于 A 公司的权重是 50%，所以我们要用 100 亿 × 50% = 50 亿元去买 A 公司的股票。A 公司的总市值是 1000 亿元，去年利润是 100 亿元，我们用 50 亿元就买了它 50 亿/1000 亿 = 5%个公司，分得的利润是 100 亿 × 5% = 5 亿元。

然后，我们再用剩下的 50 亿元去买 B 公司的股票。B 公司的总市值是 100 亿元，去年利润是 2 亿元。我们用 50 亿元就买了它 50 亿/100 亿 = 50%个公司，分得的利润是 2 亿 × 50% = 1 亿元。

所以，我们是用 100 亿元，买回来两家公司 5 亿 + 1 亿 = 6 亿元的利润。我们付出了 100 亿元，买回 6 亿元利润，得出来的这个指数组合的市盈率就是 100 亿/6 亿 = 16.67 倍。

大家发现差别了么？用考虑权重的整体法算出来的市盈率是 16.67 倍，而不考虑权重的整体法算出来的市盈率是 10.78 倍，差了一多半呢。所以，如果我们不考虑权重，在计算指数的市盈率

时会有很大误差。可是，由于不考虑权重的整体法计算起来比较简单，所以众多网站上都在用这种方法，也就对大家的投资形成了一定的误导。

我的估值表中所有的市盈率，都是用考虑权重的整体法计算的，相对准确一些。

二、估值方法

我采用的估值方法是未来现金流折现法。而网上其他估值表采用的，多是历史百分位法。历史百分位法，就是看这个指数现在的市盈率与历史的市盈率范围相比，处于什么区间。如果某指数在历史上一直是 30 倍市盈率以上，现在这个指数处于 30 倍市盈率，就认为现在指数很低估了。

但由于 A 股创立时间太短，很多指数只有十几年的历史，而在这个指数出生时，市场就喜欢坐庄、炒小票，这就导致很多指数在它出生之后的十来年，市盈率虚高。

最近两年，我国股票市场越来越规范，监管层对炒小、炒壳等现象的打击也越来越多。所以，这些指数的市盈率开始从无理由的虚高，向国际上比较合理的估值下移。因此，指数在历史上的百分位，对我们的投资没有什么指导意义。过去的那些超高的市盈率，可能永远都不会再出现了。

等未来 A 股也发展到 50～100 年的历史了，那时候再用历史百分位法会相对靠谱一些。对当下来说，更靠谱的估值方法是未来现金流折现法。

巴菲特说过，未来现金流折现是所有估值方法中最符合逻辑的。但是，这个方法有些复杂，不利于我们日常使用。所以，我对这个方法做了一些简化，并制作了一个对应表（见表 5-1）。

我们由这张表就能清晰地看出，什么样的利润增速，对应什么样的估值区间。而对利润增速的判断，也是非常重要的。我们做投资，无法避免的就是对未来做判断。

我们是面向未来投资的，怎么能只看历史呢，这不是看后视镜开车吗？对于未来的利润增长，我们在预估的时候要小心谨慎。选择我们能看懂的指数，小心翼翼地预估。

比如沪深 300 指数，我预估它未来几年的利润增速是 10%；比如中证银行指数，我预估它未来几年的利润增速是 4%。这些都是基于我个人对这个指数和这个行业的理解来主观判断的。我们在投资股票的时候，也是同样的步骤。

每个人对一家公司做估值的时候，对它未来的利润增速的判断，可能都会有不同。查理·芒格说，他和巴菲特给同一家公司估值，估出来的数一般都不一样，但差别不会特别大。因为对未来的预判，每个人可能都不太一样。我的这张估值表会尽量保守预估，以求不让大家掉到估值陷阱之中。

最后，对于大家要采用哪家的估值表，我的建议是：选你看得懂的。

第十节　指数和指数基金涨跌

这是发生在 2020 年 5 月 6 日的事，那天收盘之后有不少同学向我咨询，因为他们发现了一个很奇特的现象：恒生国企指数昨天涨了 1.13%（见图 9-12），但是跟踪它的指数基金易方达恒生国企 ETF 联接 A（110031），昨天的净值竟然跌了 2.06%（见图 9-13）。

图 9-12　恒生国企指数

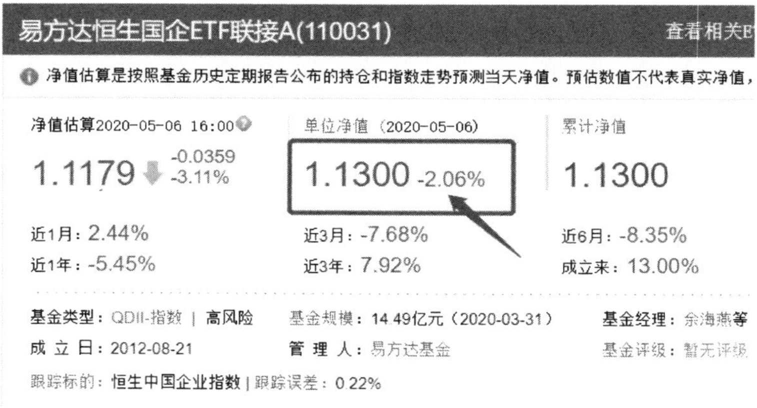

图 9-13　易方达恒生国企 ETF 联接 A（110031）

这是为什么呢？当出现指数涨跌幅与基金净值变化不一致的时候，有以下五种可能性。

一、指数出错了

指数出错这种事发生的概率比较小，而且一旦出错，交易所都会在工作时间很快发现，发公告通知大家，收盘的时候应该已经改回来了。但是那天收盘之后国企指数依旧是涨的，交易所也没发公告，所以不是这个原因。

二、指数基金的净值计算，时间跨度不是一天

正常情况下，指数基金的净值计算是一天更新一次。但是在放长假的时候，比如劳动节、国庆节、春节，基金的净值不更新。可此时其他的股市，比如中国香港股市、美国股市，有可能是开盘的。毕竟全世界不是全都一起放长假。

比如，2020 年的劳动节长假是从 5 月 1 日放到 5 月 5 日，这期间基金净值都不更新。但是香港股市在 5 月 4 日就开盘了。5 月 4 日当天，恒生国企指数大跌 4.4%。5 月 5 日，恒生国企指数涨 1.03%。这两天的涨跌幅，指数基金并没有进行更新。都积攒到 5 月 6 日一次性更新。

答案出现了，虽然 5 月 6 日恒生国企指数只涨 1.13%，但是易方达恒生国企 ETF 联接 A（110031），它的净值变化体现的是 5 月 4~6 日三天的指数总变化。这三天恒生国企指数的总变化是 −2.31%。所以国企指数的指数基金的净值在 5 月 6 日一次性跌 2.06%，是很正常的。

三、指数基金的仓位

场外基金为了应对投资人的赎回，不会 100% 持有股票，会持有一定比例的现金。多数场外基金持有股票的仓位是在 90% 左右。易方达恒生国企 ETF 联接 A（110031），它的仓位就是 93.16%（见图 9-14）。

因为股票买得少，所以指数跌的时候，基金会跌得稍微少一点。比如指数跌 2.31%，由于仓位只有 93.16%，所以基金净值一般会比指数少跌一些。当然，当指数涨的时候，指数基金也就涨

不了指数那么多，也会打个折扣。

图 9-14　基金持仓

对于刚刚成立的指数基金，它的股票仓位还刚刚开始建，可能它的股票仓位只有 10%、20%等。这时候就会出现指数大涨，指数基金不涨的情况。所以，大家尽量不要买刚成立的指数基金，等它过个半年，彻底稳定了再说。

四、汇率变动

国企指数是追踪香港市场的，股票都以港元计价。而国企指数的指数基金是以人民币计价的，这就涉及了港元和人民币的汇率变化现象。汇率是随时变动的，哪怕指数一点没动，但是汇率变动了，指数基金的净值也是会变动的。

五、其他原因追踪误差

还有一些其他的原因导致指数基金追踪指数出现误差。

假如最近申购的人太多，一大堆现金涌入基金，把指数基金中的股票仓位从 90%直接搞成了 50%。那在这一天里面，指数涨

1%，指数基金可能也就只能涨 0.5% 了。当然，还有其他的一些导致追踪误差的原因，就不一一列举了。

　　总之，指数基金虽然追踪指数，但是很难做到和指数每天的涨跌一模一样，大方向上是相同的，有点误差也很正常。

第十一节　有关分红

　　有位同学曾问我："天马，股票分红和基金分红是一回事吗？是分红越高越好吗？"估计很多同学都有同样的问题，这一节我们就专门说说这个事。我们先看股票分红。

一、股票分红

　　股票本质上有两部分价值：第一部分是在股票交易市场上的市值，也就是我们经常盯着的股价；第二部分是它代表这家公司的一部分股权。我们平时只关心第一部分价值，而忽略了第二部分价值。

　　如果一只股票，股价为 100 元。你花 100 元买入一股，那么我们现在持有的总市值是 100 元。然后它分红了，分红为 2 元，那么我们持有 98 元市值的股票和 2 元的现金，加起来还是 100 元。感觉分红也没什么用，对吧？但是，如果它多分一些钱呢？比如，这次改成了分 20 元，那么我们就持有 80 元市值的股票和 20 元的现金了。但加起来还是 100 元，貌似这分红还是没什么用呀。

　　别着急，我们继续假设，现在极限情况来了。

　　假设这只股票分红为 100 元，那我们现在就持有一股 0 元市值的股票和 100 元的现金了。发现没，你收回了 100 元的现金，但是凭空多出一股股票来。我们一分钱没花，就拿到了这家公司的一部分股权。

如果这家公司继续经营，持续盈利，必然还会再产生利润，那一股股票就还会再收到分红。那时候我们手里拿的可能就是103元的现金和一股股票。

这件事的重点在于：我们花 100 元买的其实是两样东西：股价和股权。可股权那部分通常被我们遗忘了，但这部分才是股票的核心所在。股票之所以能分红，是因为股票的背后是公司。买股票，买的就是公司的一部分。公司能盈利、有利润，它才有钱分给股东。短期看，公司分红对股东好像也没什么意义。但是长期看，公司分红绝对是好事。

看到这估计有同学会问："那只股票分红 100 元之后，股价就为 0 了呀？"这就又引出一个词了——填权。填权的意思是：当股票分红的时候，虽然股价会下跌，但是由于市场看好这只股票，还会把因为分红导致的那部分下跌的股价给涨回去。这个过程就叫填权。

大家可能会问："填权一定会发生吗？" 答案估计你也能猜到了，填权不一定会发生。如果分红很少，可能第二天这只股票的股价稍微往上波动一下，就实现了所谓的填权现象。但是如果分红很多，比如刚才那只 100 元一股的股票，它要是真一次性分红 100 元，没准第二天它开盘的价格会涨到40 元、50 元的位置。

大家需要注意的是：因分红而掉下来的那部分股价，会因为股票价值的提升而慢慢涨回去，这需要公司持续盈利作为动力。并不一定会在分红当天涨回去。

也有同学问过："分红填权是否可以预先埋伏，当天填权发生了就卖出获利？"这个操作属于与市场博弈填权是否发生，是投机而不是投资，建议大家就不要参与了。

二、基金分红

　　基金分红和股票分红就不太一样了。之所以会有 100 元股价的股票分红 100 元的可能性，主要是因为股价和股票真正的价值不是一致的。有的时候，市场可能低估了一家公司，使得它股价非常低迷。但后面人家证明了自己的盈利能力，分红颇丰。但基金（特别是场外基金）的申购价格，就是基金的净值，不存在低估的说法。

　　比如，我们花 100 元钱，买了一份净值为 100 元的基金。这只基金如果分红 100 元，那你手里将持有一份 0 元净值的基金和 100 元的现金。0 元净值的基金毫无价值，相当于这只基金清算了。因此基金分红的意义与股票分红就不太一样。

　　基金分红，主要有两方面作用。

　　（1）基金经理可以通过稳定的分红，让基金持有人定期获得现金。有的老年人把养老金买成某只基金，每个季度用基金的分红来支付生活费。让他们通过卖基金的方式来获得生活费，他们会觉得有些麻烦。

　　（2）基金经理可以通过分红，强行缩小基金的规模。基金是规模越大越难管，大规模的基金很难去买小市值的股票和小规模债券。通过分红，把规模降下来之后，基金经理可以选择的股票和债券就变多了。我们偶尔会看到在牛市特别火热的时候主动分红的基金经理，这种基金经理都是比较有良心的，我们要珍惜。

　　基金分红的两种方式：现金分红和红利再投资。现金分红就是直接给你分现金，红利再投资是指直接帮你把分红的钱再买成这只基金。这两种方式要如何选择呢？

如果这只基金里面的股票估值都已经很高了，我们已经不想再买这只基金了，那就选现金分红。如果这只基金里面的股票估值很便宜，我们自己原本就还想继续买这只基金，那就选红利再投资即可。

第十二节　ROE 和市净率

除了前面讲过的市盈率，估值的常用指标还有 ROE 和市净率。这一节我会讲解这两个指标以及它们之间的关联。

一、ROE

ROE 全称是净资产收益率，这个指标是用来计算这家公司用自己的本钱来赚钱的能力强不强的。它的计算公式是：ROE = 利润/净资产 = E/B。

所谓净资产就是这家公司一共有多少资产，减掉欠别人的钱，剩下的归自己的资产。有的公司自己掏 100 亿元，一年能赚 30 亿元，它的 ROE 就是 30%，这种公司很优秀。当然，在看一家公司的 ROE 的时候，也要结合着看它借了多少钱。如果它借的钱特别多，虽然 ROE 很高，但是风险比较大，也要相应地对它的估值打折扣的。

巴菲特曾经说过一句话：股票的长期收益，大概等于它的 ROE。这句话被很多人误解了。有人觉得，既然巴菲特都这么说了，那我就选去年 ROE 高的股票或者指数。结果收益并不佳。之所以收益不佳，是因为犯了"知其然，不知其所以然"的错误。

巴菲特说的是"长期收益"，而非短期收益。一家公司去年的 ROE，并不代表它未来多年的 ROE。想要简单地用 ROE 来计算这家公司未来的股票收益率，就有一个大前提：这家公司的 ROE 不能下降。

如果这家公司的 ROE 快速下降，它的股票收益率也就跟着下降了。那要如何才能做到 ROE 不下降呢？我们一起来推导一下。

我们假设，有这么一家公司。它第一年的 ROE 是 ROE_0，第二年的 ROE 是 ROE_1。（为了简化思考过程，我们假设这家公司不分红。）

$$ROE_0 = \frac{E_0}{B_0}$$

$$ROE_1 = \frac{E_1}{B_1}$$

那么，它第二年的利润等于第一年的利润乘以（1+利润增速），第二年初的净资产等于第一年的净资产加上第一年的利润。

$$（1 + 利润增速）\times E_0 = E_1$$

$$B_0 + E_0 = B_1$$

如果我们想让这家公司的 ROE 不下降，始终保持在第一年的水平以上。反映到公式上，就是：ROE_1 要大于等于 ROE_0（再把第二个公式的内容，代入到第一个公式之中）。

$$ROE_0 = \frac{E_0}{B_0} \leq ROE_1 = \frac{E_1}{B_1} = \frac{（1+利润增速）\times E_0}{B_0 + E_0}$$

$$\frac{E_0}{B_0} \leq \frac{（1+利润增速）\times E_0}{B_0 + E_0}$$

然后，我们开始对这个公式做处理。

$$\frac{E_0}{B_0} \leqslant \frac{(1+\text{利润增速}) \times E_0}{B_0 + E_0}$$

$$\frac{B_0 + E_0}{B_0} \leqslant 1 + \text{利润增速}$$

$$1 + \frac{E_0}{B_0} \leqslant 1 + \text{利润增速}$$

$$\text{利润增速} \geqslant \frac{E_0}{B_0} = ROE_0$$

此时，结论出来了。如果我们想让这家公司 ROE 不下降，必须要利润增速大于等于 ROE_0 才行。换句话说，如果这家公司的利润增速小于它的 ROE_0，那就会出现一个比较悲惨的事情：它的 ROE 会一年接一年地下降。

所以，如果我们想用过去几年的 ROE 来计算未来股票的收益率，需要找到利润增速很稳定，且大于初始 ROE 的公司或者行业才行。这个要求是非常苛刻的，多数公司和行业都达不到这个要求。

二、市净率

市净率也是个倍数，是用市值除以公司的净资产。公式是：PB=P/B。

这个指标通常是用来计算重资产公司的估值的，也就是说，如果把公司的债都还了，然后把公司清算了，它账上的那些净资产和股价相比，哪个更值钱。

在经济环境特别差的时候，企业普遍没有利润，没法计算市盈率。这种时候，给股票估值，一般就用市净率了。那市净率和

ROE 有什么关联吗？我们来看下面的公式。

$$PB \times B = P \qquad E = ROE \times B$$

$$PE = \frac{P}{E}$$

$$= \frac{PB \times B}{ROE \times B}$$

$$= \frac{PB}{ROE}$$

由此可见，PE=PB/ROE。前面我们讲过，利润增速决定合理 PE。如果我先预估一个利润增速，就能估算出它的合理 PE。然后再预估一个 ROE，就可以算出合理的 PB 是多少了。

如果我预计这家公司未来利润增速为 5%，且它的 ROE 可以维持在 10%，则它的合理 PE 是 12 倍，合理 PB 就是 1.2 倍。

$$利润增速 \rightarrow PE = \frac{PB}{ROE}$$

$$5\%增速 \rightarrow 12 = \frac{?}{10\%}$$

第十章

保底的投资

    我这本书的定位是做家庭理财科普。而保险是家庭理财的重要部分。如果说基金和投资是为了向上争取高收益的，那保险就是向下防守底线的。可惜，整个保险行业在我国的口碑并不好。几乎家家都买过坑人的保险和没用的保险，要是哪个亲戚主动和你提起"保险"两个字，大家的第一反应一般都是：他是不是要给我推销保险？

    其实冷静思考，保险这个产品本身是好的，只不过之前保险公司的销售方式有问题、卖保险的人专业性不够。保险还是需要的，但是为了防止再次踩坑，我们需要总结一下经验：之前，怎么就踩坑了呢？

第一节 我家的保险经历

我自揭伤疤一下，说说我家之前踩过的保险的坑。

第一个坑，是我上小学时踩的。

我妈有个同事卖保险，强烈给我妈推荐了几个产品。我爸妈买的是一年各交 800 元的，交 20 年。保 10 种大病，得病赔 2 万元（没得病不赔），人过世再赔 1 万元。

然后，我上的那个小学，校长也卖保险，必须买。我妈给我买的是一年交 900 元的（我妈原话是：儿子的命更重要一些）。保几种疾病和意外，但我忘了出了事会赔多少钱了。

据我妈回忆，买这些保险的时候，家里年收入只有 5000 多元。每次到年底，都要集中交 2500 元的保险费，真不知道那时候日子是怎么挺过来的。

从买了这些保险的第二年开始，每次到了交钱的时间，老两口就会大吵一架。2021 年我爸做了心脏搭桥，获得了 2 万元赔偿。感觉这 2 万元拿到手上，讽刺的成分更多一些。

第二个坑，是我结婚后第一年踩的。

结婚了，就想着要给对方一个交代。也巧了，公司有个同事的老婆是卖保险的。在有个周末，她给我们办公室里的同志们一通科普。最后，给我推荐了一个据说是销售冠军的分红险。龙头保险公司，龙头产品。一年交 4500 元，保 20 多种重大疾病，得病了赔 15 万元。不得病还能分红，说收益率能到 4%（但是合同上没有写明）。

第二年，我回过神来，算了笔账。如果我不幸中招，得个什么癌，保险公司赔我 15 万元，感觉没什么用啊。15 万元能治好什么癌啊？而我自己做投资的收益率又远远高于 4%，那个分红对我也毫无价值。两边不沾。

我感觉被戏弄了。痛定思痛，我把这个破保险退了，拿回来一点零钱，亏了几千元。

后来，我在网上简单查了些资料，总结了一下我家在保险上犯的错误，主要是以下三点。

（1）买保险的钱占家庭收入比例过高，我爸妈买的时候，甚至达到了家庭收入的 50%，负担太重。

（2）应该买消费型保险，而不是分红型保险。分红型保险杠杆太低，真出了事，赔的钱对治病、生活起不到什么作用。

（3）也是最重要的一条，不知道自己到底该用什么保险产品保障哪些风险，稀里糊涂就买了。

不过，由于我研究得不太深入，所以后来一直没有买新的。后来，我家"领导"非常正式地约谈了我，要求我在三个月内彻底搞清楚保险知识，落实保险订单。

我发现好像在中国都是这样，家里面女主人的危机感，总是要比男主人的危机感强烈得多。

第二节 社保很重要

开始讲商业保险之前，我们先说说社保。毕竟商业保险是给社保做补充的，我们得先知道社保里都有些什么，才知道商业保险该再补充些什么。

一提社保，让我想起我亲戚家的一个孩子。

这小伙子最近新找了个工作，公司老板说："你可以选择不交社保，这样每个月拿到的钱会更多一些，公司还可以给你补点。"

他跑来咨询我："社保好像也没什么用，要不我就答应他？"

我说："年轻人，你小看了社保啊……"

社保是我国国民享有的最基本保障，对每一个人都是非常重要的。

一、社保分两种

我们常说的社保分为两种（见图10-1）：一种是职工社保，一种是居民社保。

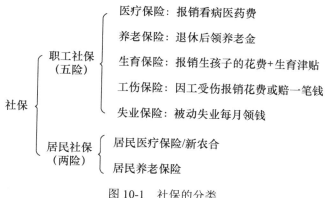

图 10-1　社保的分类

我们想拥有"职工社保"，就得有份工作，让公司帮自己交。还没有上班的同学，比如你是个体户，或者是家庭主妇（夫），则可以自己到当地的社保局交"居民社保"，但一般要有当地的户口或者个体营业执照才行。

职工社保和居民社保的区别是：职工社保里包含医疗、养老、生育、工伤、失业，这五种保险（也就是我们常说的"五险一金"

里面的"五险"，住房公积金不属于社保）。而居民社保只有医疗和养老这两种保险。

二、五险有什么用

1. 医疗保险

医疗保险就是医保，主要是去医院看病时用来报销的。比如，张三在医院看病花了 10 万元，医保给报销了 7 万元，还剩 3 万元需要张三自己付。

职工社保交的医保有两个账户，一个是集体账户（又叫统筹账户），另一个是个人账户。公司给员工交的钱是到集体账户里面的，由公司代扣的员工缴纳部分在个人账户。集体账户的使用门槛比较高，一般要住院做手术之类时才可能用上。个人账户的使用门槛相对低一些，像看病时的挂号费、检查费都有可能用上。

居民社保交的医保全都交到集体账户了，而且医保还有最大好处：年轻的时候只要交满一定年限，退休后不交了，也能终身享受医保报销的福利。不同地区对缴纳医保的年限要求不同，比如深圳是要求交 25 年医保，才能终身享受医保福利。

另外，大家要注意的是小朋友也是可以买医保的。有的城市叫少儿互助金，有的城市叫少儿医保，都是一回事。小孩出生后，有身份证号了，基本就都能办了。有的城市要去社保局买，有的是去户籍所在街道办买，还有些城市，线上就能直接买。一年两三百元钱，很便宜，得病也是按比例报销的，非常划算。家里有娃的，一定要买。

2．养老保险

不管交职工社保还是居民社保，都有养老保险。交了养老保险，退休以后可以领取养老金。年轻时交钱，老了领钱。不过，每个城市对缴纳的年限都有要求。比如，深圳是要求缴满 15 年，退休后可以每月领取养老金。15 年是累计时间，中间可以中断，但前后加起来必须缴满 15 年。

3．生育保险

生育保险要交了职工社保的人才有，能报销产检、生孩子的各种费用。在几个一线城市，生育保险的报销额度大概在 5000 元左右。还是拿深圳举例，产前检查提供婴儿出生证明的，一次性支付 2000 元；单胎顺产、难产（含剖宫产）分别可报销 2700 元、5200 元。男性虽然不生娃，但因为默认结婚后老婆也能用上，所以公司也会交生育保险。肯定有男同学会说："我不结婚，我不交！"别急，这个钱是公司出的，个人不出钱，所以该交还是让公司帮忙交上比较好。

4．工伤保险

如果在工作时间、工作地点、上下班途中，因为工作的原因发生意外，工伤保险可以报销一定的医疗费用。如果比较不幸，发生重大意外，导致打工人没有了劳动能力，甚至是人没了，工伤保险可以赔一些钱。

5．失业保险

失业保险能在你失业的时候发点钱。如果职工社保缴满一年，并且处于失业的状态，可按照相关程序申领失业保险金。注意，得是被迫离职，主动离职大部分不算。但按流程，会先对你进行再就业培训，还会给你介绍份工作，所以想领失业保险金并不容易。失业保险金标准为本市月最低工资标准的80%。以深圳为例，深圳目前的最低工资标准为每月2030元，失业保险金为每月1624元。

三、怎么交，怎么查

社保很重要，肯定有同学要问了："要怎么交社保呢？"

职工社保是我们所在公司每个月发工资之前要帮我们代缴的，不用我们自己专门跑去交；但居民社保不一样，居民社保要自己去社保局交才行。

还有同学问："农村社保怎么交？"农村社保也是居民社保，包括农村医疗保险和农村养老保险。农村医疗保险的全称叫作"新型农村合作医疗"，简称"新农合"。而农村养老保险呢，它和城市的居民养老保险现在统一了，统一叫"城乡居民养老保险"。

以我同事家为例：他爸妈每年的新农合和养老保险都是村干部上门收的，新农合一般一年300元左右；养老保险一年交500元，多缴多得，60岁以后就可以按档次每月领取养老金。他爸妈一共也就交了10年，一年交500元，60岁后每人一年能领3600元。

所以，家里有亲戚在农村的同学，一定要提醒家里人按时交社保，这绝对是国家发的福利。具体交的方法，去村委会打听一下就可以了。

还有同学问我："不知道自己的社保交没交，怎么查？"有三个查询途径。

（1）去当地社保局查，这个方法是最靠谱的，肯定能查得到，就是要跑一趟。

（2）在当地社保 App 查。比如在成都交的，有成都专用的天府市民云 App 能查；在广东交的，可以在广东人社 App 查。反正大城市都有自己的相关 App，名字都不太一样。

（3）在第三方 App 查，比如支付宝，搜"医保卡"就会有一个小程序。

总之，社保很重要，关键时刻还得靠社保救命。

第三节　商业保险的分类

经过研究，我得出一个非常重要的结论，我家买保险之所以遭遇各种不幸，总结起来就是一个原因：没买对品种。

一、保险的分类

从功能上分，保险分为两大类。

第一类是保障身体健康、生命这方面的，我称之为"保障险"，保障险里有四大险种。

（1）负责看病报销的**医疗险**。

（2）负责养病的**重疾险**。

（3）赔偿意外身故和伤残的**意外险**。

（4）只要身故就赔偿的**定期寿险**。

保障险的四大险种都是围绕着人的身体健康和生命来进行保障的，所以叫保障险。

第二类是做长期低波动投资的，叫"储蓄险"。

比如用来存养老金的养老年金险，用来存孩子学费的教育年金险等。我们可以把储蓄险理解为一个低波动级别的（和银行存款差不多的安全性）、超长期的（甚至可以投二三十年或一辈子）的投资品。

既然是纯投资品，它就不太关身体健康的事了，重点是定期给钱。这两类保险，一个保障身体健康，一个管投资，各司其职，非常清晰。

二、保障险的主要功能和选保障险的要点

保障险的主要功能是解决倒霉事发生时候，钱不够用的问题。选保障险的要点在于：花钱要少，赔得要多，杠杆一定要高。下面介绍几个专业名词。

我们买保险花的钱叫"保费"；出了事，保险公司要赔的钱，一般叫"保额"。花钱少，赔得多（也就是：保费低，保额高），这叫"杠杆高"。倒霉事真发生了，保险公司赔一大笔钱才够用。倒霉事要是没发生，那最好，保险的钱就不要了。因此，保障险中最大的坑就是，倒霉事发生的时候，赔的钱太少，不能够解决问题。

保障险分为：消费型保障险和分红型保障险。

什么是消费型保障险？比如，我花4000元买个保险，如果得重疾了，保险公司会赔偿我50万元。但是如果倒霉事没发生，那4000元的保险费我就不要了，相当于消费了。这种我不出事，保费就不还给我的保险，就叫消费型保障险。

分红型保险就不一样了。比如，我花4000元买个保险，如果我得重疾了，保险公司只赔偿我10万元。但是如果倒霉事没发生，那这4000元的保险费在30年后会还给我，甚至除了4000元本金，还能再给点分红（年化收益率在2%左右）。这种我不出事，保费

30 年后还给自己，或者给我分红的保障险，就叫分红型保障险。

乍一看，分红型保障险貌似比消费型保障险好啊，我要是没得重疾，人家还要还我钱呢。但仔细一算就不是那么回事了。因为我买保障险是为了出事的时候赔得多，而不是为了理财。同样是得了重疾赔 50 万元，消费型的一年只需要花 4000 元，而分红型的一年则要花 20000 元左右。分红型保障险要比消费型保障险多花好几倍。

那我买消费型保障险一年花 4000 元，把剩下那 10000 多元自己买基金做投资不就完了，收益不比保险公司给我的高得多？不管什么类型的保障险险种，消费型的杠杆都要比分红型高得多，也更实用得多。

三、回顾一下保险的发展历史

最开始，这世界上只有消费型保障险，功能很纯粹，就是保障。每年交 4000 元，得重疾赔付 50 万元。但是保险公司发现这个产品不好卖。老百姓觉得，我哪那么倒霉？我凭什么会得重疾？我凭什么出门被车撞？不买！后来，保险公司开始想招，原来是每年交 4000 元，保额为 50 万元。改成每年交 4000 元，保额为 25 万元，但是 30 年后把本金还给我们。

其实，这个新保险和之前的是一回事，只不过是拿 4000 元中的 2000 元，给我们上了保险。另外 2000 元，保险公司拿去投资了，钱给人家白用了 30 年，赚的钱大部分被保险公司收走了，给了我们很少一部分。这个保险产品非常畅销，叫返还型保障险。再后来，保险公司又开始想招，原来是每年交 4000 元，保额为 50 万元。给你改成每年交 4000 元，保额为 10 万元，但是 30 年后把本金还我们，还给我们分红（年化收益率在 2% 左右）。

其实，这个新保险和之前的还是一回事，只不过是拿 4000 元中的 1000 元，给我们上了保险。另外 3000 元，保险公司拿去投资了，钱给人家又白用了 30 年，赚的钱大部分被保险公司收走了，30 年后把本金和部分分红还给我们。这个保险，更加畅销！这叫分红型保障险。

返还型和分红型保险都很坑。它会让我们花很多钱，但是真出了事，赔那点钱根本不能解决问题。说了这么一大堆，如果说买保险只记住一句话，那这句话一定是：保障险，只买消费型的！

如果我们要做长期的低波动投资，可以投储蓄险；长期的高波动投资，可以投基金。各司其职，分工清晰。

第四节　一次搞懂四大险种

下面我们详细说说保障险里面的四大险种。我们换个方式，根据我们面临的需要花钱的倒霉场景划分，从轻到重依次说说。

一、得了病，没钱治

比如突然得了个重疾，医生说："没事，这病不死人，能治。先治个 50 万元的，看看效果……"可现在打工人在买了房之后，还房贷尚且紧紧巴巴。突如其来几十万元的治疗费，无疑是让本不宽裕的家庭雪上加霜。

这时候，医保就出现了，能报销几十万元，但是医保也有问题。比如，金额有上限。以北京为例，最高报销 30 万元。用药也有范围，有不少药品不能报销，比如一些进口新药就没法报销。

这时候商业医疗险就跳出来了，那些社保不能报销的部分，由商业医疗险来补充。费用大约为 300 多元一年（年龄越大价格越高），如果得病了，花多少报销多少，最高赔 100 万至 200 万元，所以又被称为"百万医疗险"。百万医疗险是一年一年买的，一年签一次合同。

问题来了，今年买完了，明年不卖了怎么办？所以选百万医疗险，要看这个产品的续保期。至少要保证 6 年以上的续保期，按目前的情况来看，最好是 20 年内都可以续保的。如果我的身体情况变坏了，你得让我继续保；如果你产品停售了，最好也得让我继续保。

医疗险还有个叫免赔额的东西，意思是治病花的钱，社保报销完，剩下的钱里面，先扣掉免赔额，再剩下符合要求的部分都可以报销。免赔额当然是越低越好，主流的百万医疗险免赔额都是 1 万元。比如，治病花了 50 万元，社保报销了 20 万元，剩下 30 万元，免赔额是 1 万元，其余 29 万元由医疗险报销。百万医疗险的报销范围越广越好，写得越清楚越好。如 ICU、ECMO、社保外用药等，最好都能涵盖。报销比例越高越好，最好能 100%报销。

有些同学由于身体检查出异常，或者因为职业原因无法购买百万医疗险，别着急，还有另外一个选择，那就是各地政府联合商业保险公司一起推出的"惠民保"。惠民保也是一种百万医疗险，只不过对身体健康和职业要求的门槛降低了。

很多省份的惠民保是所有职业都可以买，得过高血压、糖尿病也可以买。毕竟是政府主导的，还是希望更多人能买得上。但是，健康门槛降低之后，保障也就没有纯商业百万医疗险那么全面了。比如不是 100%报销，免赔额可能升到 2 万元了。相应的，价格也降低了，这也是可以理解的。

二、病暂时治好了，但上不了班；家庭断了收入，没钱过日子

癌症基本就是这样，现在能治好的癌症越来越多，但是普遍现象是，癌症暂时治好之后，还要静养三五年。休养期间，人的身体抵抗力很差，如果进行高强度工作，很可能会复发。

解决这个倒霉事的保险，叫重疾险。保费大约一年几千元，得癌了一次性赔偿 50 万至 100 万元。这些钱一般不是用来治病的，因为治病那部分钱已经用医保和百万医疗险解决了。这些钱是用来支付未来几年的生活费的，有了这些钱，就不用着急找工作了。重疾险是所有人身保险里面最贵的保险，大家挑选的时候需要尤其用心。

三、家里的主要劳动力突然没了，家庭彻底没了经济收入

前面两种倒霉事场景中，好歹人都还在。只要人还在，就还有重新赚钱养家的可能性。但第三种是人直接没了，这就彻底没法翻盘了。解决这个倒霉事的保险有两种。之所以有两种保险，是因为人有两种"没法"。

1. "没法" A

人是出意外没的话，解决这个问题的是"意外险"，除了人直接没了，残了也赔。这种保险一般一年交 300 元左右，人没了赔 100 万元。如果是残了，按伤残等级赔相应的比例。一级伤残赔

100%，二级伤残赔 90%······

2. "没法" B

人是得病没的，解决这个问题的是"寿险"。比如得了癌症，最后也没治好，这就得由寿险来赔了。当然，寿险不光是赔因得病没的，只要人没了，不管因为什么原因，它都赔钱，这就是寿险（注：两年内有过自杀行为的不赔，因吸毒等违法犯罪作死也不赔）。

此时，我们会发现，寿险和意外险是有重叠的。如果一个人两种险都买了，且他是出意外没的，那意外险赔完，寿险是不是也会赔？对，都赔。

寿险分定期寿险和终身寿险两类。

定期寿险一般是有限的几年、几十年时间，比如保到 60 岁，60 岁之后没，它就不赔钱了；终身寿险是无论哪年没，都赔钱。终身寿险比定期寿险贵很多很多，毕竟人终究是要死的。因此，终身寿险是一个必然赔钱的产品，这个产品其实是个储蓄险，我们在本章第七节会讲。

定期寿险会比意外险贵一些，按目前产品来看，一般 30 岁男性买的话，分 30 年交，每年交 1000 多元，如果人没了，可赔 100 万元。

到此，保障险的四大险种，我们就介绍完了。那具体怎么买呢？我们在下一节详细讲解。

第五节　如何配置保险

在到底要给谁配置保险这件事上，国人有很大误区。这个误区主要源自"保险"这个名字起得不好。"保险"，这词一听就是：给谁买，谁就"保险"了，谁就不会出事了。所以，国人往往是父母给孩子买保险，孝子给爹妈买保险。但是，家里面最应该配置保险的，绝对不是老人和孩子。

回想一下，保险之所以存在，是因为家里如果出了倒霉事，可能会没钱解决这个倒霉事。老人孩子得病了，家里不还有我们继续赚钱呢？有我们继续赚钱，这倒霉事不就能解决了？但是，如果我们得病倒下了，家里的主要经济收入没了，难不成指望老人孩子出去赚钱？

因此，一个家庭里面，最该配置保险的人，不是老人和孩子，而是家里的顶梁柱。我们把家里几口人，按照年收入由高到低排列，排名在前面的先配置保险。排名在后面的，后配置保险，或者暂时不配置都没事。

我就觉得应该给保险改个名字改叫"倒霉事赔偿金"。这名字就回归本质了。如果保险改叫这个名字，我就不信还有家长会通过给孩子买保险的方式祈祷孩子平安。

医疗险、重疾险、意外险、定期寿险，对于这四个保险，我们应先配置哪个呢？应该先配置治病险（也就是前两个），再配置人没险（也就是后两个）。尽量把人治回来，活着才是最重要的。具体配置多少，根据自己的需求来规划。

一、从保费角度

我觉得用来配置保险的钱，不应该超过一个人年收入的10%，最好控制在5%左右。网上有个标准普尔家庭资产模型，建议年收入的20%都应该用来买保险。

一个人如果一年有 20 万元收入，难道要买 4 万元的保险？买这么多干吗？20 万元收入，5%就是 1 万元左右，已经可以保障得比较全面了。个人觉得，保费尽量控制在年收入的 5%左右，这样才不会因为保险给生活带来额外负担。

二、从保额角度

对于家里的顶梁柱来说，一个 30 多岁的中年人应该配置百万医疗险，保额应该在 200 万元。在现代医学的大背景下，如果这么多钱还治不好病，那基本上"神仙"也无力回天了。尽量选择保证续保 20 年的、200 万元保额的百万医疗险，保费每年大概是 300 元左右，很便宜。

重疾险，保额大概在 30 万至 50 万元左右。一般按照 3～5 倍年收入来考虑，也就是三五年不上班，也不用愁没钱养病。30 万至 50 万元的保额，保费大概在每年 4000～7000 元（重疾险应该是这四个保险里面最贵的了，但依旧处于可以接受的范围）。

意外险，保额应该在 50 万至 100 万元。真要是出了意外，这个钱留给家人还房贷。50 万至 100 万元的保额，保费每年大概在 200～400 元，很便宜。

定期寿险，保额应该从 100 万元起步。与意外险一样，这个金额应该与房贷挂钩。100 万元的保额，保费每年大概为 1000 多元。

对于年轻人来说，也就是从毕业到结婚之间年龄段的同学，其实配置方法和中年人差不多，也是先配置治病险，后配置人没险。只不过年轻人收入低一些，可以先少买一些。千万别上来就买一大堆，搞得自己经济压力很大。

　　把中青年的保险配置问题解决了，我们再说说如何给儿童和老人配置保险。

　　儿童的保险方案中，首先必配的当然还是百万医疗险。除了百万医疗险，还有一种是报销日常门诊费用的，这个叫门诊医疗险。大人没有必要买门诊医疗险，因为保费比较贵，除了"病秧子"，一般人很难把保费报回来。但是小孩不一样，有的小孩经常生病，一不留神就把保费报回来了。

　　剩下的三个险种里，重疾险和意外险也是可以给儿童配置的，思路和给成年人配置这两个险种差不多。但是，儿童不需要买定期寿险。原因很简单，定期寿险，是指这个人过世以后，给家人留下一笔财产。

　　给小孩买寿险，并不会让小孩长寿，反而会让法官觉得，有杀子骗保的倾向。千万不要觉得匪夷所思，有些地方还真这么干……所以国家要求，不管给小孩买多少保额、多少份保险，0～9岁身故赔的钱最多是20万元，10～18岁最多赔50万元，也就是为了防止这种事出现。

　　老年人的保险配置方案，与成年人和小孩的方案，有很大区别。

　　我强烈建议老年人配置百万医疗险，但这类产品对健康要求非常严格，三高人士基本很难买到百万医疗险。所以，针对健康情况没那么佳的老年人，保险公司专门出了"防癌医疗险"。意思是，这个医疗险重点是用来报销癌症的治疗费用。其他疾病，比如心血管病，它就不管了。我们可以把"防癌医疗险"理解为"百万医疗险mini版"，买入门槛变低了，保费也便宜了，但保障范围变小了。

　　重疾险主要是解决得病期间的生活费用问题。不过，老年人基本买不了重疾险。大部分重疾险对五六十岁的人就不卖了，偶尔还能卖的，保费特别贵。有时候交的钱比保额还高，很不划算。所以，对于老年人来说，重疾险一般不考虑，而重点考虑重疾险的"mini版"，即"防癌险"。

防癌险就是只有得了癌症才赔的重疾险。其他大病，比如心血管疾病，它就不管了（三高人士也能买）。因此，防癌险保费要比重疾险便宜很多。一般来说，相同保额，防癌险会比重疾险便宜1/3，甚至更多。

老年人可以正常买意外险。老年人买意外险的主要目标，并不是为了人过世之后给孩子留下点钱，而是因为意外险里面有意外医疗赔偿功能。也就是如果老人摔伤了、滑倒了，去医院治病的钱可以报销。

定期寿险的作用，是成年人过世之后，留下孩子无人照料，要留给孩子一些钱，让他们能继续过日子。但是老年人都这个岁数了，孩子早已长大，没这个责任了。所以寿险也就用不着买了。

如何给家里不同年龄段的人配置保险，我们就讲完了。刚才我们讲的时候，经常会提到某人身体健康异常，因此没法买某个保险。这是怎么回事呢？接下来，我们就要说说保险领域最大的坑，健康告知。

第六节　最大的坑，健康告知

有一天，张三发现自己得了甲状腺癌（一种很容易治愈的癌症），他非常开心，赶紧跑去买了一份重疾险，打算获得几十万元的赔偿。请问：张三的这个计划，能成功吗？答案很显然，不能。

如果已经得了大病还能买保险获得赔偿，那保险公司岂不是早就被赔破产了。

商业保险公司是营利机构，是要赚钱的。所以，它们只希望比较健康的人来买自己的保险。买保险的时候人越健康，后面他得病需要赔钱的概率越小。那要如何筛选出健康的人来买它们的保险呢？就是通过"健康告知"这个东西了。

健康告知就是你在买保险下单之前，会有个问卷。

问卷上会问，你有没有得过各种疾病？比如，肿瘤、高血压、糖尿病、冠心病、脑卒中、肺部结节、慢性肾病、肝炎、精神疾病，等等。问卷上可能还会问，你有没有过各种检查异常？比如，血液检查、尿液检查、心电图、影像检查、内镜检查、病理检查，等等。

如果我们确实有其中某个疾病或者某项检查异常，就得在问卷里告知保险公司，保险公司会根据疾病和异常的严重情况，来决定是否让你投保。

如果异常情况严重，那可能就不让你买这个保险了；如果异常情况不清晰，保险公司可能会要求你去医院复诊，拿复诊后的诊断证明来，再确定是否让你投保；如果异常情况很轻，可能会让你正常投保、除外投保（就是某个病它不保了）、加费投保（就是加钱）。

有同学肯定要问了："那我要是明知自己有某个异常，但我就是不告知，会怎么样？"这个后果很严重，很有可能会出现：我们交了多年的钱，到后面某年得病了要赔钱的时候，保险公司因为我们没有如实告知而拒绝赔钱。

大家可能会纳闷，保险公司是怎么知道自己当年没有如实告知的啊？保险公司专门有个部门，就是干这个活的。

比如，本节开头那个案例，张三没有如实告知，买了一个重疾险。一年后，他向保险公司说自己得了甲状腺癌，索赔几十万元。保险公司的核查部门这时候就开始工作了，会派专人到张三的户籍所在地、户籍所在省的省会城市、工作地所在城市等地的大中小医院挨个走访，调取张三在这些医院的历史就诊记录。它们还会从各大体检机构的数据库中调取张三的历年体检记录。如果发现张三在购买保险之前就查有某项健康告知上问到的异常，但是张三没有如实告知，那根据保险合同上的条款，张三的这张保单是无效的。因此张三也就不会获得理赔，他交的保费也白交了。

张三明知自己有病却不告知，后面拿不到赔偿也属合情合理。有的同学并非故意隐瞒，确实是忘了自己曾经查出某项异常，或者根本不知道有健康告知这回事，因此没有告知。如果是这样导致后面无法获得赔偿，那就比较冤枉了。

由于做健康告知的流程很复杂，很耗时。很多人又是在生病之后才想起来买保险，如果认真做健康告知，可能这部分人多数都买不了保险了。有些无良的保险销售为了追求短期的销售业绩，干脆就不向投保人强调健康告知的重要性。就比如当年我买那个烂保险的时候，那个保险销售从头到尾就没提让我做健康告知。这都为投保人未来的理赔埋下了巨大的隐患。

金融产品里面的坑很多，如果我们想不掉进坑里，唯一靠谱的方法，就是自己把基础知识掌握清楚，想完全依靠金融行业的从业者，是不行的。

有关健康告知，还有几个常见问题需要在此强调。所谓"健康告知"，不是说要在买保险之前非得去做个全身体检，而是以你之前的体检报告和医院检查报告为准来进行告知。保险产品健康告知页上问到的问题，如果我们之前的报告上有这个问题，那就得告知；如果我们之前的报告上没有，那就不用告知（每个产品的健康告知都不太一样）。

比如，保险产品上写：曾经得过肿瘤，要告知。如果李四得过子宫肌瘤，虽然是良性的肿瘤，且这病对身体基本没什么影响，那也得告知。但是，如果李四的体检报告上的结论比较模糊。比如，有甲状腺结节，那就得去医院进一步复查，给这个结节定个级，到底是几类的甲状腺结节，保险公司才好确定要不要接这个保单。

如果说我们这辈子就没做过体检，又没去医院做过检查，那在买保险界就是强者，绝大多数的保险随便挑（有的保险对职业也有限制）。千万不要为了买保险，先去做个大体检，这就非常不值当了。

另外，健康告知是个很专业的事。我们尽量找一个经验丰富、比较有职业操守的保险顾问，让他帮自己做健康告知，这样会比较好。

第七节　储蓄险的那些事

说完了保障险，我们再来说说储蓄险。储蓄险的名字里虽然也有个"险"字，也是保险公司出的产品，但它跟我们前面科普过的医疗险、重疾险关系不大。我们买储蓄险的目的非常单纯，就是投资做资产配置。

储蓄险是一个超长期（几十年）、几乎没波动、如不提前退保则收益明确的品种。我们以储蓄险里面最典型的品种——年金险为例，说说它是怎么运行的。

张三在 30 岁的时候买了一个年金险。合同约定，连续存 5 年，等他 60 岁了，就可以每年领钱，一直领到他去世，相当于自己给自己多存了一份退休金。这是养老年金。

张三还可以给他 3 岁的儿子也买一个年金险。合同约定，连续存 3 年，等他儿子在 18～24 岁，每年都可以领一笔钱，当学费或者生活费，覆盖本科、研究生阶段。这是教育年金。

张三到 60 岁以后每年具体能领多少钱，他儿子 18 岁之后具体能领多少钱，要看他当时存了多少钱，以及当时签的合同上，约定的实际给付金额是多少。

传统储蓄险产品有个特点，它的收益是确定的。我们在买的时候，保险公司会把我们每年需要交多少钱，后面每年能领多少钱白纸黑字写在合同上。而这份储蓄险的实际收益率，是根据合同上的这些数字计算出来的。

目前，市面上收益比较不错的储蓄险，长期实际年化收益率大概在 3.5%左右。有些储蓄险产品在宣传的时候会说自己的预定利率是 3.8%或 4.025%，预定利率不是投保人最终实际拿到手的收益率，实际收益率只能用我前面说的方法计算。

肯定有同学会问："储蓄险收益率这么低，为啥还会有人买呢？" 储蓄险这个品种有它适用的人群和场景。

比如某位同学，对波动非常敏感，一看见基金净值波动就睡不着觉。他就不能买股票基金、债券基金，那他的长期投资就只好选择储蓄险了。

或者某位同学把家里的资金做了多笔规划，一部分钱做基金投资，追求高收益，承担高波动，万一自己看走眼亏了钱，也能接受。还有一部分钱，比如小孩上学的钱，这是确定要花的钱，绝对不能有任何闪失。所以他选择把这部分钱买成储蓄险，虽然收益低，但基本不会亏。这样的思路也是可以的。

储蓄险里除了年金险，还有个常见品种叫增额终身寿险。年金险和增额终身寿险两个品种有相同之处，也有不同之处。

相同之处是存钱的方式，都是一年一年存。比如，一年存 3 万元，存 10 年。或者，一年存 5 万元，存 5 年。具体要根据我们的实际情况，来选择每年存多少钱、存多少年。

两个品种的不同之处，主要体现在领取方式上。

年金险是到了岁数才让领钱，且是按年或者按月领钱，不能提前领。由于不能提前领钱，可以有效防止"月光族"把自己养老的钱给提前花光的情况。它属于一个强制储蓄的好工具，非常适合"管不住手"的同学。

增额终身寿险的领取方式就要灵活一些了。比如我在 30 岁开始存钱，存到 40 岁、50 岁，虽然还没退休，钱也是可以领出来的。如果未来十几二十年，孩子上学可能要用这笔钱，或者我们自己要换套房子，就更适合增额终身寿险。

年金险和增额终身寿险都是在买的时候就确定收益了，提前退保可能会有损失，但具体会损失多少，合同上也写得很清楚。但是现在互联网上还出现了一些储蓄险创新品种，比如投连险、分红型的储蓄险，等等。这些品种未来的收益是不确定的。像投连险，甚至未来有可能是亏的。这些品种就失去了储蓄险应有的确定收益的作用，因此大家要小心辨识。

第十一章

投资与生活

第一节　工作更重要

其实投资这件事，用一个简单的公式就能说清楚了：收益=本金×收益率。

收益率这个值，想太高是不可能的。甚至我可以斩钉截铁地说："谁承诺你超高收益率，谁就是骗子。"想想看，巴菲特的年化收益率也就20%。

收益率既然高不到哪去，那收益的决定因素基本就是本金了。本金从哪来？除了家族传承和中彩票，基本就靠工作了吧？工作对我们来说，是非常非常重要的人生环节。但是太多人对择业，过于轻视和草率了。我身边有不少人，找工作几乎就是随便找的，找完了，就将就着上班了，一待就是十来年，这就是问题的本源。

婚姻和工作的选择，这应该是现代人花最多精力来研究的两个项目。天天想，日日研究，都不为过。有人为了"双十一"时能多省几十元，反复研究对比各种券，研究好几天。但是为自己的工作，却从来下不了这么深的功夫。就毕业的时候参加了几场招聘会，后面就再也没在这方面花过心思了。

工作的选择是要持续研究、持续思考的。它也是需要长线思考的，需要随着自我的认知升级而逐渐变化的。工作好了，生活才会真的好起来。工作不好，想着靠投资理财就让生活发生翻天覆地的变化，这是不可能的。

特别是很多同学本金很少，还希望通过投资实现财务自由。这个愿望本身就不合理。不合理的需求一般会引导大家找到心术不正的内容供应商。被骗，往往是最终结局。

工作很烦，但想通过理财来绕开它，是绕不开的。只有直接面对它，解决它，才是唯一的方案。

第二节　如何选行业

有同学问我："大学毕业该选什么行业的工作才赚得多呢？"我觉得人除了赚钱，还是有更高层次的追求的，比如爱好。如果我们有非常喜欢且擅长的行业，哪怕在这个行业赚钱不是特别多，也应该首选这个行业。毕竟做喜欢的事，才能做得久。做擅长的事，才在行业内有竞争力。做得又久，又有竞争力，赚钱是水到渠成的事了。而且在赚钱的过程中很快乐，这是很令人羡慕的。

如果我们没什么爱好，那就只能庸俗地从赚钱角度来进行择业分析了。三百六十行，没有高低贵贱之分，都是为人民服务。但客观地说，确实有的行业平均工资高一些，有的行业平均工资低一些。

我们看一下国家统计局公布的数据。2019 年中国统计年鉴的数据显示：IT 和金融行业的人均工资排名在前两位，在 13 万至 14 万元。而餐饮、住宿、居民服务等服务业的人均工资排名在倒数前三，只有 4 万至 5 万元（见表 11-1）。

表 11-1　各行业人均工资及排名情况

行业	人均工资	排名
信息传输、软件和信息技术服务业	147678	1
金融业	129837	2
科学研究和技术服务业	123343	3
电力、热力、燃气及水生产和供应业	100162	4

（续）

行业	人均工资	排名
文化、体育和娱乐业	98621	5
卫生和社会工作	98118	6
教育	92383	7
交通运输、仓储和邮政业	88508	8
租赁和商务服务业	85147	9
采矿业	81429	10
批发和零售业	80551	11
房地产业	75281	12
制造业	72088	13
建筑业	60501	14
水利、环境和公共设施管理业	56670	15
居民服务、修理和其他服务业	55343	16
住宿和餐饮业	48260	17
农林牧渔业	36466	18

这是为什么呢？在信息时代，有规模效应的行业，赚钱确实要更容易一些。

比如互联网行业，写一行代码，10亿人用，后面增加一个用户，公司的新增成本几乎为0。这就是规模效应，公司的产品可以无限制地扩张用户，赚全世界每个人的钱。这就是有规模效应的行业。再比如金融行业，发一只基金几亿人买。前面说过余额宝（天弘基金旗下的一款货币基金），拥有6亿用户，这么大的规模，几个基金经理管理呢？只有一两个人。

另外，这两年比较火的短视频行业，视频博主拍一个视频几百万人看，而这个视频的制作团队，只有几个人。像传统的电影明星为什么那么赚钱，也是一样的道理。他们都是在从事少量人服务天量用户的行业，这些行业都有非常显著的规模效应。

　　反观，像开出租车、开理发店、开小餐馆，这些都是同一时间只能服务少量用户的行业，不具备规模效应。有规模效应的行业，老板赚到的钱多，分给员工的薪水可以更高；不具备规模效应的行业，老板赚的钱少，分给员工的肯定就更少了。

　　所以，单纯从薪水角度看，我们选择工作的时候，考虑的顺序是：行业优于公司优于岗位优于初始薪水。就像买房的时候，选择顺序是：地段优于小区优于楼层优于装修。因为初始薪水和装修一样，后面都是可以变的。但行业属性和房子的地段，是无法改变的。

　　总结下来，选工作就是要么选喜欢且擅长的行业，要么选有规模效应的行业，二选一就行了。选好了行业之后，如何涨工资呢？我们在下一节说说。

第三节　如何涨工资

　　想要在工资上有和老板的议价权，需要看一下我们现在的工作是在什么类型的岗位。一家公司的岗位很多，总体来说可以分为：成本部门和收入部门。

　　成本部门就是公司要花钱养着的部门，比如研发、产品、IT、行政、人力、法务、财务，等等；而收入部门是指可以帮公司拿到订单，帮公司赚钱的部门，比如销售、营销、渠道，等等。

　　工作中要想获得主动权，要么把握产品端，要么把握客户端。

　　产品端就是指成本部门里面的研发和产品部门。当然，产品端也不光是做编程的，在一家米其林餐厅，大厨就是产品端；在一家律师事务所，律师就是产品端。总体来说，能给客户提供最终产品或者服务的人，就是产品端。

海底捞，说是吃火锅，其实提供的是服务产品。大家就是喜欢这种服务，那谁能保持住这种服务不变样，也是把握了产品端。我认识一个新东方出来的英语老师，我体验过他的考研英语课程，就算是英语小白学了，三个月考研都能过线（请允许我用了夸张的修辞手法），这也是把握了产品端。

大到像 iPhone 这样的产品，小到一节英语课、一个蛋糕、一杯咖啡，如果我们能做出别人做不出来的并且客户喜欢的产品，这就有独特价值了。能做出这些产品来，我们在这个社会上就永远有竞争力。

当然，做产品是很难的。我们在职场中，多数情况下没有学习如何制作产品的机会。没关系，哪怕我做不出好产品，我们还有另外一条路可以走——客户端。客户端，一般是指收入部门里面的销售这样的岗位。大家要知道一个基本概念：信息的获取是有成本的。

比如，一个人想买一张床，他要如何挑选到最适合自己的床呢？不同的床，定位完全不同。有的床是实木板材，有的是刨花板，有的是铁架子床。实木板还分松木、榉木、樱桃木等。刨花板也分 E0、E1、E2 不同等级。对于一位第一次买床的同学来说，他很难从茫茫床海中选出那个最适合他的，往往就是随便乱买一个，凑合用了，买得挺贵，后面还一堆问题。

但是，如果我们是一个选家具的高手，知道什么样的床最适合这位同学。同时，我们和这位同学还相互认识。那他在买床之前，势必会咨询我们的建议。我们了解了他的需求之后，推荐了一款樱桃木的现代简约床给他，价格比商场里同档次的便宜不少。他非常开心，我们也能赚到一定的利润，实现双赢。下次他再买其他家具，还会来找我们。这就是客户关系。

由于"信息的获取是有成本的"，每个人都不可能成为生活中方方面面的专家。因此，我们就需要更专业的人、更可信赖的人，来给他提需求，选产品。

如果我们够专业，够诚信，同时，还能让大家找得到自己，那就拥有了这条客户关系，也就拥有了在市场上的不可替代性。这条路，是我们绝大多数人都可以走的路。专业、诚信、勤奋，就可以了。

这两个岗位对公司的议价能力较强，尽量做这种岗位。

有同学说："我现在的岗位，既不是产品端，也没有抓住客户端。"那大家要提高警惕了，在现如今这个 AI 时代，有一些岗位是特别容易被替代的。李开复老师在他的《AI 未来》这本书中，给出了一个比较直观的分类方法。我们可以根据工作是否要经常面对面和人打交道，以及工作内容是否需要经常创新来划分四个象限（见图 11-1）。

位于左下角的就是既跟人很少面对面打交道，同时也不需要什么创新的工作，比较典型的就是电话推销员、简单翻译，这样的工作就非常危险，很容易被替代。大家现在应该已经感受到了，很多推销电话，都是 AI 自动打过来的了。

这些处于危险区的工作，有些之所以还存在，仅仅是因为现在 AI 产品的价格比人工成本要高。一旦人工成本高于 AI 产品的价格，这些岗位很快就会被换成 AI 系统，因此这种岗位是很难涨薪的。如果你现在刚好正在危险区的工作岗位上，强烈建议你未雨绸缪，仔细考虑要不要换工作。

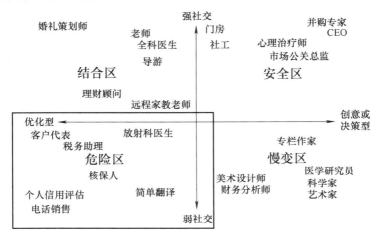

图 11-1　工作四象限划分

其实换工作也不是很复杂，也是有成熟的方法论的。十字真言叫："换行不换岗，换岗不换行。"

比如，我们现在是在公司中做电话销售，那可以在公司内部去争取外部销售的岗位，因为外部销售是线下接触人，是把握客户端的。如果公司内部不给自己调岗，也没关系，可以去应聘同行业其他公司的外部销售岗位。等我们在外部销售的新岗位做出成绩了，就可以考虑跨行业应聘其他高薪行业的外部销售岗位。就是这么个流程。

虽然我平时主要是做理财科普的，但是我必须向大家强调，绝大多数人的第一桶金都是通过工作得来的。而工作这件事，努力很重要，但选择更加重要。如果你现在的工作很不称心，千万不要一上来就把所有希望都压在投资上。先通过换工作把工资涨起来再说。

第四节　有关创业

之前看李诞写的书，其中写了这么一句话："根据诺贝尔经济学奖得主科斯的著名理论，公司会产生的原因，就是人们自己直接与市场交易的成本太高，公司会给大家省点劲。也就是说，当你跟公司交易，比你直接跟市场交易还费劲时，你就可以离开这家公司过更好的生活了。"本想看看脱口秀，没承想，还被迫学了点经济学知识。

其实我们每个人都有两种选择：如果我可以和市场直接交易，那我就自己当老板，市场就是我的客户。这就是所谓的创业。如果自己直接与市场交易成本太高，那我可以选择加入一家公司，让公司去与市场交易，公司赚了钱，分我一点即可。这就是所谓的打工。

打工时，谁是老板，是很清楚的，就是给你发工资的那个人。但谁是客户呢？是市场吗？其实我们仔细思考一下就会发现，市场并不是我们的客户，市场是公司的客户。因为市场不会直接为我们的服务埋单。在打工时，我们的客户只有一个人，就是老板。

这就可以解释，为什么总有同学把"市场"服务得很好，但是升职很慢，加薪也比其他同事慢。因为我们的真正客户是老板，而我们在客户身上花的时间往往很少。作为打工人，一定要和老板多沟通，明确他的需求是什么，然后再干活。

看到这，肯定会有人跳起来说："我才不要去讨好老板。"只要是客户，就要"讨好"吗？

我们自己也做过客户，比如我们去理发，A 老师先咨询了我们的需求，然后专业地给我们理了个自己想要的发型；B 老师却各种"讨好"我们："您太帅了，您长得真像某某明星，您刚进来的时候都把我都吓坏了。"然后给我们理了个很难看的发型。

我们后面会选择哪位理发师为自己理发？正常人都会选择第一位。遇到客户，我们要帮他解决问题，而不是"讨好"他。当然，不排除有的公司老板就是喜欢员工"讨好"他，这种公司也活不长，远离它就好了。

一家比较有前途的公司，一个正常点的老板，他的需求通常都是：需要员工帮他解决工作上某一部分的问题，同时需要员工就工作的计划、过程和结果及时与他沟通。老板也是人，工作比我们还多，总不能指望我们的工作成果，他都自动发现吧。不要只干活，不沟通，很吃亏的。

在逛 B 站的时候，经常看到有人发弹幕："不想看别人脸色过日子，等我毕业了，要创业，不要打工。"我们每个人，终究要向客户提供服务，以此换取社会资源。打工时，我们的客户是老板，是一个固定的人。这个人的长相、性格、要求，都是固定的。虽然偶尔会给我们脸色看，但好歹这个脸色是固定的。

可在创业的时候，客户是市场。它并不是一个人，而是一个变化莫测的群体。没有长相，性格多变，要求也不确定。相比而言，"市场"比"老板"难伺候多了。所以在创业之前，大家一定要想清楚：对于那个更难伺候的客户，你准备好看它的脸色了吗？

第五节　有关商业模式

我以前在一家 IT 公司上班，做了很多年产品经理。刚上班那会儿，总觉得公司的业务很土。别人家做的都是电信、能源、交通等高大上的项目。而我们公司（特别是我所处的部门），做的是渠道分销业务。

办个展会，别人家拿出来的都是一人多高的电信级交换机。"这款产品的性能，已经达到世界领先水平！"大家纷纷过去拍照、合影。而我们公司拿出一款低端的"傻瓜交换机"。"这款产品，特别皮实，挂在走廊用 10 年都不会坏，而且不贵。"大家纷纷表示："哦，挺好。"

那时候我就觉得特别没面子。同样是做 IT 的，凭什么人家总是高大上，我们总是"皮实"啊？有时气不过，就会嘟囔："辞职！不干了！换家高大上的公司做产品去。"这时候老板就会劝我："要不，你再想想？多想想商业模式。"

"什么是商业模式？"

"你看，你连什么是商业模式都不知道，这着急辞什么职啊？搞明白了再说。"

然后，我就开始去研究什么是商业模式，越研究越懵。

后来，我还是辞职了，专职写文章。文章写得不咋地，但对商业模式开始有了新的认识。所谓商业模式就是我们满足客户需求的方法。可见，商业模式分为两部分：第一部分是客户需求，第二部分才是去满足它的方法。

什么是好的商业模式呢？好的商业模式就是：客户的需求年年有，需求变化比较慢，客户还不太好找。我们费点劲找到这些客户，提供物美价廉质量好的产品就行了，他每年都会找我们买的。用不着天天去研发新产品、投新生产线，也用不着天天去找新客户。

差的商业模式是什么呢？差的商业模式就是：客户需求就一次，需求变化还特别快，谁都能找到客户。我们好不容易找到客户了，刚想介绍产品，后面有人突然拍了拍你的肩膀，你一回头，发现之前早就来了 100 个竞争对手。

由于客户需求就一次，我们总得去找新客户。找新客户是最累的，没有之一。好的商业模式，一定是供需双方共同打造的，绝对不是商家单方面的行为。好的商业模式，并不一定就是那些看上去很"高大上"的、很"风口"的。好的商业模式，也许正是那些比较"土"的。

举个例子。我同时在写公众号和拍抖音。公众号出现得比抖音早多了，很多人都觉得"公众号的时代过去了，现在是短视频的时代"。可我认为，相对而言，公众号是更好的商业模式。虽然找到读者这个过程很艰难，但是一旦找到，大家会经常来看看。不会出现"今天 1 万人来看，明天 1000 人来看"的情况。

但是拍抖音就不一样。在抖音找到观众是挺简单的，运气好的话，可能第一期视频就火了，有几百万播放量，涨几十万粉。但是，他们虽然点了关注，但不代表下次还会来。每期视频，都是重新来过，重新跑数据。

哪怕我们的视频质量前后没差，但是后面这期发出来的时候，别人的视频更好看，那我们这期就是没人看。对于一个内容创作者来说，没什么安全感，总是很焦虑。

再举个例子。同样是开饭店，有 A、B 两家饭店。A 饭店做传统小馆子，做熟客生意，把菜品做到极有特色，很好吃。B 饭店做网红店，做新客生意，重点放在装潢，给大家拍照打卡用，菜品味道及格。

如果同时起步，B 饭店会比 A 饭店上量快得多。可能 A 饭店门可罗雀的时候，B 饭店已经人挤人了。但长期看，很可能是 A 饭店越做越容易，B 饭店越做越难。谁会去同一家饭店打卡两次呢？

之前我们常说："投资，要想长远。要以 5 年、10 年的长度来思考投资决策。"想得越长远，投资越简单。当然，多数人都是先上路，想得很近，发现做得很累，后面才逐渐改为往长远了想的。

其实创业也一样。多数创业者都是先稀里糊涂上路了，运气不错，活下来了。但越做越累。后面才逐渐开始改，改商业模式，最后才越活越好。但终究要靠好的商业模式，才能做得长远。

现在问题来了：想要创业的同学们，大家的商业模式是什么呢？

第六节　有关身体健康

在我的公众号里，除了聊投资、聊工作以外，还会聊第三大内容板块：健康。一个财经博主，为什么会聊到健康去呢？前面我们说了：收益 = 本金 × 收益率。

其实，我们可以把那个公式再细化一下：收益 = 本金 × $(1 + $年化收益率$)^n$。这个公式里面，本金就是我们的本金，收益率是投资的年化收益率，n 是投资的年限。

本金的金额在短时间内很难改变，毕竟钱要慢慢赚。再看年化收益率，我们再努力，它也高不到哪去。这个公式里面三个变量，我们能控制的就是投资年限，也就是那个"n"。

我们可以简单做个演算。本金为 10 万元，年化收益率为 10%，投资 20 年，20 年后我们将拥有：10 万 × $(1 + 10\%)^{20} = 67$ 万元。

还是本金 10 万元，年化收益率为 10%，若改成投资 30 年，30 年后我们将拥有：10 万 ×（1 + 10%）^{30} = 170 万元。

还是本金 10 万元，年化收益率为 10%，如果改成投资 40 年，40 年后我们将拥有：10 万 ×（1 + 10%）^{40} = 452 万元。

复利就是同样的年化收益率，越到后面，赚得越多。投资 40 年赚了 452 万元，但最后 10 年就赚了 282 万元，占比 60%。如果少投 10 年，那赚的钱就少了一大半。所以，健健康康地活下去，活得长是投资成功的必要因素。你看巴菲特、芒格、施洛斯，哪一个不是超级长寿。

这也是我要聊健康的原因。有关健康的话题，我在公众号里面连载了两件事，第一件事是我用一年时间健康减肥 20 斤，第二件事是我用几个月时间把血脂调整到了合理值。大家可以去我的公众号"认真的天马"，翻看具体记录。

第七节　如何教孩子理财

如何才能让孩子从小就学会理财呢？是去报个乱七八糟的儿童财商课吗？显然不是。对孩子来说，最重要的是让他们从小养成正确的生活习惯，而不是教他们怎么炒股、炒房。以我家的实际情况为例，来说说两个对孩子非常重要的习惯。

一、第一个习惯，叫"延迟满足"

什么是延迟满足？简单地说，就是晚点再买。大家知道，做投资就是把现在手里的钱，忍着不花，等以后变多了再花。这里面就有个前提了，就是得忍得住。成年人想忍着晚点花钱都很难，就更别说孩子了。

怎么办呢？我们得让孩子知道——忍耐，你会得到更多。

六一儿童节那天，我儿子说要吃冰激凌，我带他去肯德基。结果一进去，人山人海，连坐的地方都没有。我就和小家伙说："今天这里人太多了，要不咱走吧，明天再来。"他肯定不乐意。然后我说：要不这样吧，我们现在有两套方案。

第一套方案：我们今天就吃冰激凌，但只能吃一个冰激凌，不能吃其他的，不能买儿童套餐，也没办法获得儿童套餐里面的玩具。

第二套方案：我们今天不吃冰激凌，忍一天，明天我们再来。但如果是明天来，除了可以买冰激凌，还可以买儿童套餐，还会获得儿童套餐里面的小玩具。只要能忍住今天不吃冰激凌，明天再吃，那就可以获得比今天多得多的东西。小家伙考虑了很久，反复确认明天具体能获得的东西。最后他决定："那咱走吧，明天再来。"

第二天，我俩到肯德基买冰激凌，买儿童套餐，拿到小玩具，小家伙说："今天，果然人很少。"他对自己前一天的决策很满意。

二、第二个习惯，叫"量入为出"

之前有过一个采访，记者问查理·芒格，要如何才能幸福长寿。芒格说："不要嫉妒、不要怨恨、量入为出。"所谓量入为出，就是"钱别花超了"，赚多少，那最多就花这些。别借钱花，不要负债。但是小孩还没开始赚钱，怎么量入呢？

我儿子有个钱包，里面都是长辈给的压岁钱。还是六一儿童节那天，他说要买玩具。我说："行！但是我们得先说好，你只能拿 100 元去玩具店，你可以自己选玩具，买几件都可以，但是总价不能超过 100 元。你如果同意，那我们就去买；你要是不同意，那就算了。"

他肯定同意，然后就背着一个小包，里面装了 100 元，去了玩具店。一到玩具店，见什么都想买。我告诉他："这个是 199 元，超过 100 元了，我们买不了。"他再去找别的玩具，我再告诉他这个超没超。前前后后问了几十个玩具的价格，直到他找到了一个 100 元以内的，他也挺喜欢的，这才算是买成了。

为什么要这么折腾？得让孩子对钱有掌控感。这钱买什么，孩子说了算。

我们小时候，长辈给点压岁钱都是妈替你收着，然后就收没了。要是从小就没管过钱，长大了肯定不会管钱。得让孩子知道，他能控制的钱是有限的，不是想买什么都能买。

大家一定要给孩子用纸币，现在全是手机支付，我儿子之前就说过："爸爸，不是所有的东西你只要拿手机扫一下就能买了吗？"只有用纸币才能让孩子对钱有个直观的认识。100 元是长这样的，它只能买这些东西。

延迟满足和量入为出都是非常重要的生活习惯。无论是对孩子，还是对大人来说，都一样。做不到这些，在基金上赚百分之几十都是没用的，对生活不会有任何改善。钱，该不够花，还是不够花。

在教孩子什么是股票、什么是基金之前，让他们养成这样的好习惯更为重要。对有些"抠门"的家长，我要多说一句：教孩子理财，并不是要把孩子也教成一个小抠儿。

李录曾经讲过一个故事，在这里可以送给大家。

"我有一个好朋友叫克里斯·戴维斯，他家里三代人都是做投资的，留下了一个著名的投资术语叫作"戴维斯双击"。小时候克里斯的爷爷老戴维斯带他去公园里玩，小戴维斯饿了，说想买一个热狗。那个时候热狗可能就几美分，或者十几美分。然后老戴维斯把小戴维斯带到热狗摊位前，说这里有25美分，可以现在买热狗，你马上吃没问题，但是如果我拿这25美分去投资，在5年之后，25美分会变成多少钱，10年之后，会变成多少钱，20年之后，又会变成多少钱……等老戴维斯说完之后，孩子说，爷爷，你别买热狗了。很多年之后，克里斯讲这个故事的时候，还是感觉挺委屈的。他跟他父亲的关系不太好，跟他爷爷的关系也不是太好，所以他回想说，我不要再用这种方式来教育我的孩子，我要变成他很好的朋友。所以从他的例子里，我也学到不要这么去教育我的孩子，我觉得作为父母留给孩子唯一真正有价值的东西，是成为他们一生的榜样。"

第八节　股市骗局

一、微信群中的秘密

曾有一位同学提问："请教一个问题，我现在被拉到一个群，说是以后准备搞私募的，现在带我们散户做市值很小的股票，确实也比较厉害，已经有五六个板了，请问这种机构值得信任吗？还是骗人的？如果骗人的话是怎么骗我们钱呢，让我们高位站岗？我是想大不了哪天跌停就出来还有得赚，不知道思路是否正确，谢谢。"

这位同学描述的是一种常见的骗术。具体怎么骗呢？流程大概如下。

第一天，我们看到了一个广告。可能是在某个群里，或者在某个论坛、微博上面看到，或者有人自称是某个券商的给我们打电话，说我们这位××老师，有20多年炒股经验，1万元开始炒，赚了1万倍，有多少多少亿元身家。现在，这位××老师要搞私募了（或者要发基金了），要招收一批先行学员。然后把你拉到一个群里。

到群之后，××老师会丢出一个股票代码，说这只股票，我要坐庄了，明天涨停！群里的200人不停地感谢老师带着发家致富。

第二天，我们会发现，这只股票真的涨停了。但是，我们还是有点不太信，打算再看看。××老师会在群里说，明天我还要坐庄这只股票，还涨停！群里的200人继续感谢老师带着发家致富。

第三天，我们发现这只股票真的又涨停了。神人啊！大师啊！感谢××老师不远千里拉我进群，带我发财。于是我们跟着老师一起，打板买入，先少买一点，试试看。我们会与群里200多人一起赞赏××老师的美德（名词解释：打板，买涨停板的股票，偶尔能成交）。

第四天，股票又涨停……我没有在昨天多买点，是我的错。我不应该质疑老师。于是第四天继续打板，继续买。

第五天，又涨停……我昨天应该全仓买入的。今天全仓，因为老师说还能再拉五个涨停。于是，我们把所有的钱全都买入了！

第六天，跌停……什么情况？不是说好涨停吗？××老师说：

"别急，这是震盘，把不是我们群的人震出去，肥水不能流进外人田。"群里的 200 人继续感谢这位老师！

第七天，跌停……昨天震盘，怎么今天还震啊？××老师说："获利盘太多，一天震不干净，得震两天。"群里的 200 人继续感谢老师太贴心了！

第八天，跌停……怎么还跌停啊？！××老师？老师您在吗？今天是震盘吗？老师？

第九天，跌停……××老师，你就是个骗子！你还我钱！你……

"你已被踢出群聊"。

……

这就是这种骗术的全流程。

大概的思路是：骗子找只小股票，声称这只股票是自己坐庄的，带着入群的人一起买入或者打板。由于股票市值比较低，少量资金就可以操控，所以打板的人越多，就越容易涨停。

等到来接盘的人资金量足够大的时候，骗子会把手头早就买好的股票，一股脑卖给你，股票就会连续跌停。群里面说要带着大家发财，其实是想找接盘侠罢了。随着技术的进步，群里面 200 多个其他的"学员"，可能都是机器人。这样大大提升了骗子的服务效率。

这种骗术还有个进化版。由于骗子可能同时控制着成百上千个群。他还可以选择在不同的群推不同股票，总有一只股票会涨，被他蒙中。蒙中之后，××老师会说："这是免费的信息，要想后续还收到我的神奇代码，请交费。学费 28888 元，每天给你一个涨停板的代码。"当你把钱一交，他就踢你出群。

这种骗术更高端，骗子甚至不需要资金去操控股票了，只需要不停地建群，拉人进来就行。

同志们，想要避开这种坑，大家记住一件事：这世界上，没人能预测明天的涨跌。能预测明天涨跌的人，不需要开班招学员，他早就已经是世界首富了。天上不会掉馅饼，不贪就不会被骗。

二、杀猪盘

这是在媒体上曝光的真实故事。

小张有一天接到一个电话，对方自称是××券商的客服，他们组织了一个微信群，群里有老师讲解股票。前几天小张确实刚在××券商开了户，于是就信了。

进群之后，他发现了这位自称叫"程龙"的股神。这位不敢露脸、一个人也戴口罩、永远在酒店、声音也做了变声的"股神"。他每天的操作是通过微信群和直播双管齐下的方式进行的。直播间里，动不动就有八九千人与他互动。

小张起初并不完全信任他，打算在群里观察一段时间。他发现，这个"程龙"推荐的股票主要是科技类的，他会进行基本面的分析、技术分析，"讲得很有水平"。小张投了点小钱，跟着他买，还真赚到钱了。又试了一两次，也都赚到钱了。小张从此对"程龙"深信不疑。

5月29日上午9点25分，在微信群中，股神"程龙"突然发出了紧急通知！

"紧急通知：紧急通知：紧急通知：

股票代码：××××××。

买入价格：必须挂5.13元。

买入时间：9:25～9:30全仓挂单。

切记：你只有五分钟时间，开盘你就买不到了！

所有人买进！立即！"

这种紧迫感，就是不想让你思考。

群里也纷纷响应："收到！""挂上了，满仓挂的。""70万元已经挂单。"

小张看到发大财的机会来到眼前，脑子一热也冲了进去挂了单。小张不知道，"程龙"不是只有这一个粉丝群，他有成百上千个群。其他的群也收到了同样的通知，群里也同样纷纷响应。"股神"又要带大家赚钱了，天上掉的馅饼，岂能错过！

5.13元的股价意味着什么呢？按照5月28日4.67元的收盘价来算，5.13元几乎是该股票在5月29日的涨停价。可能广大群友对打板这种操作已经习惯了，所以也没什么质疑的声音。所有人静待开盘。9点30分，开盘！9点30分03秒，该股票以5.04元成交88593手，成交额高达4465万元（见图11-2）。

时间	成交价	手数
09:15:09	4.68	—
09:24:30	4.67	—
09:24:36	4.68	—
09:25:00	4.68	2573
09:30:00	4.69↑	651
09:30:03	5.04↑	88593
09:30:06	4.71↓	31989
09:30:09	4.84↑	2087
09:30:12	4.89↑	123
09:30:15	4.88↓	309
09:30:18	4.79↓	417
09:30:21	4.79	201
09:30:24	4.84↑	1166
09:30:27	4.84	137

图 11-2　即时成交价

要知道，这只股票此前一整天的成交额也只有2000多万元。

9 点 30 分 06 秒，这只股票又以 4.71 元成交 31989 手，成交额为 1500 多万元。仅仅 6 秒钟，该股成交近 6000 万元，是平时三个整天的成交量！成交量的奇迹发生了，所有人屏住呼吸，紧盯着屏幕，等待着下一个奇迹发生。然而，奇迹没有再发生。此后，股价开始了一路下跌，5.04 元成了全天的最高价。小张也被套在了最高点。群里开始有人觉得情况不对，开始对本次操作有些异议。结局自然是：有异议，就踢出去。猪，这就杀完了。

所谓杀猪盘是这些骗子的说法。他们把受害者称为"猪"，养在微信群里，养在直播间里。通过控制一些小股票，让受害者赚点小钱，这是饲料。再到某一天，突然下狠手，一波割掉所有人。这个动作就是"杀猪"。不光是成交量很低的股票，像成交量极低的场内基金、各种空气币，都可以被犯罪分子用来"杀猪"。

现在互联网上有太多太多这样的骗子，我几乎每天都会接到自称××券商的电话，电话中说会有老师带着操作。正规的券商，没人会给你打电话。更不会弄个什么老师带你操作。相信大家也经常会接到这样的电话，希望大家看过这篇文章之后，可以免疫"杀猪盘"。

三、热情的客服

有位同学曾给我留言，讲述了他经历的一场骗局。

他不是进入一个微信群，而是有一个专属客服一对一为他服务。先是有个小妹给他打电话说："我们这有个老师，非常厉害，炒股了得，要不要加个微信，我给你发些资料？"他想，反正也不要钱，就加了微信。

从那以后，这个客服就时常嘘寒问暖，比亲人还亲。这位同学当时刚毕业，一个人在外地工作，于是被感动了。

这位客服会在朋友圈晒所谓"老师"的战绩，那是相当厉害。同时也会在聊天时时不时地提起老师最近的操盘成果，自然也是无比厉害。然后，客服会推荐这位老师的咨询服务费，就是把每天的荐股信息单独发给他，费用要几千到一万元不等。他一激动，就选了几千元的这个档。

之后，客服开始每天给他发荐股清单，一般是三四只。有趣的是，每天的荐股清单最下面都会义正词严地写着："近期股市会有调整，一定不要贪，保持轻仓！"

由于每天的荐股清单后面都有这句话，慢慢地，这位同学就把这句话给忽略了。有一次，他买了清单上的一只股票，仓位比较重。没想到买了之后，第二天就跌停，连续跌停好几天，亏得一塌糊涂。他非常气愤，在微信上找客服理论，说："你们这不是骗人吗？"

客服稳稳地说："你买这只股票几成仓位啊？"

他说："满仓啊……"

客服非常愤怒地说："早就告诉你要轻仓了，你怎么能这么贪呢？你这种性格，是不适合炒股的！"

这位同学一想，好像还真是自己的问题，确实是自己太贪了，仓位太重。他满怀愧疚地问客服："那我也不能总轻仓啊，总得有重仓的时候呀。"

客服说："可以重仓的股票清单，要一万多元那档才能收到。你要不要买那档？"

……

这就是这位同学的故事，他让我转发出来，请大家一起警惕这种骗术，防止被骗。这位同学说："我刚开始还真以为他们让我轻仓是为了我着想，后来才想明白，其实这只是为他们荐股出问题而提前做好的伏笔，也是套路之一。我当时竟然还陷入了深深的自责，差点买了那个一万多元的咨询。现在想起来，这不就是'股市 PUA'嘛！"

这些骗子深谙心理学，大家一定要小心，不要相信任何所谓的老师能够带你一夜暴富，一定要远离这些骗局。

第九节　被骗原因

前面我们写了三个股市骗局。其实除了在股市中，生活中其他骗局更多。有时候，我们会很奇怪，为什么这么明显的骗术，还会有人上当受骗呢？任何我们不理解的现象背后，都有它深层次的原因。

我总结，人被骗，主要有两个原因；想要不被骗，有两个解法。我们依次说说。

一、被骗原因 1：人类的底层基因，就带有易被骗特性

如果往前追溯 100 万年，我们的祖先都是原始人（智人）。原始人的生活方式是群居生活。在满是大型肉食动物的野外，落单的原始人，不是被饿死，就是被野兽吃掉。所以，对于原始人来说，想要生存，最重要的一条就是要"合群"。甭管你周围的人对你说啥，别反驳，相信他，至少不会被驱逐。

在原始人的世界，被骗的代价无非是少吃点东西，多干点活。

但是如果一个原始人思路清奇，极具质疑精神，同伴说啥他都先冷静地思考一下这句话的真假，那估计十有八九他会被家族排斥。

被排斥和落单的结局只有一个，就是死亡。因此，从达尔文生物进化论的角度来分析，我们的祖先中，进化出了"独立思考"基因的奇葩，基本都被淘汰掉了。

不要指望这种不合群的原始人还能找到配偶，他的基因根本传不下去。能传下来的，都是合群的那部分原始人的基因。一个物种想要完成基因上的彻底变化，需要上百万年的进化。而人类进入"不合群也不会死"的社会，才几百年时间。这么短的时间，基因根本来不及突变。

虽然现代社会允许人"独立思考""质疑一切"，但是我们的底层基因依旧是 100 万年前原始人的基因，在底层就希望信任他人，因此也容易被骗。所以再看见身边的人被骗了，不要生气，这都是正常的，反倒是那些从来不被骗的人才是特例。由于基因上没有进化出防骗功能，所以现代人防骗不是靠本能，而是靠理性思维。

二、被骗原因 2：很多人脑组织工作不正常，且自己还不知道

想判断一通电话是不是骗局，我们需要逻辑判断能力。而逻辑判断是大脑中一个很高级的功能，需要大脑运行正常、供血充足的时候才能发挥作用。

有些老年人的大脑早已经出现了大面积的动脉硬化，甚至腔梗。虽然基础功能（比如走路、做饭、说话）还能继续使用，但逻辑判断能力已经损失殆尽。这时候有人骗他，他是无法做出判

断的。

也不光是老年人，有的年轻人长期熬夜出去玩、熬夜加班，酗酒、暴饮暴食，他的脑部组织也处于不正常的工作状态。他大脑中负责逻辑判断的脑组织，暂时失去了工作能力。如果这个时候突然接到诈骗电话，就很可能会被骗。

可见，被骗不是老年人的专利，现在年轻人被电信诈骗的案例越来越多了。想要不被骗，解法有两个，且需要同时满足才行。我们需要具备足够的知识，还需要保证大脑正常工作，才能识别骗局，二者缺一不可。

首先，我们要经常看一些诈骗的案例，让这些案例在我们大脑中形成印象。当案例中的事发生在我们身上的时候，我们的大脑会立刻警觉：这不是诈骗案例里说的那个事吗？所以，未来我会多讲讲各种诈骗的案例，大家都听过一遍了，被骗的概率就降低了。当然，光听是不够的。

第十节　必读书单

有一次直播的时候，我介绍了六本学习投资必读的好书。它们分别是：《富爸爸穷爸爸》《小狗钱钱》《聪明的投资者》《穷查理宝典》"段永平博客合集"（并不是一本书）《终身成长》。

这几本书到底好在哪，我依次说说。

《富爸爸穷爸爸》和《小狗钱钱》这两本书都是讲什么是财务自由、什么是资产、什么是负债的。只不过《富爸爸穷爸爸》是成年人版本，《小狗钱钱》是童话版。说的其实是一回事。

看这两本书的目标是建立财富观，看完之后会明白：如果一直月光，后面的人生是会很痛苦的。背一大堆债，后面的人生是会很痛苦的。不懂投资，后面的人生是会很痛苦的。看完之后，会有强烈想要学习投资理财的愿望，但是很不幸，这两本书都没讲具体怎么投资。

《聪明的投资者》这本书是价值投资界的经典。巴菲特说："这是有史以来，关于投资最好的一本书。"作者本杰明·格雷厄姆是巴菲特的老师，也是价值投资的开创者。他将他的知识和经验，无私地写到了这本书中，影响了千千万万的人。

我关于投资的绝大多数知识，都是从格雷厄姆这里学到的。这些年来，此书我看了八遍，每次都有新收获。有同学之前问我："为什么把投资课程和视频都免费发送给大家？凭你课程内容的质量，卖个好价钱并不难。"我的答案是：我关于投资的知识，都是从格雷厄姆那免费学来的。他想把这些知识教给更多的人，我也是。

由于格雷厄姆是大学教授，他的文字非常严谨，这也使得此书不是很容易读。几乎90%的同学，在看到第2章的时候就放弃了。我总结了一下看这本书的方法，看书顺序如下。

先看第1章，投资者与投机者的区别。看完第1章就直接跳到第8章去看市场先生。然后跳到第20章去看安全边际和分散化。这样的话，这本书里面最主要的几个概念和思想就都看完了。

然后，我们再去看防御型投资者，在第1章里面有，还有第4章、第5章、第14章。看完防御型之后再看第1章的另一部分、第6章、第7章和第15章，这四部分组合起来，就是进攻型。

这样的话我们就把书的主要内容全看完了。其他章节，不看也无所谓。对于这本书，我们不见得一上来就能看懂，但需要多看。每过一年，拿出来再翻翻。

查理·芒格是巴菲特的伙伴。用巴菲特的话说，认识芒格，让他从猿进化到了人。芒格是这个世界上最有智慧的人之一。《穷查理宝典》这本书并没有写什么投资公式，记录的更多的是他的思考。比如，人生中最重要的事是什么。

他的名言是：要是我知道我会死在哪里就好了，我就永远不去那个地方。这句话非常有哲理。换句话说就是：想要人生过得好，最重要的是不要去做那些会让你的生活变糟糕的坏事。

"不要做什么"，这件事是可以学习的。"要做什么"，每个人的经验阅历、所处的时代都不一样，不太好学。我们总是希望从前人那学到"要做什么"，想要拿到致富的"秘籍"。其实，对于别人成功的路，你照搬过来并不见得有用。

段永平是国人中投资水平最接近巴菲特的人。"段永平博客合集"也是国人写价值投资写得最为深刻的作品。他在做企业阶段，就是国内最优秀的企业家之一。后来做投资，又把自己对投资的理解没什么保留地记录下来。

这些文字是每一位投资者的宝贝（如果能看得懂的话）。特别是很多同学对自己去买股票这件事，一直不死心，那就看看这个合集吧。

如果段总讲的内容你都能理解，你可以考虑买买股票。如果有一大半看不懂，建议还是不要碰股票了。这个合集没有纸质版发行，都是电子档。在我公众号的对话框回复"段永平"，按提示就能获取了。

一个人的心态如果是开放的，别人的经验和知识，他是可以吸收的。一个人的心态如果是封闭的，他看再多书也没有用，因为他打心底里就没想变化。《终身成长》这本书就是一本讲心态的书。

书中总结了两种思维方式：一种是成长型思维，认为人的才能是可以通过努力来提升的；还有一种是封闭型思维，认为人的才能无法变化。

就这么几个字的不同，导致人与人对同一件事，有天差地别的反应。大家见过那种做错事就找各种理由，并把责任推给他人的人吧？这就是典型的封闭型思维。如果可以，期盼大家都能转化到成长型思维方式。我个人之前就是封闭型思维，现在稍有转变。这本书对我的影响非常大。

后记

我的投资历程

2020 年，我收到雪球达人秀栏目组的约稿，想让我写一写自己的投资经历。我也是话痨，一不留神没刹住车，写了几千字，把前半辈子的事都抖出来了。通过这篇文章，大家可以看到我投资体系比较完整的进化过程，希望能给正在学习投资的你提供一些参考。

大家好，我是认真的天马，之前在一家 A 股上市公司做产品经理。

一个月前，我选择了辞职，专职投资、码字，成为一名"坐家"。

不少读者不太理解，一个人上班上得好好的，为什么会突然要辞职呢？辞职之后他吃啥？会不会饿死？正好趁着这篇文章，向大家介绍一下我的投资历程，看完之后，大家可能会理解我为什么会做出这样的选择。

一、"第一桶金"

与很多同学不同，我的"第一桶金"是在初中时候赚到的。

初一时，学校里上电脑课。那时候的计算机教室还是很神圣的地方，不能随便进入，脚上要套个塑料袋才行。学校不提供塑料袋，很多忘了带塑料袋的同学只能去学校里面唯一的一家小卖铺里买。小卖铺卖得很贵，两个塑料袋一元钱，并且还要抢。

有一天我在家楼下的食杂店帮我妈买醋，顺嘴问店老板："塑料袋多少钱一个？"

店老板说："这东西哪有按个卖的啊，都是按卷卖的，10 元钱一卷，200 个。"

我当场愣住，才 5 分钱一个啊！学校小卖铺卖 5 角一个，也太黑了。

第二天就有电脑课，我想试一试。我拿出一个月的零花钱——10元钱，买了一整卷塑料袋，200个。第二天，临上电脑课，一大堆同学又忘了带塑料袋。

我掏出塑料袋来，大喊4角钱2个，要买的来找我。不一会儿就卖掉了40个塑料袋。塑料袋成本5分钱一个，售价2角钱一个，单个塑料袋赚0.15元，首笔订单40个，赚了6元钱！

这是我人生中赚的第一笔钱。对一个只知道看书、做题的"书呆子"来说，我第一次体会到，原来赚钱是这么开心的一件事。后续我还将这项业务优化，从现货销售改成预售交2元，可以预定未来5节课的塑料袋。还把业务拓展到了隔壁班。

这项业务做了大半年，我赚了400多元。这400多元钱，就是我赚的"第一桶金"。从金额上说，400元没什么意义。但从理念上，对我的影响是巨大的。我的投资模式在那个时候就确定了——低风险投资。知道什么时候买、什么时候卖。知道成本，知道未来的售价，利润空间很大。一切都很清晰，不需要靠赌博。

二、大学的尴尬

高考填志愿的时候，可能是源于我之前卖塑料袋的成功经验，我选择了一所财经院校。原以为学校里面的老师都是很厉害的，没想到投资学的第一堂课，老师讲的内容就让我大失所望。

我到今天都还清楚地记得那个老师讲的内容，他说："世界首富是巴菲特，他用的方法叫价值投资。价值投资就是买便宜的股票，但是那些便宜的股票只在十几年前有，现在已经没有了，所以价值投资已经没法用了。现在股票没有什么好机会，如果大家对投资感兴趣，可以研究一下黄金。"

然后他讲了一下如何通过这线那线、这叉那叉来分析金价走势。看见那些无厘头的线、型、叉，我就头晕。那个老师讲的东西我实在是不想听，于是我开始自己研究，想根据消息面做些投资。

比如，我发现最近油价跌了，石油是航空公司的成本，油价跌了，对航空公司应该是利好。于是我买入南方航空的股票（因为从老家上大学的路上，就是坐的南航的飞机）。

没想到，油价跌，南航的股价有时候也跟着跌。有时候油价涨了，南航的股价也涨。涨跌完全是随机嘛……那个学期，我对股票和投资失去了兴趣。在我那个时候的脑海中，认为这些东西都是用来赌博的道具，要远离。

三、2014 年，《聪明的投资者》

此时我已经工作了几年。工作一直很忙，也就没想起投资的事来。

国庆放假，我打算坐火车回家看望父母。我一直有看书的习惯，想选几本书在火车上看。选什么书呢？阴差阳错，突然想到巴菲特推荐的书应该是好书吧。于是我搜索了一下"巴菲特推荐的书单"。这一次搜索，彻底改变了我的人生。屏幕上显示出了一个书单，书单上第一本书的名字叫《聪明的投资者》，作者是本杰明·格雷厄姆。

如果没有那次搜索，现在我应该还是一个职场人。做着一份擅长但是并不喜欢的工作。但是命运就是这样有趣，安排我在那个特定的时间，搜了一个特定的词，知道了这本特定的书。

在火车上，我一页一页吸收着《聪明的投资者》中的投资理念：投资与投机是不同的；股票的价格与价值是不同的；市场先生是神经病，要利用市场先生，而不是被他利用；投资要有安全边际……

我如痴如醉地看着，如果那时候我旁边有个人观察我的瞳孔，肯定是放大的。这些核心的理念，到现在也一直贯穿在我的投资之中。

在火车上还发生了另外一件有趣的事，旁边卧铺的一个姑娘看到我在看《聪明的投资者》，好心告诉我："你若喜欢投资，可以到雪球上看看。"于是我知道了雪球这个网站，而且在这个网站一滚就是六年。

那时候进雪球，满屏幕都是讨论创业板和银行股哪个更值得买的。有几位大V力挺创业板；也有几位是银行股的死忠，力挺银行。基于此时我对投资的理解，我选择了招商银行，它的PE、PB都很低，符合格雷厄姆的标准。另外一个原因是我的工资卡是招行的，每次去招行办业务感受都很好。

我没料到，刚买完招行没多久，一场轰轰烈烈的大牛市就冲过来了。

四、2015年，在疯狂的人群后面捡钱

2015年的疯牛刷新了我对市场的认知。

银行股在翻了一倍之后就不怎么动了，仿佛整个牛市与它们无关。看着互联网、南北车，各种概念涨上天，自己手里的银行股波澜不惊，心理还真有点畸形。光生气没有用，好在市场还是给面子，疯牛的时候给了不少做分级基金溢价套利的机会。

印象中最爽的应该是H股分级的溢价套利，溢价20%，砸了

好几轮，溢价率都砸不下来。再就是那时候的打新，上市数个连板，赚得很爽；还有就是陆金所在做新开户的推广，有很多的羊毛可以薅，收益率能达到年化10%。

看着身边的同事和亲戚全都变成了股神，我默默站在后面，捡地上没人要的金币。

捡着捡着，股灾来了。可怜的银行股，牛市不跟涨，股灾时一点也不少跌。

眼看2015年上半年的利润快要跌没了，一个新的投资机会进入视野——分级A下折套利。当时市场上的分级B份额处于高溢价状态，很多分级A打到7折以下。随着市场快速暴跌，分级B跌到了下折线，分级A将以净值重新分派份数。

军工A、医疗A、互联网A、一带一路A，这些分级A的下折套利，几天时间就有20%以上的收益。年化收益率都不知道该怎么算。那些天，每次市场一暴跌，我就暴赚。中午吃饭时，同事问我："今天大盘怎么样？"我说："大跌！"然后开始狂笑。一度我周边的人觉得我亏疯了。

当市场趋于稳定之后，又出现了新的套利品种——分级基金折价合并套利。当时由于恐慌，分级基金的子份额合并后比母基金要便宜，印象中有3%~5%左右的套利空间。

初一时卖塑料袋的经验派上了用场。我把资金分成四份，在场内以折价买入分级A和分级B，合并之后按净值赎回卖出。四天一个周期，平均每次赚3%左右。买入、合并、赎回，买入、合并、赎回，一轮又一轮地套利。

最终，2015年我以38%收益率圆满收官。

五、2016 年，初入港股

2016 年，由于 AH 差价很大，还是基于捡便宜的思想，我开始转战港股。

可能是"好学生"的心理作祟，我总觉得港股更成熟，做投资就应该去成熟的市场做。加之格雷厄姆的方法中，有一项是买"廉价证券"，也就是买入那些市值远小于可清算净资产的公司的股票。

这样的股票在 A 股根本找不到，但是在港股却有很多。于是我跑到港股，开始翻"垃圾堆"，挨个找那些没人分析的"廉价证券"。

刚到港股时，我真的是觉得过瘾。破净都是小意思，很多股票市值甚至低于账面净现金。3 倍 PE、4 倍 PE 的股票随便买。很多质量不错的股票，PE 也小于 10 倍。我每天在几十只股票上挂非常低的买入价，等鱼上钩。每次股市一暴跌，就会成交几只。

这一年运气还算不错，虽然年初回撤很大，但是后面还是涨了回来，最终赚了 23%。

六、2017 年，做投资不是奥林匹克

2017 年，是我最痛苦的一年。

这一年我继续投入了大量的时间来研究廉价证券公司的财报，琢磨要如何与这些人品有问题的管理层斗争。但公司的质量并不因我个人的努力而改变，投入的精力并没有什么额外的意义。

格雷厄姆喜欢买廉价证券，但人家是把公司控股了，然后清算拿钱。我们这些小散，就算买了廉价证券公司的股票又能怎样？

我们能让公司清算吗？不能，我们连让这些公司把账上的现金给分红了都做不到。

另外，香港股市历史很长，这些廉价证券之所以廉价，是因为它们有这样或那样的问题。有的公司大股东人品不好，很喜欢出老千，尽管账上全是现金，还是要融资扩股。我持有的30多只股票中，一年内就踩到了两三个雷，苦不堪言。

相比我持有的这些廉价股，那些优秀公司的股票今年涨幅巨大。贵州茅台翻倍、腾讯翻倍，格力电器、招商银行等都涨了70%～80%。持有这些优秀公司的股票，不但股价涨得快，而且在持有过程中还可以学习到什么是优秀的企业、优秀的管理、优秀的品牌。而和我持有的那些廉价股在一起，只能学到什么是老千、什么是耍诈……

这一年获得20%的收益，勉强跟上了沪深300指数，但这是我最累的一年，身心俱疲。

七、2018年，第一次转变

经过上一年的折磨，我终于可以理解为什么巴菲特说："我从不试图去翻越7英尺高的跨栏，我只是专注寻找1英尺高的跨栏，然后很轻易地跨过去。"

有那么多优秀公司的股价还趴在地上，我们干嘛非要去翻垃圾堆呢？在成熟股市赚的钱是钱，在A股赚的钱就不是钱了？2018年，我趁着股市大跌，开始换入腾讯、招行、茅台等优秀公司的股票，完成了我投资生涯中的一次重要转变。虽然这一年最终收益率是-13.29%，但是理念上的成长是巨大的。我开始拥抱价格合理的伟大企业。

八、2019 年，找到新方向

这一年，我几乎没做什么动作，拿着招行、腾讯、茅台的股票，偶尔看看财报。用的精力是 2017 年的 1/10 都不到，但是收益率却有 40%多。这就是买优秀企业股票带来的好处，我们与它一起享受利润增长就行了，不需要担惊受怕。

原以为 2019 年就会这样过去，突发的一件事情再一次改变了我对投资的看法。

下半年，一个同事请教我要如何选股票。"好为人师"的我，兴高采烈地把怎么做业务分析、财务分析、估值分析给他讲了一遍，一口气讲了两个多小时。

他很认真地听完后，茫然地看着我说："没太懂，有没有简单点的方法。"这时我才明白，选股的门槛太高了，大家并没有时间和精力来学这一整套的东西。更为简单的指数基金可能是更适合大家的投资工具。

这几年我辛辛苦苦地研究股票，运气也还算不错，算下来年化收益率也就是 20%。但是指数基金投入的精力要少得多，而收益率却能达到 10%～15%，明显性价比更高。于是，我开始梳理指数基金的投资方法，希望可以打造一套大家学得会、搞得清楚背后逻辑的指数基金投资方法。

认真的天马公众号的早期文章，我的这位同事是第一个读者。当他表示"你写的东西，我能看懂，很好懂"时，我非常非常开心。原来教别人投资、帮别人赚到钱，是件比自己投资赚到钱更有成就感的事情。

九、2020 年，我辞职了

我的文章前后写了 100 多期，所幸有不少读者捧场。有的同学是刚刚开始学投资，刚好看到了我的文章，很开心地学着。还有更多的同学，炒股好多年，亏了不老少，在很无助的状态下，看到了我的文章。

印象最深的是一位老大哥，他 50 多岁了，在一个三线城市做图书生意。十几年前就开始炒股票、炒期货，一分钱没赚到，还亏了 100 多万元。去年期货爆仓，他直接脑溢血，差点命都丢了。今年改跟着××群主炒基金，还是亏。

在交流中我发现，这些同学太需要正确的、稳健的投资知识了。就以这位老哥为例，年过半百，拼搏半生，正是应该把积蓄进行正确的资产配置，获取稳健复利收益的时候。可惜，他不但没有获取稳健的收益，反而因为投机，不仅损失百万元，还差点伤了性命。钱没赚到，生活也搞得一团糟。

投资本应该是为生活服务的，但在现实中，很多人的生活被投机操控了。这样的例子还有很多很多，有太多的人需要稳健的投资知识。然而，这样的知识却并不好找。愿意教别人稳健投资知识的人，也并不多见。

比如，很多投资者在股市跌的时候拿不住股票，这完全可以通过股债平衡组合来解决。"沪深 300 指数 + 债券基金"的组合，这种在《聪明的投资者》中格雷厄姆强烈推荐的简单好理解的组合，竟然从来没见哪个大 V 给读者推荐过。市场上充斥的都是些教人暴富的秘籍、无比复杂的组合，没人想要教别人慢慢增长。

因虚荣心作祟，我想做点事情。我想把我学会的稳健投资知识，写给需要这些知识的人。他们是一群善于独立思考的人，希望通过资产的持续复利来实现稳健的增值，他们是对家庭有责任心的人，是热爱学习的人。

为这样一群人写优质的内容，应该也是一件很有未来的事情。但是写文章和回答读者问题，非常占用精力，无法与工作同时进行。

我是一个单线程思考的人，没办法前一分钟解答读者问题，后一分钟做公司的工作。好在已经有了一些积蓄和被动收入，加之生活比较简朴，权衡再三，我决定辞职。

既然我写的东西对大家有用，而我又喜欢做这件事，为什么不专心把这件事做好呢？人生短短几十年，发现自己想做的事情，就应该尽全力去做。

辞职后，我把家搬到了海南，面朝大海，春暖花开。

最后，我给大家三点投资建议。

（1）投资是为生活服务的，不会影响你心情的投资才是好投资。

（2）目标不要设太高，10%左右的收益率是 A 股能给的，知足常乐。

（3）投资要先学会不亏，再学赚钱。不亏的要义就四个字：不懂不碰。

以上是我与投资的故事，缘分因它而起，人生因它而变。